# 方言与中国文化

阮桂君 编著

中国教育出版传媒集团
高等教育出版社 · 北京

内容提要

本教材是与“方言与中国文化”国家级精品在线开放课程相配套研发的，在梳理方言体系及基本知识点的基础上与中国文化内涵相结合，既有在线开放课程内容的延伸，亦有专题知识点的纵深研究，旨在将课程与教材，知识点与方言区域文化紧密相连。每章还设计了思维导图、结语、思考题、方言释词、方言标本试听、方言趣事、延伸阅读、论坛撷英和课堂讨论板块，以二维码形式贯通教材、课程等资源，力求立体化、整体性呈现知识要点，增强学习的趣味性、实用性，便于读者自主学习与阅读。

本书适用于中文本科专业相关课程作为教材使用，也可以作为地理、历史、社会学、人类学等领域研究参考或通识教材以及社会人员素质教育读物使用。

**图书在版编目（CIP）数据**

方言与中国文化 / 阮桂君编著. -- 北京：高等教育出版社，2023.9

ISBN 978-7-04-061099-4

Ⅰ. ①方… Ⅱ. ①阮… Ⅲ. ①汉语方言 – 关系 – 中华文化 – 教材 Ⅳ. ① H17 ② K203

中国国家版本馆 CIP 数据核字（2023）第 165117 号

**方 言 与 中 国 文 化**

Fangyan yu Zhongguo Wenhua

策划编辑 吴 军 责任编辑 吴 军 封面设计 王凌波 版式设计 王艳红
插图绘制 于 博 责任校对 刁丽丽 责任印制 朱 琦

出版发行 高等教育出版社
社 址 北京市西城区德外大街 4 号
邮政编码 100120
印 刷 天津鑫丰华印务有限公司
开 本 787mm × 960mm 1/16
印 张 17.5
字 数 320 千字
购书热线 010-58581118
咨询电话 400-810-0598
网 址 http://www.hep.edu.cn
http://www.hep.com.cn
网上订购 http://www.hepmall.com.cn
http://www.hepmall.com
http://www.hepmall.cn
版 次 2023 年 9 月第 1 版
印 次 2023 年 9 月第 1 次印刷
定 价 36.80 元


物 料 号 61099-00

| | |
|---|---|
| *I speak my favourite language* | 我讲我最喜爱的语言， |
| *because* | 是因为 |
| *that's who I am.* | 它能证明我是谁。 |
| *We teach our children our favourite language,* | 我们教孩子我们最喜爱的语言， |
| *because* | 是因为 |
| *we want them to know who they are.* | 我们想要他们知道他们究竟是谁。 |

（引自克里斯提·约翰森，一位托霍诺 O’odham 族老人的话，
美国印第安语言发展研究所，2002 年 6 月）

# 序

2015 年 1 月，《方言与中国文化》在线开放课程（也称慕课）第一次在爱课程网中国大学 MOOC 上线，因为当时慕课是个新鲜事物，一切活儿都是新的。回想当时手忙脚乱的情形，依然令人难忘。

当时学校教务部通知我参加慕课的培训，希望我能够将通识教育课《方言与中国文化》推到在线开放课程平台上去。我看是学校的安排，以为还是跟过去诸多精品课程建设一样，课堂上有个人来录像就完事了，谁知道 2014 年下半年通知，2015 年秋季学期就要求开课，于是那半年几乎是在学校和拍摄公司的路上来来往往。最后采用的是，第一讲上线，然后剩下的一周内，紧张地修改第二讲，一直持续到课程结束。记得有一讲修改是在假期，当时我在去海南的旅途中，找了一个网吧完成了课程修改。自第一次上线后，后来的每个学期都开课一次，至今已是第 18 次。

回顾 8 年来慕课的开设，感慨万千！我常常形容，一个对授课充满热情、不可自拔的大学老师，最好不要轻易去开一门课，尤其是这类在线开放课程，一旦上线，那就会成为职业生涯中再也离不开的东西，说是骑虎难下也好，说是沉迷其中也好，总之，你再也无法脱身。

在线开放课程所具有的课程特点极为鲜明，那种几千人同时上线与你沟通交流的乐趣，是传统教学所无法比拟的。来自五湖四海，世界各地的学子，在互联网的另一端，有些远在天边，有些却近在眼前，都因为一门课程而联系在一起。你很难想象那种令人震撼的感受。大家一起交流各自的想法，传播自己对方言文化的理念，每每看到学生的溢美之词，虽然自己认为应当谦虚，但是总掩饰不住情不自禁地流露出一种自得！世界上还有什么东西，比得到认同更令人喜悦和沉醉的呢！

我们的课程里，有很多讨论论题，在最后一次课，我留了一个话题，希望学生们真实地谈谈自己上完这门课之后的想法。在线课程的学生们用的都是网名，根本不知道谁是谁，很多人也根本不需要慕课平台提供的课程合格证书，他们到慕课上来，完全是在享受自由自在自主学习的乐趣。他们可以随意地看视频，可以把真实的想法说到论坛里，也可以尽情地批判某种观点。因此当学生们告诉我，忘却了儿时的方言，认识到了自己以往对方言母语的轻视，甚至有的从内心里排斥自己的方言，否认自己的出身，但是他们从“方言与中国文化”课程中看到了方言的魅力，看到了方言作为不可替代的文化基因，是全人类文化基因的不可或缺的部分，一种方言的消失，也意味着一扇通向过去或者未来邈远文化大门被关闭而永远无法开启！有的学生说，我们很多时候死于无知，我们对方言的偏见，也是源于无知。还有一位学生说：“当我学完‘方言与中国文化’，我突然发现，周围的各种口音听起来是多么的亲切！”看到这些话语，多少个不眠的夜晚在论坛上回复学生的帖子，我觉得都值得了！

2015 年，国家推出中国语言资源保护工程，开始在全国范围内开展方言、民族语的保存和保护工作，从 2015—2020 年间，在全国 56 个民族、2000 多个县市通过语音采集、视频拍摄、国际音标记录等方式，建设 1500 个左右的保存点。这是一项巨大的工程，也是方言文化保护的第一步工作。这个工作的关键词是“保存”，国家虽然提出五年计划，但是它永远没有尽头。而保护的最终目标是传承，而传承的最终途径，不能只是在书斋，不能只是几位专家学者奋力呼吁，它需要走进千家万户。而在教育领域，慕课平台在线课程的开放性，让“方言与中国文化”这样的文化素质普及课程走出了校门，让这门原本都是来源于民间的课程真正接到了地气，将有关方言文化的基本理念，通过网络链接的平台，让更多的人认识到乡音难舍，愈老愈醇！

这本教材就是在这样的背景下编写的，教材涉及的内容有我在武汉大学开设的通识课课程内容，也有来自慕课的很多素材。人说教学相长，我们的这本教材，正是这句话的真实体现。

教材在体例上，除了正文知识性内容的叙述外，每章还设计了结语、思考题、方言释词、方言标本试听、方言趣事、延伸阅读、论坛撷英和课堂讨论八个板块。结语是对整章内容的归纳总结；每章都设计了思考题，是对这一章内容的复习；方言释词部分，一章安排一个方言区 10 个左右的地方特色词语，按官话、吴语、湘语、赣语、客家话、粤语、闽语做了枚举；方言标本试听部分，以二维码的形式，安排了七大方言区的语音标本，方便读者直观地感受汉语各地方言的特色，内容选取上以《大话西游》台词、短文《北风与太阳》及民间故事《牛郎织女》为主，辅以方言诗歌朗诵；方言趣事部分选取各地方言的幽默小品；延伸阅读部分列举了相关的参考文献，方便学有余力的读者进一步学习和阅读；学生论坛撷英和课堂讨论部分，专门摘录了慕课课堂上学员们的讨论、观点和问答。

党的二十大报告指出："教育是国之大计、党之大计。培养什么人、怎样培养人、为谁培养人是教育的根本问题。"本教材希望通过汉语方言的历史追溯，结合方言丰富的样态与文化内蕴，激发学习者对中华文化的自豪感和自信心，树立正确的世界观与方法论，培养深厚的人文素养与严谨的科学精神，实现"成人"教育与"成才"教育的有机结合。

教材也一定存在这样或那样的不足，在方言标本的设置上也难以做到面面俱到，恳请广大读者谅解并提出宝贵意见。

# 目　　录

# 第一章 引论

- **语言**
  - 语言的定义
  - 语言的属性
  - 语言的构成要素
  - 语言的发展变化
  - 语言与文化的关系
- **方言**
  - 地域方言
  - 社会方言
  - 方言的功能
- **现代汉语**
  - 共同语的形成与确立
  - 共同语与方言的关系
- **上古汉语的共同语和方言**
  - 地域性部族兼并与语言扩散
  - 部族语言差异的历史记录
  - 先秦汉语的地理格局
  - 汉语方言分化的历史背景
- **汉族的形成**
  - 多民族融合
  - 从血缘性方言到地域性方言
- **现代汉语方言**
  - 汉语方言的分区
  - 汉语方言的历史形成

# 第一章
# 引　论

中国五方杂处，方言纷繁复杂。我们每个人都可以感受到，方言时时刻刻就在我们身边。

方言有奇特的现象，我们仔细观察，会发现，南方人说话大多动嘴皮子，声音细细的；而北方人说话，整个口腔都调动，西北地区还动用鼻腔，声音十分厚重。

同样一句话在各地表达差别很大。比如两个人吵架的时候，北京人说“你干什么”，东北人说“你干哈呢？”，天津人说“你干嘛呢？”，四川人说“你搞啥子么？”，武汉人说“你搞么斯？”，湖北松滋人说“你搞么子？”，上海人说“侬搞哪能啦？”，而且说出这句话的时候，神情态度各不相同，有一言不合直接开打的，有只吵不动手的，有一边吵一边厮打的，可谓丰富多彩。

而平时不经意的方言词中，可能蕴含着深刻的生活认知和情感体验。武汉话有个词叫“不服周”，是从楚地文化发展出来的一种倔强和傲气。不管事实情况是否如此，仅仅这个解释就让人浮想联翩，让人赞叹流转于我们舌尖的语词竟有那么深的历史。

了解语词的历史，就是了解人类的历史。我们希望读者通过阅读这本教材，达到两个目的：

一是认识自己的方言，了解中国方言的种类，知道哪个地方的人讲什么方言，并在观察周围人方言特点的同时，能根据他的口音大致推断他是什么地方的人；

二是培养自己对母语[①]的情感，树立语言平等的观念，珍视自己的方言，并有意识地记录自己的方言。

本书将带大家从方言与地名、方言与民俗、方言与移民、语言接触与文化交流、方言的历史形成、方言记录与传承等方面，领略各地文化的独特魅力。

本章作为引论，我们先讨论什么是语言，什么是方言，现代汉语到底是什么，然后从历史的角度看看过去的汉语是个什么情况。

# 1.1 语　　言

我们每天都在运用语言，用语言交流，用语言谈生意，用语言表演，用语言在进行各种各样的活动。那么语言到底是什么呢？

## 1.1.1 语言的定义

我们说，语言是人类社会最重要的交际工具和思维工具，是人类特有的一种符号系统。当语言作用于人与人之间的关系时，是表达相互反应的中介；作用于人和客观世界的关系时，是认识事物的工具；作用于文化时，是文化讯息的载体。

一、语言是交际工具

信息的传递是社会中人与人交流的基本方式，通过信息的交流，人们才可以在社会中彼此分享各自的经验感知，更好地分工协作。语言是人类社会信

① 母语是本国本民族的语言，一般情况下，母语是人们的第一语言。但对一些移居国外的人来说，其子女出生后首先接触并获得的语言可能是居住国的语言而不是母语。或者说母语是儿童幼年时期在父母（家庭）熏染下自然获得的语言，即第一语言。但受词语“母亲”经常具备“给人归属感”这一附加意义的影响，母语便常与“本族语”等同起来。而本族语往往有方言与共同语的差异，所以就又有了母语是等同于方言还是标准语的争议。站在国家语言教育的角度，应该强调民族共同语能力的获得与提高，况且现代汉语母语教育史的研究目的是要提供史鉴，为加强民族凝聚力、提高国家软实力服务，所以，本书认为在进行现代汉语母语教育史研究时，应把母语确认为现代汉民族共同语。

息传递第一性的、最基本的手段。人们通过语言实现人际互动，表达自己的情感、态度。

语言是其他交际工具的基础。人类有诸如文字、密码、旗语、电报、电话等其他交际手段，但它们都是建立在语言基础之上的。语言是所有交际工具中使用范围和使用领域最广的，人类社会须臾离不开语言。旗语、电报等交际工具，大多是在语言和文字的基础上产生的，各有其特殊的服务领域，使用的范围相当狭窄，它们是仅仅适用于某些特殊领域的辅助性的交际工具。

二、语言是思维工具

语言是社会现象，也是心理现象，是人类思维的工具。思维功能是语言功能的另一重要方面。语言是思维活动的动因和载体，是思维成果的贮存所。逻辑学把概念、判断和推理看作思维的基本形式，这些基本形式都要依靠语言。概念表达要依托词语，判断和推理要在话语中实现。

从心理学的角度看，思维是知识的认知、获取和运用的过程，是一个信息加工的过程。语言符号帮助人们达成对外界的认知，并且发展人的认知能力。同时，认知神经科学的研究成果证明，大脑中有专门控制语言功能的区域[①]，和人的抽象思维能力密切相关。语言和思维的密切关系得到了越来越多的科学的验证，语言的思维功能是语言研究的重要课题。

三、语言是一种符号系统

符号是事物的标记，语言符号用声音形式来标记事物或思想。符号必须有一定的代表意义，且意义和符号相互之间无必然联系。比如，红绿灯就是符号，红灯表示停，绿灯表示行，黄灯表示危险等。这些都是人为约定的，这当中没有必然的联系。你当然也可以用红灯表示通行，但是这里还涉及人们对颜色的基本认知的问题。在人们的基本认知中，红色代表的是鲜血、火的颜色，与危险联系，绿色代表的是植物生命力旺盛的颜色，与健康安全联系。

比如，“书”的北京音是 / shu /，西南官话某些地区则是 / xu /，而英语里

① 语言中枢是人类大脑皮质所特有的，多在左侧。临床实践证明，右利者（惯用右手的人），其语言区在左侧半球，大部分左利者，其语言中枢也在左侧，只少数位于右侧半球。语言区所在的半球称为优势半球。儿童时期如在大脑优势半球尚未建立时，左侧大脑半球受损伤，有可能在右侧大脑半球皮质区再建立其优势，而使语言机能得到恢复。

面是说 book，德语里面又是 buch。同样一个事物，我们用不同的语音来表达。音义之间没有必然联系，但是这种联系一旦建立，就不能随意改变，这也就是我们说的约定俗成。[①]

### 1.1.2 语言的属性

语言具有自然性和社会性。社会性是语言的根本属性。[②]

语言首先是一种自然现象，因此具有自然性。语音跟其他的声音一样，是一种物理现象，有基本的音高、音长、音强、音色。

从社会属性来看，语言是最重要的交际工具。语音包含的意义是社会属性最核心的内容。

语言是劳动的产物，它和人类社会一起诞生，并随着社会的发展而发展。与手势、旗语、图画等各种交际工具相比较，语言使用的轻便性、负载信息的无限性、表意传情的精细性，使它成为人类社会最重要的交际工具。

语言的社会交际工具性决定了它的全民性。不论穷人富人，不论统治阶级还是被统治阶级，语言都一视同仁地为整个社会服务。每一个社会成员都可以利用语言传达信息，交流思想，协调行为，组织生产。语言与社会相互依存，一种语言如果离开了社会，就失去了存在的基础；一个社会如果离开了语言，就失去了发展的可能。

---

① 语言符号的音义关系是由社会约定的，用什么样的“音”去表达什么样的“义”，完全由社会约定，因而这种音义的任意性关系又叫约定性。“约定俗成”的含义：第一，语言符号的语音形式和意义内容之间没有必然的、本质的联系，完全是任意的，音义结合的任意性是人类语言多样性的一个重要原因。第二，用什么样的声音形式表达什么样的意义，什么样的意义用什么样的语音表达，是由社会全体成员共同约定并共同遵守的。符号的任意性特点是就语言起源符号创制之初而言的，符号一旦进入交际，也就是某一语音形式与某一意义结合，就对人们有强制性，每一个人就只能接受它，如果破坏约定擅自更改，就必然遭到社会的拒绝。所以，语言符号的任意性和强制性是对立的统一，人们不能随意更改已经约定的音义关系。

② 从更广泛的角度看，语言的属性包括社会性、心理性、工具性、时空性。其中社会性是语言的最基本属性。心理性反映出人的心理的复杂与多样性，语言的特性，如词语的色彩、冷暖、褒贬等，及其表达方式，对人的心理情绪的影响是显而易见的。工具性是人们交流的基础。时空性指的是语言在单位时间内空间的相对扩展和特定空间内时间的相对延伸，其表现在两个方面：不同词语及其不同表达方式可以反映时间、空间方面的转化；不断变化的时空约定不同词语及其方式的表达。

正是因为语言的社会属性，才使得语言因文化差异而有所不同。

### 1.1.3 语言的构成要素

语音、语汇、语法是语言系统的三要素（见图 1–1），其中语法结构和基本语汇决定着一种语言的基本面貌。语言的各种要素和单位，形成了一个有机的系统。在这个系统内，它们相互对立、相互联系、相互制约。

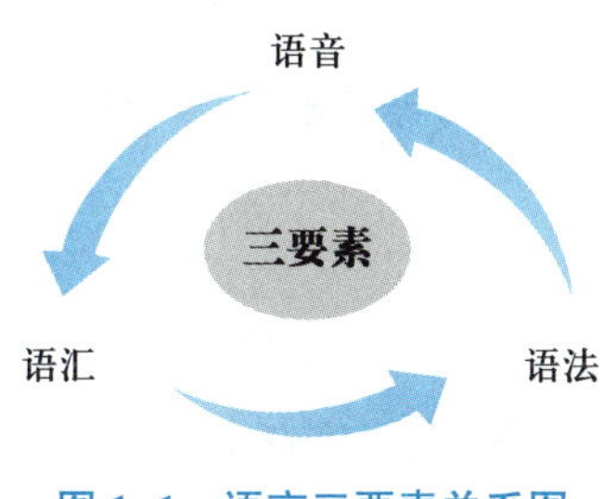


图 1–1 语言三要素关系图

语音是语言的物质外壳，是由人的发音器官发出的具有表义作用的声音。语音是一种特殊的声音：一方面这种声音是由人的发音器官发出；另一方面这种声音又必须表达特定的意义。

语汇，也称作词汇，是一种语言里所有的语汇成分——语素、词和固定短语——的总汇。如“汉语语汇”“英语语汇”“藏语语汇”等，就是指汉语、英语、藏语等语言中所有的语汇成分的总和。另外，在某个局部范围内语汇成分的总和，也可以叫作语汇。例如“古代汉语语汇”“现代汉语语汇”分别指古代汉语、现代汉语里语汇成分的总和；“北京话语汇”“武汉话语汇”等，是指某种方言中语汇成分的总和；“鲁迅的语汇”“《茅盾文集》的语汇”等，是指某个人或某部著作所使用的语汇成分的总和；根据某种标准划分的语汇成分的集合也可以称语汇，如“基本语汇”“非基本语汇”“行业语汇”等。

语法是语言的结构规则。每句话里，词语怎样搭配，怎样排列，搭配和排列的结果是什么样子，都是遵循一定的规则的。比如，“这个西瓜比较不甜”普通话一般不这么表达，要说成“这个西瓜不太甜”或“这个西瓜不怎么甜”，但是闽语区的人却习惯用“这个西瓜比较不甜”的表达方式。

语言三要素（语音、词汇、语法）从古到今是不断变化的。以汉语为例，汉语的发展（见图 1–2）经历了上古、中古、近代和现代四个阶段。

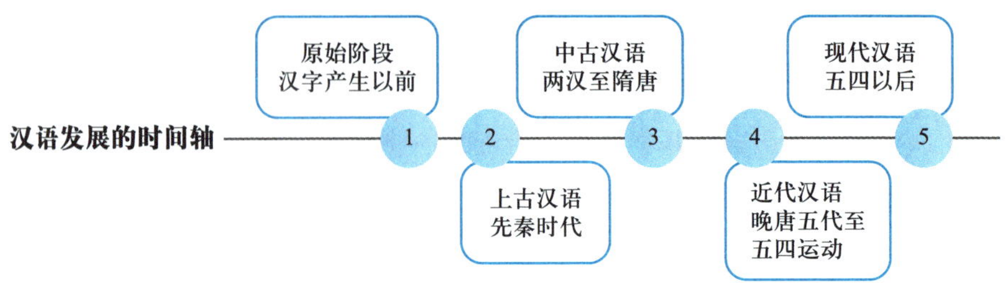


图 1–2 汉语历史发展示意图

① 上古汉语

从公元前 21 世纪到公元 3 世纪，即夏、商、周、秦、汉时期。其中夏、商是上古前期，周、秦是上古中期，两汉是上古后期。《诗经》的内容反映了上古时期的语言特点。

② 中古汉语

从公元 4 世纪到公元 12 世纪左右，即六朝、唐、宋时期。其中六朝为中古前期，是汉语和北方民族语言发生融合的阶段。唐代是中古中期，宋代是中古后期，这两个时期，经济、文化达到了较高的发展水平，促进了以中原语言为基础的共同语的广泛传播和发展。

中古汉语的发音可以从隋代陆法言的《切韵》一书中得到体现。该书以当时的洛阳音为基础，吸纳南北方言的一些特点编订而成。[①] 此后唐宋出现的《唐韵》《广韵》都是在该书基础上发展出来的。

③ 近代汉语

从公元 13 世纪到公元 20 世纪初，即元、明、清及民国前期。元代是近代前期，明清是近代中期，鸦片战争至五四运动是近代后期。这一时期的汉语发生了很重要的变化，古代的入声逐渐消失，分别派到平声、上声、去声。周德清编写的《中原音韵》反映了这一现象。

① 《切韵》是以当时的洛阳音作基础，同时又吸收了南北方言的一些特点（这些特点也往往反映了魏晋以来的古音）编订而成，共收字 12 150 个，是中古汉语语音系统的代表。

④ 现代汉语

从五四运动至今，是现代汉语时期。这一时期，是汉语标准语音统一的时期，确定了以北京音为标准音的汉民族共同语。

### 1.1.4 语言的发展变化

语言总在不断发展变化之中，语言三要素语音、词汇和语法的发展是不平衡的。词汇是语言诸要素中最活跃、最易变的因素。社会的发展、认识的变化，都促使语言产生新词或使既有词的意义发生变化。同时，旧事物的消亡也同样促使语言中原有的一些词退出历史舞台。词汇的发展主要表现在新词的产生、旧词的消亡和词语的替换上。

新词的产生。随着人类文明的进步，人们不断地创造或者发现了一系列新事物、新现象，从而导致新词的产生。据统计，甲骨文时期用来表达衣食住的只有 15 个字，金文时期发展到 71 个字，《说文解字》更是增多到 297 个字。又如，近些年来出现的“电脑”“软件”“动漫”“光盘”“下岗”“并轨”“反恐”“再就业”“希望工程”“和谐社会”“可持续发展”“一带一路”“人类命运共同体”“粤港澳大湾区”“杠精”“官宣”“点赞”“供给侧”“区块链”等新词语，都与新事物、新现象有关。

旧词的消亡。旧事物、旧现象的消亡带来旧词的消亡。比如“薨”“特”①、“觳觫”等词，随着特定社会形态的灭亡而不复存在。又如，随着“文化大革命”的结束，原来十分盛行的“红卫兵”“红小兵”“早请示”“晚汇报”等词语也在消亡。

词语替换。词语所指的事物现象本身依然存在，只是用新的词语取代了旧的词语。比如由于汉语词汇发展的双音化，“目”“颈”“耳”“鼻”等词被“眼睛”“脖子”“耳朵”“鼻子”等词替换了，原来的词就成为古词语了，或者由词变成了语素。又如，“戏子”“厨子”“邮差”等词，由于它们含有轻蔑的感情色彩，人们使用“演员”“厨师”“邮递员”取而代之。再如“德律风”“德谟克拉西”等音译的外来词，被意译词“电话”“民主”所代替。

---

① “特”意为四岁牛。

语音变化相对稍慢一点。民国时期我们流行过一种特殊的国语，叫女国音，是对北京女性口语里的尖团音全部读为尖音现象的一种称呼。[①] 这种尖音现象主要出现在北京地区青春期女性人群，尤其是女中学生中。它是北京话的一种口音，也是一种社会方言。

从历史的视角看，汉语的语音变化还是十分明显的。比如，“长江”的“江”，古代读 / gang /，我们吃的“豇豆”，很多地方都是读如“刚豆”，其实这是因为古代的 / j / 声母跟 / g / 声母是有语音联系的。又如古汉语舌尖前音 / z /、/ c /、/ s / 和舌根音 / g /、/ k /、/ h / 都可以出现在 / i /、/ ü / 前，如 / gi /、/ ki /，而现代汉语普通话则不行，要用 / j /、/ q /、/ x / 跟 / i /、/ ü / 组合。

变化最慢的是语法，从古至今，语法变化也有，但是相对语汇、语音来说是很小的。比如说，古代汉语里的宾语前置，“为之奈何”“唯命是从”等，现代汉语已经不这么用了。

### 1.1.5 语言与文化的关系

语言的发展对于人类文化具有特殊的重要意义。口语的进化显然是人类从动物界分类出来的一个转折点。动物生活在有形的物理世界中，人类除了物理世界之外，还用语言建立了一个属于他自己的、与物理世界既联系又对立的认知符号世界。只有语言能够冲破锁住一切其他生物的直接经验的牢笼，把我们解放出来，获得空间和时间的自由。语言的文化功能主要表现在以下三个方面：

首先，语言使事物以符号的形式进入人的文化世界。例如，不同的人对青草的颜色的感知绝不会完全相同，此时人们对于这种色彩的认识是纷繁杂乱的、相互区别的；而当“绿”这个词被创造继而得到广泛认可之后，人们的感

---

① 尖团音是尖音和团音的合称。尖音指“z、c、s”声母拼“i、u”或“i、ü”起头的韵母，团音指“j、q、x”声母拼“i、u”或“i、ü”起头的韵母。部分方言中分别“尖团”，如把“尖、千、先”读作“ziān、ciān、siān”，把“兼、牵、掀”读作“jiān、qiān、xiān”。普通话不分“尖团”，如“尖 = 兼”(jiān)，“千 = 牵”(qiān)，“先 = 掀”(xiān)。它的特点是，将一部分在标准北京话里应读团音(北京话里表现为腭化音，拼音“j、q、x”，国际音标 [ tɕ、$tɕ^h$、ɕ ] 的字的发音位置前移，读成尖音(北京话里表现为齿龈音，拼音“z、c、s”，国际音标 [ ts、$ts^h$、s ] 如“精神”读为“zīngshén”、“切除”读为“ciēchú”、“英雄”读为“yīngsióng”。由于这种读音现象最早是在北京劈柴胡同师大女附中发现，因而又叫作劈柴派读音。

受才统一和明晰起来，一切被称之为“绿色”的事物也随之固定，并通过语言符号“引渡”到人的文化世界之中。

其次，语言是文化的记录者和传播者。它不仅通过言语作品，而且通过语言本身。如我们常常能够从语音的发展、词义的演变中窥视出历史面貌。汉语与“钱币”有关的字，像“财、货、赠、贷、赊、贿赂”之类都属“贝”部。“贝”原意是“贝壳”，后来变为“钱币”。许慎的《说文解字》说：“古者货贝而宝龟，周而有泉，至秦废贝行钱。”这种含义的变化说明我国古代社会生活中曾经以“贝壳”作为交易媒介，从一个侧面折射出当时的货币制度。

第三，语言是民族文化的载体，是文化心理的体现。尽管不同民族的语言所指称的都是文化世界中的事象，但是，指称内容和指称方式上常常表现迥异。如“嫂”，中文和英文虽然都是指哥哥的妻子，但是英语此意（sister-in-law）是从法律的角度看待婚姻关系和亲属关系，重在突出“在法律条文中规定了的姐姐”这个意思；而汉语的“嫂”，音义来源于“叟”。汉代学者刘熙在《释名》中有考释：“嫂，叟也。叟，老者称也。”《仪礼·丧服》疏中解释得更加明白：“嫂者，尊严之称。嫂犹叟也。老人称也。”可见中国古人往往是从伦理、礼制的角度看待婚姻关系和亲属关系。可见，即使面对相同事物或者相似的社会生活现象，由于人们文化心理、文化观念的差异，作为文化的符号系统，语言也会随之呈现出不同的风貌和特征。

## 1.2 方　　言

“少小离家老大回，乡音无改鬓毛衰。儿童相见不相识，笑问客从何处来。”唐代诗人贺知章广为流传的一首七绝，描写游子少小离家，垂老才得还乡的情景。虽然物是人非，自己的样貌和家乡人事早已不再如前，但口中的乡音却依然如故。乡音就是方言，而传统意义上的方言就是特定区域通行的语言。

语言学中“方言”这个术语被作为一个完整的语言体系来理解，则是源于古希腊 diɑlêktos 一词，它指的是一个地方居民的话。现代英语的 dialect，法语的 le dialecte，俄语的 диалект，都是从这个 diɑlêktos 来的。现代语言学认为，方言是语言的变体。同属一种语言的方言有共同的历史来源、共同的词汇和语法结构，其现代的形式在语音上必定有互相对应的关系。

从方言的类型来看，可以分为地域方言和社会方言。

### 1.2.1 地域方言

地域方言是语言的地域变体，不同地区的人，说不同的话。一般说来，同一种地域方言集中分布在同一个地区。

地域方言有大有小，所谓“一定的地域”，可以大到十几个省，小到一个村子。只要有明显的方言差异存在，民间就会有“××地方的××话”的通俗说法，学者经过研究则可以根据语言事实为一定的地域给一个适当的名称，如俗称“广东话”“白话”，指的是通行于两广、港澳和许多海外华人中的话，学术界称为“粤方言”“粤语”；广东话和香港话之间虽然十分接近，总还是有某些差异，因此还有“广府话”“广州话”和“香港粤语”的不同说法。

### 1.2.2 社会方言

社会方言是语言的社会变体。使用同一种地域方言的人，因性别、年龄、收入、社会地位、职业差异、语用环境、言语风格等不同，在发音特色、遣词造句和言语风格上都会有所不同。常见的有行业语、隐语等。网络用语也属于社会方言的一部分，只是更加复杂。

行业语。据考察，理发行业有其行业的特定用词。以晋东长子县为主体的山西理发社群已有几百年的历史。长期以来，在理发社群中通行一种行话，即山西理发行业语。旧时，理发社群的社会地位相当低，坐商还好一些，众多的游商，即所谓的剃头挑子，经常受到官府、黑势力的欺压。为保护自身，求得生存，需要一种社群外的人听不懂的话。比如，同行之间要说些有关顾客的话（诸如头型、发型、付现钱还是记账等），这些话自然要回避外人。比如“磨茬儿（理发，呼市北城行话叫“捏尖儿”）、扯茬儿（剃光头）、磨谷（推光头）、岳谷（长发）、汪谷（平头、寸头）等。可以说，理发社群的行话是为了满足理发社群成员之间的某种交际需要而产生的一种补充性的交际工具。

隐语。这是某些社会群体为了保密等需要而在成员内部使用的一些特殊语言形式。如从事走私、贩毒、盗窃、抢劫等非法犯罪活动的成员之间使用的黑话，行会商人、保密机构、地下组织使用的暗语等。隐语同全民共同语的差异，也主要表现在一些特殊的词语上。如绑匪把用来敲诈勒索的人质叫“肉票”，被绑架的是女性叫“花票”，关押人质的地方叫“票房”，被绑架者遭侵害致死叫“撕票”。中国旧社会的商人也有许多不便公之于众的词语。据记载旧时杭州从事商业活动的米行、丝行、典当行、杂货铺等各有隐语。如杂货铺把“一”叫“平头”，“二”叫“空工”，“三”叫“眠川”，“四”叫“睡目”，“五”叫“缺丑”，“六”叫“断大”，“七”叫“皂底”，“八”叫“分头”，“九”叫“未丸”。有些隐语被外人掌握，失去了保密作用，成为一般行业用语。

网络用语。随着互联网的迅速发展，网上流行着很多特殊的网络语言和符号，一般限于在网络聊天室、电子公告板等特殊语言环境中，颇有特点。比如“同学”叫“童鞋”，“什么”叫“神马”，“可爱”叫“萌萌哒”；表示吃惊用“纳尼”，表示愤怒用“泥煤”，表示好笑用“2333”，表示惊吓说“吓死本宝宝了”；还有很多缩略语，如“十动然拒”“高大上”“白富美”“高富帅”“土肥圆”“我伙呆”等。当然网络用语的使用领域与频率受人们的接纳程度与时代潮流的影响，变化发展很快。近几年兴起的网络用语很多，渐渐不再使用的网络用语也不在少数。

不同性别对语言的选择也有很大区别。例如，“人家等你半天了，你还不来，真讨厌！”这句话由正值花季的女孩说感觉并无不妥，但换作年纪相仿的男孩说就感觉有点怪怪的。再比如，上海的女子比男子更多地使用希望得到肯定回答的问句：“对伐①！”“是伐！”“好伐！”她们更喜欢用“要死！”（表示娇嗔）、“瞎嗲！”（表示赞叹）等之类的感叹句。骂人的话，男子和女子也有明显不同。如上海话中的詈语：“十三点”（对傻里傻气或不合常理的人的取笑、嗔怪）、“神经病”（女子对男子挑逗行为的斥责）、“死腔”（对挑逗、反悔、拖延、拒绝等行为的斥责）等几乎为女子所专用。

① “伐”，北部吴语常用的句末语气词，通常写作“哦”，表示疑问。

### 1.2.3 方言的功能

方言对于人际交往、情感交流，乃至地方文化传承等方面都具有重要的作用。

人际交流的工具。方言是一定区域内交际的工具，具有不可替代性。在某些方言区，方言依然是唯一的交际工具，祖辈中，依然有只会方言，不会共同语的人群存在。

情感沟通的纽带。方言作为情感交流的桥梁，也具有不可替代性。老乡、同乡之间，最便捷、最经济的情感沟通手段是用家乡话交流。一个外族人、外地人或其他社团的人，说话时如果使用听话人的语言或方言，一般会获得听话人的好感。当一个民族遭受异族入侵和统治，如果不讲本族语而讲入侵者、统治者的语言，就会遭到本族人的鄙视和唾弃。一个人回到家乡不说家乡话，也会遭到同乡们的反感。南方的宗亲会在举行诸如清明祭祖这样的活动时，方言绝对是不可或缺的交际工具。以前很多到广东打工的人，为了跟广东人做生意，学习粤语，用粤语谈生意，成功率会高出很多。

传统文化的归宿。古人对一个人的称呼，有“姓＋地名”的叫法，比如王安石是抚州临川人，所以叫他王临川。这是中国文化中，重视郡望、籍贯的传统。方言可以让人们在文化上就有一种归属感，人家问你是哪里人的时候，我们就能说，自己是四川人，是山东人，广东人，等等。随着年龄的增长，人们对文化归宿的需求，会越来越强烈，所谓叶落归根、乡音无改鬓毛衰等，都是这方面的体现。

身份认同的标志。从社会语言学的角度来看，同属一个大区的人们对自己的方言有“语言忠诚”倾向。每一个群体都有忠诚方言的倾向，只是程度有所不同。汉语各群体的语言忠诚度，从大到小依次为客家人（客家话）、广东人（粤语）、福建人（闽语）、江浙人（吴语）等。“语言忠诚”和“群体认同”是汉语方言长期保持独立的重要原因之一，它会随着年龄增长而加强。

地方曲艺的脊梁。方言是地方戏曲和曲艺生存的保障。例如越剧的方言基础是浙北吴语，滑稽戏用上海话，评弹用苏州话等，方言融入曲艺文化中更增强了这些剧种的艺术生命，与之相适应的是，方言也因为这些剧种的传播而得以发展。

社会的资源，也是个人的资源和权利。在社会竞争日趋激烈的现代社会，一个人掌握的语言越多，竞争能力和适应能力也就越强。“双重语言人”在大城市生活和工作比“单语人”更适应、更自如。

文学语言的源头。从文学原理讲，小说中的人物要求具有个性色彩，什么样的人说什么样的话，要求人物语言符合其身份、地位和性格特征。文学作品中方言土语的运用有助于展示人物形象和性格，还有助于真实地反映社会赋予作品的浓郁的地方色彩和乡土气息。早在 20 世纪三四十年代，文学家茅盾就指出，一个作家在用方言写作的时候，这个方言必须是他的“母语”。他举了一个上海话的例子，说上海一带有一种特殊的语法“香呼呼、茶吃吃”①，“呼”与“吃”都放在名词之下，表示一种怡然自得、优哉游哉的写意情调。自然，像这样一个特殊的语法例子只有熟悉该地方言的人方能感到它的特殊情调。

## 1.3 现 代 汉 语

“现代汉语”一词有广义和狭义两种理解：广义的现代汉语指现代汉民族共同语和现代汉语方言；狭义的现代汉语指现代汉民族共同语。现代汉民族共同语是以北京语音为标准音，以北方话为基础方言，以典范的现代白话文著作为语法规范的普通话。

在世界上数千种语言当中，现代汉语是使用人口最多的语言。在国内，现代汉语不仅是占我国人口 95% 以上的汉族人民相互交际的工具，而且是我国各兄弟民族之间最主要的交际语言。香港、澳门回归祖国以后，普通话在两地的地位日渐提高。可以说，现代汉语对于我国各民族之间的交往和互相学习，对于国家的统一，对于促进和加强民族大团结，都有十分重要的作用。

在国际上，汉语是联合国六种工作语言之一，使用汉语的人占世界人口的五分之一。世界上其他国家和地区还有 1000 多万的华侨、华裔仍在学习和

---

① 即呼呼香、吃吃茶。

使用汉语。汉语也是新加坡、马来西亚等国官方使用的语言之一。

在高科技领域，汉语信息处理及其自动化服务系统的研究和开发已成为世界电子技术领域的主攻方向之一。中文信息处理中的汉字键盘输入技术、汉字自动识别技术和汉语语音识别技术三方面都取得了引人注目的成果，并逐步走向广泛的实际应用，从而大大地推动了社会文明的历史进程。

### 1.3.1 共同语的形成和确立

民族共同语是在方言的基础上发展起来的较为规范的高级语言变体。作为民族共同语基础的方言称为基础方言。民族共同语一般都是选择某一地域方言为基础方言，如汉民族共同语选择以北京话为代表的北方方言为基础方言，法兰西民族共同语选择以巴黎话为代表的法兰西岛方言为基础方言，俄罗斯民族共同语选择以莫斯科话为代表的库尔斯克–奥勒尔方言为基础方言，乌克兰民族共同语选择以基辅话为代表的坡尔塔发–基辅方言为基础方言。

现在仍有一些民族没有自己的共同语。民族共同语不可能采用人工语言，而必然建立在自然语言的基础上。

现代汉民族共同语是近几百年来在北方方言的基础上逐步形成的，因此北方方言是现代汉民族共同语的基础方言。北方方言之所以成为现代汉民族共同语的基础方言，有其历史发展的必然性。

其一，北方方言的代表城市是北京，我国首都所在地。自 1153 年金迁都到中都燕京（北京）以来，上下 800 多年，北京始终是我国的政治、经济和文化中心，这为以北京话为代表的北方方言最终上升成为民族共同语提供了特殊的社会背景。

其二，北方方言是汉语诸方言中分布地域最广、使用人口最多的方言。北方方言的分布面积占全国总面积的四分之三，使用人口占说汉语人数的三分之二；并且方言内部的一致程度高，从哈尔滨到昆明，南北相距达 3000 千米，相距如此之远的两地人通话不存在很大困难，这在全世界也是绝无仅有的。

其三，从晚唐五代以来直至明清，前后逾千年，许多重要的白话文学作品都是用北方方言或是在北方方言的基础上写成的。这些作品流传到广大的非北方方言区，对非北方方言区的作家、作品也产生了重大影响。

一、书面语共同语的形成

现代汉语的形成包括书面语的形成过程和口语的形成过程。以北方方言为基础的书面语经历了一个长期的发展过程，最终成为现代汉语共同语的书面形式。

先秦以来，文言文是统一的书面语言。最初，这种书面语也是建立在口语基础上的。但从两汉开始二者逐渐脱节，差异越来越大。这种状态一直延续到20世纪初叶。口头讲的是发展中的汉语，笔头写的则是以先秦诸子以及《左传》《史记》等为范本的古文文体，这一状况与社会及语言的发展不相适应（见图1–3）。

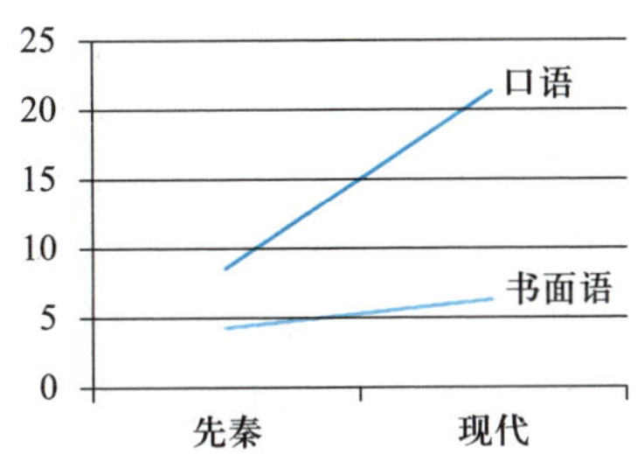


图1–3　口语和书面语发展不平衡示意图

到了晚唐五代，在禅宗语录[①]和通俗文学作品中出现了一种同口语直接相联系的书面语“白话”，这就是现代汉语共同语书面形式的主要源头。

从晚唐五代的变文[②]，到宋代的话本，乃至元代的杂剧、明清的章回小说，如明清的《水浒传》《红楼梦》等，尽管仍带有一定的文言色彩和地方色彩，但基本上都是用以北京话为代表的北方方言写的。这些作品在北方方言区、同时也在非北方方言区的广泛流传，不仅扩大了北方方言的影响，而且促使非北方方言区的作者也用北方方言从事创作。不过，这一时期白话文还未走出通俗文学作品的圈子而成为通用的书面语。

20世纪初的白话文运动最终使文言文被以北方方言为基础的白话文所取

① 禅宗语录是禅文学作品的一大类别，是禅宗的经典，大都为禅师口语，由亲随左右的门内弟子随时笔录而成，主要是记载、辑录中国佛教禅宗六祖以后历代禅师的法语，是禅家的一种专门文体。

② 清朝末年，在敦煌石室里发现了一批唐、五代的俗文学写卷，学者泛称之为“变文”，变，是改编，改写的意思。

代，文言文只是残存在政府公文、法律条文、报刊社论、新闻及上层社会交往应酬的书信等领域中。但当时的白话文尚未反映共同语口语的全貌，常常夹杂着不同程度的文言成分、方言成分以及滥用的欧化句式[①]等，需要进一步改革。

20世纪30年代开展的大众语运动是五四以来白话文运动的继续和发展。它既批判文言，又批判带文言腔和西洋腔的白话文，推动了白话文的大众化，促使现代白话文逐步走向成熟。

中华人民共和国建立后，报纸、公文、法律等一律采用白话文，从而使白话文这一共同语的书面形式得到了进一步规范和统一。

二、口语共同语的形成

北方方言的代表北京话在全国范围内广为传播，逐步发展成为现代汉语共同语的口语形式。

在白话文学作品流传的同时，北方方言的代表北京话作为政府的通用语也随着传播开来，并成为各方言区之间的共同交际工具。明清时代，它被称为“官话”[②]，清末正名为“国语”。进入20世纪，辛亥革命、五四运动相继发生，加速了现代汉语共同语的发展。从提倡和推行“读音统一”到“国语运动”的蓬勃开展，从注音字母、国语罗马字一直到拉丁化新文字的先后制订和推行，这些发展变化对共同语进一步确立应有的地位，对共同语在更广阔的范围内推广，无不产生了积极的影响。

1949年中华人民共和国成立后，“国语”这一称呼在我国大陆被“普通话”所取代，普通话在全国范围内得到推广和普及。

### 1.3.2 共同语与方言的关系

现代汉语普通话是以北方方言为基础的，这并不意味着排斥其他方言，恰恰相反，方言是普通话不断丰富的源泉。在实际语言生活中，普通话很少有

① 欧化句式是现代汉语中吸收欧洲文法的一种倾向。它主要体现在句法和词汇上。汉语欧化句式主要来自翻译作品。由于传统中文语句表达不够完整，使得很多译者将欧洲国家文章的句法结构挪用到中文中，继而使译出的中文句子出现了欧化倾向。

② 官话（Mandarin）意思是某地方的主语，是汉语中分布最广、使用人数最多的一支，它包含中国大陆的普通话和台湾地区的国语，还有马来西亚、新加坡等地的华语。官话是相对于吴语、粤语、闽语等“一级方言区”（大方言区）而言的，它是目前诸方言中分布最广、使用人数最多的一种方言。

与方言泾渭分明的时候，尤其是北方话中的北京话、东北话和一部分河北话，与普通话更是血肉相连。

现在方言区也有越来越多的居民学会和使用普通话。在方言区，普通话的地位日渐提高，方言的地位日渐式微。方言和普通话的关系也成为人们关注的焦点。

一方面，普通话对方言的强劲影响是毋庸置疑的事实，另一方面，也应该指出，方言向来是汉民族古今共同语（雅言、官话、普通话）的重要养分。现代普通话是以北方方言为基础方言的，其语音则以北京语音为标准。同时普通话在发展过程中也不断吸收南方方言的某些成分，增强自己的表现力。最明显的表现是普通话从方言中吸收词汇。

比如普通话从吴方言中吸收了“尴尬、瘪三”等词，从粤方言吸收了“打的、买单”等说法。再如，“烂掉了三只梨”这种述宾结构的述语后既带结果补语“掉”，又带完成体助词“了”的句式也来自吴语。“烂掉了三只梨”苏州话就说成“烂脱仔三只梨”，其中，“脱”是相当于普通话“掉”的结果补语，“仔”就相当于普通话“了”的完成体助词。而北京话通常只说“烂了三只梨”或“烂掉三只梨”。

普通话中的肯定句动词前出现“有”的用法也是从闽粤方言中吸收过来的。比如“你有看过《葫芦娃》，对不对?”这样的说法在年轻人口语中使用频率已经比较高了。

在有方言差异的社会里，人们开口说话总是用某一种方言。相对于“方言”而言，“语言”是一个抽象的概念。人们在口头上使用的是“方言”，而不是“语言”。民族共同语也是以某一种方言为基础的。

例如普通话是汉民族共同语，人们说话常用普通话。且不管大多数人所说的普通话都是带有方言特征的，就是标准的普通话也是“以北京语音为标准音，以北方话为基础方言”的。北京话和北方话当然也是方言。我们并不能在普通话和现代汉语之间画上等号。

关于方言与普通话，一般有三种观点：

一是推广普通话，消灭方言。这种观点是不对的，因为方言承载着太多的文化，前面我们也说到了方言的功能与作用。如果方言消失，必然会带来相应的文化要素的消失，会影响文化的传承。

还有一种观点是要求保护方言，抵制普通话。保护方言对于民间文化的保护以及语言多样性，文化多样性是很有帮助的。但是普通话是我们的民族共同语，是各民族相互交流的重要工具，而且现在普通话在国际上地位越来越高。我们不能对普通话采取抵制的态度。

正确的观点应该是，推广普通话，传承方言。从语言的角度讲，普通话与方言的地位应当是平等的，从使用范围上来看，普通话的使用范围是要高于地方方言的。我们对方言与普通话的认识应当有一个正确的态度。

## 1.4 现代汉语方言

语言随着社会的产生而产生，也随着社会的发展而发展。语言在发展过程中，会出现统一与分化现象。语言的统一形成了共同语，语言的分化则形成不同的语言或方言。古老的汉语发展到今天，既形成了汉民族共同语，又保存有各具特色的方言。

### 1.4.1 汉语方言的分区

现代汉语方言是现代汉语的地域分支，也就是通行于某一地域的地方话，它具有地方性的特征。汉民族共同语和方言存在明显的差异，方言与方言之间有的甚至不能直接通话，但汉语共同语和汉语方言有共同的历史来源，语音上有整齐的对应规律，基本词汇和语法系统也大体相同，因此汉语方言并不是独立的语言，而是汉语的地域分支。

现代汉语方言的形成，既有外部的因素，也有内部的因素。外部因素主要是社会、历史、地理等，如社会分化、人口迁徙、山川阻隔等；内部因素主要是语音、词汇、语法诸方面在各地域发展的不平衡，与外族语言的接触等。

中国究竟有多少种语言？按国内语言学界的一般看法，大概有六七十种语言，分属五大语系①：汉藏语系、阿尔泰语系、南亚语系、印欧语系、马来·玻利尼西亚语系。

---

① 语系是具有共同历史渊源，即由同一语言分化的若干具有亲属关系的语言组成体系，是语言分类的最大单位。

汉藏语系不论从地理分布的辽阔或使用人口的众多来看，都是国内最大的语系，由汉语和藏缅、壮侗、苗瑶三个语族组成。它遍布全国，只是在西南、西北和内蒙古等地区的分布比较稀疏。属于汉藏语系的民族大致有 32 个。阿尔泰语系分布于从新疆经内蒙古到东北的中国北部边陲一带。南亚语系分布于云南省西南部沿边地带。印欧语系分布于新疆西北角。马来・玻利尼西亚语系，又称南岛语系，分布于台湾地区，即高山族的语言。

关于汉语方言的分区，学术界大致有七区说和十区说。

一、七区说

1955 年 10 月，现代汉语规范问题学术会议提出，把汉语方言分为八区，即官话、吴语、湘语、赣语、客家话、闽北话、闽南话、粤语。后来又有人把闽北话和闽南话合为闽方言，形成了“七区说”。七区的大体情况是：

官话（北方方言），是现代汉民族共同语的基础方言，以北京话为代表，又分为四个次方言：

① 华北东北方言，分布在北京、天津、河北、河南、山东、东北三省及内蒙古的部分地区；

② 西北方言，分布在山西、陕西、甘肃等省，青海、宁夏、内蒙古的部分地区，新疆汉族的方言地区；

③ 西南方言，分布在四川、云南、贵州等省及湖北大部分地区，广西西北部，湖南西北角等；

④ 江淮方言，分布在安徽、江苏长江以北地区、镇江以西九江以东的长江南岸沿江一带。

吴语，以苏州话为代表，分布在上海、江苏长江以南镇江以东地区、南通的小部分、浙江大部分地区。

湘语，分布在湖南大部分地区，分为新湘语和老湘语，新湘语以长沙话为代表，老湘语以双峰话为代表。新湘语主要流行于长沙和湘北，受官话方言和赣方言的影响比较大。老湘语分布在衡阳、湘乡一带，受外部方言影响较小。

赣语，以南昌话为代表，分布在江西大部分地区，古称“傒语”，使用人口主要分布在赣江的中下游、抚河流域及鄱阳湖及周边、湘东和闽西北、鄂东南、皖西南和湘西南等地区。另外在浙江、陕西还有少数赣语方言岛。

客家话，以广东梅县（今梅州）话为代表，分布在广东、福建、台湾、江西、广西、湖南、四川等省，以粤东、闽西、赣南、桂东南地区为主。客家语在部分地区还称涯话、新民话、广东话（或土广东话）、怀远话、惠州话（广西等地）等。

闽语，内部分歧最大，可分为闽东、闽南、闽北、闽中、莆仙五个次方言，最重要的是闽东、闽南方言，分别以福州话和厦门话为代表。闽语分布在福建、海南大部分地区、广东潮汕地区、雷州半岛部分地区、浙江温州部分地区、台湾大多数汉民族居住区。闽语保留较多上古汉语的特色，同时也有不少古闽越语的遗留。

粤语，俗称白话，以广州话为代表，分布在广东中部、西南部和广西东部、南部。广东粤方言在海外华人社区如马来西亚吉隆坡，越南胡志明市，澳大利亚悉尼、墨尔本，美国纽约、三藩市，加拿大温哥华、多伦多等处广泛流行。

客家话、闽语和粤语，还随华侨传布于海外。

二、十区说

随着调查研究工作的全面和深入，人们对汉语方言的分区，理论上的认识越来越深刻，分区也就越来越精细（见图 1-4）。20 世纪 80 年代，由中国社会科学院组织编写的《中国语言地图集》，根据前人的研究和新近的调查，提出了新的汉语方言的分区理论及新的分区意见，把现代汉语方言分为十个区：

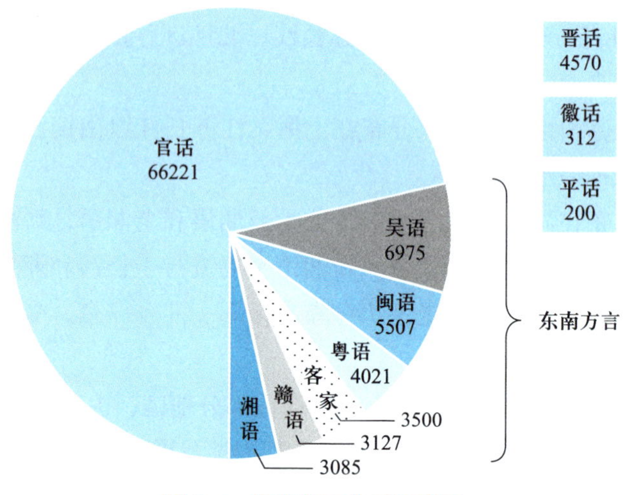


图 1-4 汉语方言分区示意图

（说明：图中数字表示说该方言的人数，单位：万人）

官话区、晋语区、吴语区、徽语区、赣语区、湘语区、闽语区、粤语区、平话区、客家话区。其中，官话区是大区，下面又分为东北官话、北京官话、冀鲁官话、胶辽官话、中原官话、兰银官话、西南官话和江淮官话八区。

### 1.4.2 汉语方言的历史形成

方言是语言分化的结果，受到来自语言内部和外部双重的影响。

语言内部各要素发展不平衡是语言分化成不同方言的内部因素。语言在不同地域发展速度和发展方向也不一样，同一种语言现象，在有的地区发生变化，在有的地区不发生变化，在有的地区发生一种变化，在有的地区发生另一种变化，其结果是形成地域方言。不同地区语言发展变化的不平衡，导致汉语各方言有较大的差别。以语音为例，在声母方面，有的保留成套的古浊音，有的浊音很少，有的分舌尖前音和舌尖后音，有的不分；在韵母方面，有的有 -m、-n、-b、-d、-g 韵尾，有的只有 -n、-ŋ，有的 -n 和 -ŋ 不分；在声调方面，各方言的入声情况很不同，调类也从三个到十个不等，调类相同的，调值也不同；此外，它们的声、韵、调的配合关系也不一样。甚至在语法上也存在诸多差异，如普通话中双宾语句的词序是“动词 + 间接宾语 + 直接宾语”，但是，有的方言中是“动词 + 直接宾语 + 间接宾语”，例如：“我送几个鸡蛋他”(湖北西南官话)、“我给书他”（下江官话)、“我拨一本书侬”（吴语)、“留几张电影票我”(鄂南话）等。

语言外部的因素包括人口的迁徙、政治的割据、地理的屏障、语言的接触等。

我国历史上北方中原居民曾多次大规模地向南迁移，南迁的中原人和没有南迁的中原人几乎断绝了交往，语言出现了差异，就形成了各种南方方言，如汉语客家方言就是由于人口迁徙造成的。客家先民原来都是中原人，由于战争和饥荒，陆续南迁，形成了客家方言。

方言的形成与社会割据也有关系。封建社会诸侯割据，人们的交际受到人为的限制，各地区的语言就逐步出现了分歧，形成了带有地域特色的方言。

地理屏障常常阻隔交通，妨碍人们的交际，因此高山大河往往成为方言的分界线。如广西南部的十万大山是粤语和西南官话的分界线。南岳衡山把衡山话分为“前山话”和“后山话”；长江下游把江淮官话与吴方言分隔开来，不过，河流对方言的影响具有两面性。如韩江下游是粤东客家话和潮汕闽语的分界线，但是，珠江水域的西江是两广的交通要道，它对中下游的语言起了沟通的作用。湖南湘江两岸的衡山县和衡东县说的是同一方言。一般说来，交通闭塞的地区方言差异较大，而平原地区交通发达，方言差异相对要小。如浙江省北部是平原，方言差异较小，西部、南部山区方言分歧较大。再比如，长江下游的镇江以下部分，江南岸是吴方言，江北岸是北方方言。

不同语言的接触，也会造成方言的差异。如我国南方方言调类大都在 6 个以上，多的有 10 个左右，南方方言常同我国南方少数民族的语言接触，南方少数民族的语言绝大多数都是声调比较复杂的语言，受其影响汉语南方方言的调类数目也就较多。我国西部地区汉语方言声调数目较少，乌鲁木齐、甘肃的天水和宁夏的银川都只有 3 个声调，这与没有声调的阿尔泰语系的语言的影响有关。青海方言的介词“哈”放在名词、代词或“的”字短语后面的用法，也是受到阿尔泰语系的语言使用后置词的影响。汉语方言中闽方言最为复杂，这与古代闽粤人的语言以及印尼语、马来语的影响不无关系。

## 1.5 汉族的形成

一个民族的形成也就意味着这个民族语言的形成。汉族的形成不是一蹴而就的，它经历了传说中三皇五帝治世的部落时代，夏、商、周、楚、越等族从部落到民族的发展过程，又经历了夏、商、周、楚、越等族及部分蛮、夷、戎、狄融合成华夏民族的阶段，最后于汉代最终成形的漫长复杂的四个历史阶段。

### 1.5.1 多民族融合

汉民族的主源是发源于黄河流域的华夏族。华夏文明分布广阔，人口稠密，部族众多。这在世界古代文明中是独一无二的。距今 5000 年前的龙山文化分布范围已达 150 万平方千米，而两河流域文明分布范围不超过 20 万平方千米，古埃及文明不到 10 万平方千米，古希腊文明、古罗马文明分布范围更为狭小，印度河文明鼎盛时期也不过 130 万平方千米（见表 1–1）。

**表 1–1 早期世界主要文明及分布范围**

| 文明 | 分布范围 |
|---|---|
| 华夏族的其中一支的龙山文化（距今 5000 年前） | 范围达到 150 万平方千米 |
| 美索不达米亚文明 | 不超过 20 万平方千米 |
| 古埃及文明 | 不到 10 万平方千米 |
| 印度河文明鼎盛时期（晚几百年） | 不超过 130 万平方千米 |
| 古希腊、古罗马文明 | 分布范围更为狭小 |

龙山文化分布区的人口十分稠密。6000 年前陕西沣水一段长 20 千米的河岸旁就有氏族村落十几处，一个村落有几万至十几万平方米的面积、四五百人口。5000 年前河南洹水一段长 7 千米的区域内，村落更多达 19 个。公元前 21 世纪夏朝建立时，地域囊括黄河中游广大的中原地区，据晋代皇甫谧《帝王世纪》提供的参考数字，当时人口已达 13 553 923 人。商周两代在夏的基础上进一步融合了东西两翼的黄河下游和关中一带的部族，逐渐形成庞大的华夏共同体，春秋战国时期进一步向南融合了长江流域中游的楚族和下游的越族，到秦汉时期最终建立起封建大一统的国家体制，从此称为汉族。此时的分布面积已达 650 万平方千米，人口近 6 000 万人。

华夏族是夷羌苗黎诸部族融合而成的。黄帝和炎帝都是少典氏的后裔，炎帝部落在黄河下游，以血缘为基础结成一个大的部落联盟，就是炎帝部落，后炎帝部落跟蚩尤作战，没有打赢蚩尤，所以跟黄河中游的黄帝部落合作，共同打败了蚩尤，所以炎黄合一，同时吞并了蚩尤原先所在的部族。

夏代之前的舜是东夷人，禹是西羌人，商的祖先是东夷人，周的祖先是西羌人。周与羌的关系非常密切，他们的祖先多娶羌人为妻。《左传》里也有记载，《郑伯克段于鄢》里，提到的郑伯和弟弟公叔段的母亲姜氏就是西羌人。

东夷是指中国先秦时期，尤其是商、周时期中原居民对黄河流域下游居民的总称。从考古上说，东夷是指自后李文化始至岳石文化的承载者。东周时期，经齐、鲁等国在山东地区的多年经营，夷、夏逐渐融合。秦汉以后，东夷多指居住于中国东方的朝鲜半岛、日本列岛等地的外族或中国东北的少数民族。古时谓东夷有九种，《论语·子罕》：“子欲居九夷。”疏：“东有九夷：一玄菟、二乐浪、三高骊、四满饰、五凫更、六索家、七东屠、八倭人、九天鄙。”《后汉书·东夷传》云：“夷有九种，曰畎夷、于夷、方夷、黄夷、白夷、赤夷、玄夷、风夷、阳夷。”东夷文化是中国先秦时期最古老的文明之一，东夷文明的许多方面都与中原文明不分伯仲。

南蛮是中国古代对南部部族的称呼，《礼记·王制》载：“南方曰蛮，雕题交趾，有不火食者矣。”南方脸上有纹的族群即是南蛮。“南蛮”一词在古时泛指长江流域以南地区，随着中原政治、经济、文化的持续扩张和影响，中原大一统的政治格局和地方区域政治、经济、文化的不断融合，“南蛮”的地理区域实际上已经囊括了整个东南亚。而“南蛮文化”是数千年来中国地区及其东南亚地区政治、经济、民俗、宗教、地理、生态等各种历史元素演绎的结果，因此，“南蛮文化”的内容广泛、内涵丰富、蕴含厚重、概念独特。远古的楚辞，中古的古文运动和唐诗宋词，近古的理学，无不显示出其文化的无穷魅力。南蛮的民族成分相当复杂，大体可分为百越、百濮与巴蜀三大族系。百越族系分布于长江以南的广大地区，百濮族系分布于今湖南、贵州一带，巴蜀族系分布于今重庆、四川一带。

西羌出自三苗，是羌族的别支，三代以后居于河西、赐支河和湟河之间。战国时，羌族兴盛，有蓖中种（即越锱羌）、白马种（即广汉羌）和参良种（即武郡羌）等。公元前206年西汉王朝建立。汉兴时，未进入中原的羌族部落都臣服匈奴。汉景帝时，羌族一支研的后代留何率族人请求归附。汉武帝时，汉人对匈奴人采取了急风暴雨式的军事行动，与匈奴人勾结的羌人也受到了冲击。经过汉武帝的打击，先零羌移居到西海、盐池地区。汉武帝逐渐迁徙汉人充实河西的空地。后来到汉昭帝始元六年（前81），又设置了金城郡，治所在允吾（今甘肃永靖西北），原护羌校尉所辖的领地全部归属金城郡。羌部落繁多，大多以动物之名为号，有一些以地名为号。这部分人可能已进入地缘性联盟。而较强大的先零、烧当羌则以父号为名，表现了父系氏族的父子联名制。

北狄是古代华夏人对北方少数民族的统称。狄作族称，《春秋》所记始于春秋中叶，但《国语·郑国》于西周末已有狄的记载。这是中原诸夏对北方一些部落与国家的称呼，不是他们的自称。春秋时代的北狄共分三大支派，分别为赤狄、白狄和长狄。赤狄分布在今晋东南一带；白狄在今陕西一带；长狄之名见于《左传》。其中赤狄一直是北狄中人数最多，实力最强的族团，由即潞氏、皋落氏、留吁氏、甲氏、铎辰氏、廧咎如氏、有狄氏、袁纥氏、斛律氏、解批氏、护骨氏、异奇斤氏等氏族组成。白狄亦作白翟，春秋时期分布于古雍州北部（今陕北一带），后因秦国和晋国的压迫东迁至今河北省石家庄一带，由鲜虞氏、肥氏、鼓氏、仇由氏四个氏族组成，后分别为魏国、晋国所灭。长狄曾从属于赤狄，周襄王二十四年（前 628）北狄内乱而分裂，曾攻打过齐、鲁、宋、卫等国，公元前 607 年为齐、卫所灭。

春秋战国时期，中国形成了七个文化圈：长江中下游的楚文化圈、长江下游的吴越文化圈、黄河下游的齐鲁文化圈、黄河中游的中原文化圈、中原以北（包括赵国北部、中山国、燕国等）的北方文化圈、西南的巴蜀滇文化圈、陕甘的秦文化圈。

楚文化不仅跟中原文化、齐鲁文化关系密切，并且与吴越文化也有紧密的联系。我们从现代方言中也可以看到其中的联系。比如，长沙话有浊音，而吴语也有浊音。长沙话“长”的声母发浊音 [dz]，吴语也是如此。

### 1.5.2 从血缘性方言到地域性方言

原始的语言发展到现在的语言中间经历了从血缘到部族联盟这样的过程（见图 1–5）。部落和方言在本质上是一致的。每个部落都有独特的、仅为这个部落所有的方言。只有基本方言相同的部落才结成为一个大的部落。早期的部落联盟，形成的基础就是基本相通的方言。部落方言就是同一个部落的成员所通用的语言。部落与部落之间形成联盟性质的部族之后，在这个大的群体使用共同通行的语言。

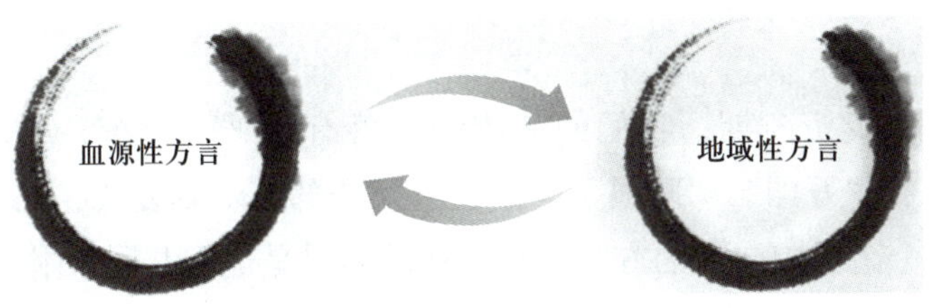


图 1–5 血源性方言与地域性方言相互影响示意图

从血缘性方言演变成为地域性方言。比如河南洛阳与河南郑州，这两个部落的人要结成联盟，变成一个地域方言的话，前提是洛阳地区的人和郑州地区的人必须有血缘关系。没有血缘关系他们之间就无法形成地域方言。早期血缘关系的形成，最简单的方式是通婚。把这个部落的人嫁到另外一个部落去，嫁过去之后，有趣的现象就发生了。母亲嫁到新的部落，所产下的孩子由母亲抚养，但是母亲是说另外一个部族的语言。慢慢地，通婚多了，受到别的部族的方言影响，就逐渐形成了跟当地方言相互影响的一种新的方言样态，这就形成了地域性方言。

地域性方言进一步发展，就从整个部落变成部族。部落是小范围的，部族是部落跟部落的联盟。所以我们说，黄帝跟炎帝的联盟称为部落联盟。这种部落联盟里面会有比较权威的方言，权威方言逐渐成为整个部族的方言，由此共同语在潜移默化中形成了（见图 1–6）。

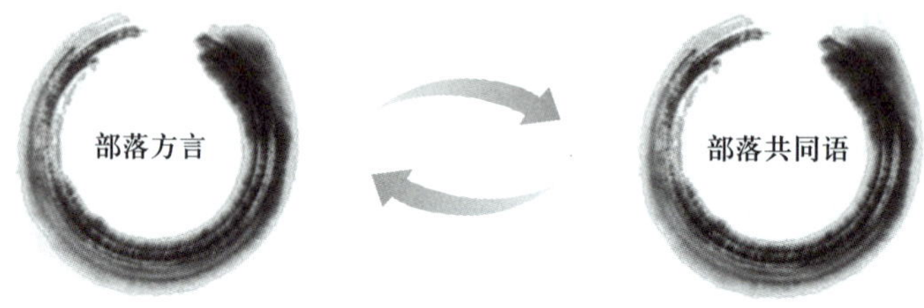


图 1–6　部落方言与部落共同语相互影响示意图

## 1.6　上古汉语的共同语和方言

### 1.6.1　地域性部族兼并与语言扩散

在黄帝、炎帝时期，我们的部族和部落有成千上万个，所以历史有记载黄帝时期有“万国”，“万国”也就是上万个部落。到夏代，已经成为诸侯三千，每一个诸侯国内部的方言是不一样的，但是他们共同依附于一个诸侯，其他小部落、小诸侯依附于该诸侯国之后，慢慢地就会演变出在这个诸侯国家中通行的共同语言，这时候地域性方言也开始产生了。到西周，诸侯三千又缩减成为诸侯八百，到诸侯八百的时候实际上若干方言区就开始形成了。从西周末年到春秋战国时期，诸侯八百又合并为列国几十。列国几十也就是以战国七雄几个核心国家为中心了，中国几个重要的文化圈也是在这个时候形成的（见表 1–2）。尤其是秦代，秦统一六国之后，实行“书同文”。“书同文”就是采用当时秦国的文字小篆作为统一的文字，小篆在秦国原来使用的大篆籀文的基础上进行简化，取消其他六国的异体字，创制的统一汉字书写形式，这也就统一了书面语。这既推动了部族方言的融合和汉族共同语的形成，又为日后地域方言可以脱离书面语而独立发展提供了条件。

**表 1–2　不同时代部落与语言数量**

| 时代 | 部落 | 语言方言 |
| --- | --- | --- |
| 黄帝 | 万国 | 万语 |
| 夏代 | 诸侯三千 | 地域性方言 |
| 西周 | 诸侯八百 | 若干方言区域形成 |
| 春秋战国 | 列国几十 | 秦代“书同文” |

地域性部族兼并联合之后，文化之间开始相互沟通、交流。商业贸易的发展以黄河中下游为中心，不断向北、南、西发展。因此有“中国之内，东有东夷，南有南蛮，西有西羌，北有北狄”之说，以黄河中下游的华夏族为核心，随着社会的发展，华夏族范围越来越广，东及东海，北至草原，南达南海，西抵西域。五方开始融合，很多少数民族的文化与语言开始融入华夏语。

### 1.6.2　部族语言差异的历史记录

关于部族语言之间的差异，在中国古代的文献当中，是有很多记载的。比如：

《礼记·王制》：“中国、夷、蛮、戎、狄……五方之民，言语不通，嗜欲不同。达其志，通其欲，东方曰寄，南方曰象，西方曰狄鞮（dídī），北方曰译。”实际上就是说，东南西北四个方向讲的话是不一样的。

《孟子·万章》：“此非君子也，齐东野人之语也。”

《战国策·秦策》：“周人谓鼠未腊者朴，郑人谓玉未理者朴。周人过郑贾曰：欲买朴乎？郑贾曰：欲之。出其朴，乃死鼠也。因谢不取。”

《孟子滕文公下》：“有楚大夫于此，欲其子之齐语也，则使齐人傅诸？使楚人傅诸？”曰：“一齐人傅之，众楚人咻之，虽日挞而求其齐也，不可得矣；引而置之庄岳之间，数年，虽日挞而求其楚，亦不可得矣。”

这些早期的文献记载，说明先民早已认识到方言差异的存在。

### 1.6.3 先秦汉语的地理格局

总体来说，汉语在先秦时期的格局，是以秦岭淮河为界，北方方言以夏言为代表，夏言的源头就是华夏语；南方方言以楚语、越语为代表。秦汉、魏晋基本上沿袭了这个格局。

以华夏语为源头的夏言，即后来的雅言，发展成为后世的北方话，分布在中国北方绝大多数地区、南方的四川大部、重庆、云南、贵州、湖北大部、广西北部、湖南西部和北部、江西沿江地区、安徽中北部和江苏中北部。

楚语又作楚言，指古代楚地人所讲的方言，先秦时期南方方言的代表之一，也是后来汉语的祖源之一。从南北朝《宋书》刘裕“楚言未变，雅道风流”来看，当时江淮一带的楚语略不同于金陵的吴楚语。中古时期后出现“雅言占楚地，楚言占吴越”的现象。从唐《安宜园林献高使君》中“楚言满邻里”和《烧歌》中“邻翁能楚言”来看，南北朝到唐朝期间，楚语系向南扩散，吴越语系被楚语系赶至浙南闽一带。

越语指分布在广东及海南地区的闽系语言，是东话、黎话、海南话、海话、雷州等话的统称。现在即吴语，为“吴越语”的简称，又称吴方言、江南话、江浙话，是一支派生于汉藏语系中上古汉语的语言集合，以苏州话为代表语。秦汉以前，江南当地居民使用古越语，与古汉语相差很远。秦汉以后，北方汉人先后几次大规模南迁，带来不同时期不同地区的北方古汉语，分散到南方各地，逐渐形成互相歧异的六大方言，吴语在六大方言中是最早形成的。吴语虽然历史悠久，但在表现形态上却不算最古老，因为三千年来，它不断受到北方官话的强烈影响，比较原始的吴语反而保留在闽语里。早期少数人提议将“吴越语”简称为“越语”。但由于此举会同越南语相混淆，故简称“吴语”。所以，在该前提下，“吴语”和“越语”并无区分对立意义，并非苏南、上海、浙北为“吴”，浙中、浙南为“越”的区别含义。

### 1.6.4 汉语方言分化的历史背景

在七大现代汉语方言中，北方方言可以粗略地看成古汉语数千年来在广大的北方地区发展的结果，其余六大方言却是由于历史上北方居民的不断南迁在南方逐步形成的。

秦汉以前，广大的江南地带，即所谓“交趾至会稽七八千里”的地方，主要还是古越族的居住地，他们所使用的古越语跟古汉语相差很远，不能通话。秦汉以后的两千余年，北方的汉人曾有几次大规模南下，带来了不同时期不同地区的北方古汉语，分散到南方不同的地域，逐渐形成南方相互歧异的六大方言。而且就在同一种方言内部，有的也有很大的差异，如闽语中的莆仙话和闽南话虽然在地理分布上是相邻的，但是它们的使用者必须通过普通话才能畅谈。

造成南方方言内部差异的原因：

第一，南下之前的北方汉语内部，或与北方汉语接触之前的古越语内部本来就有方言的差异。这从扬雄的《方言》可以看得很清楚；

第二，语言是不断发展的，北人南下的时间有先后，他们先后带来的北方话自然也有差别；

第三，南方各方言内部独立发展出一些新的成分。

现代汉语七大方言跟古汉语和南方的古越语的关系（见图 1–7），以及各方言间亲疏远近的关系，周振鹤、游汝杰（2006）总结了一个示意图：

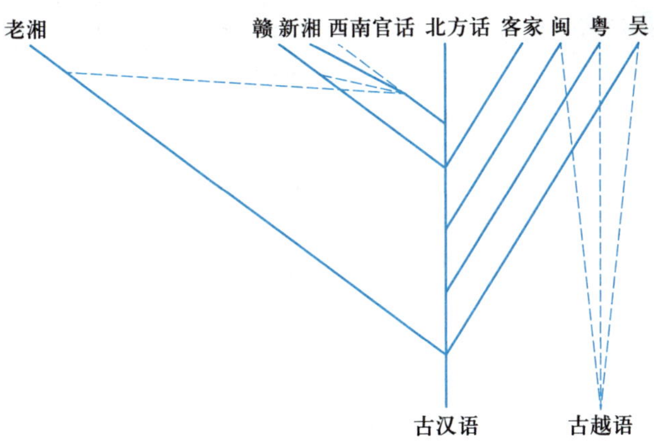


图 1–7　现代汉语七大方言与古汉语及南方古越语关系图

在南方六大方言中客家方言和赣方言比较接近，吴语和老湘语比较接近，最早形成的是吴语和老湘语，其次是粤语，再次是闽语，最后是赣语和客家话。周振鹤、游汝杰把新湘语看作西南官话的一种，最为晚出。

## 【结语】

本章是概论部分，从什么是语言入手，讲述了语言、方言、现代汉语、现代汉语方言的基本概念和它们之间的关系。语言不是一成不变的，它随着社会的发展、人口的变迁在不断发生着变化。共同语的形成，与一个民族的形成息息相关。所以在本章最后一部分，简要地回顾了汉族的形成历史，对上古汉语的概貌做了大致的梳理（见图 1–8）。

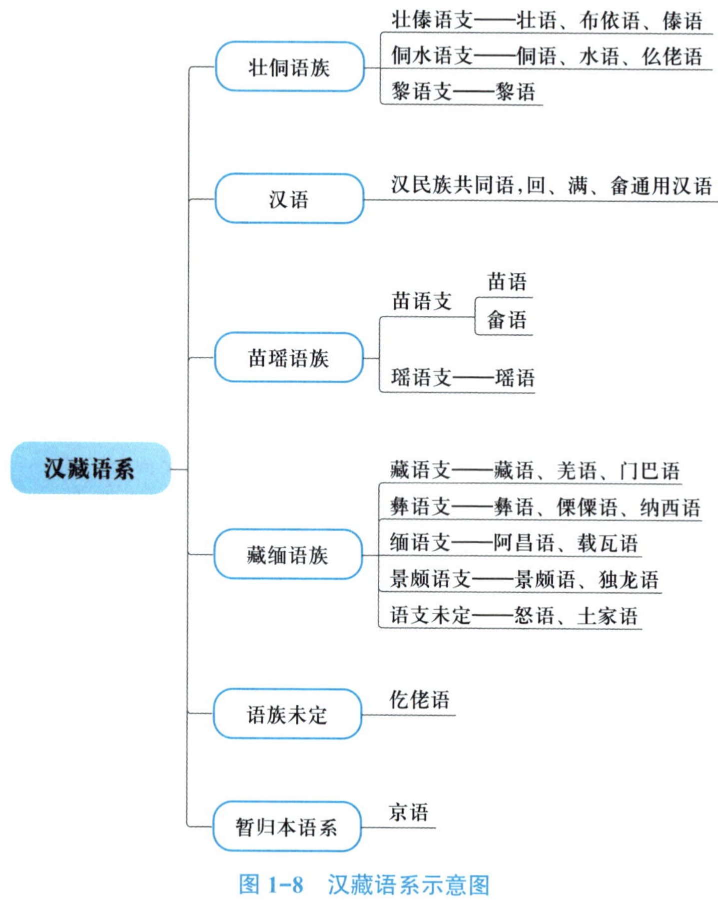


图 1–8 汉藏语系示意图

## 【思考题】

1. 什么是语言？什么是方言？汉语方言包括哪些类型？

2. 现代汉语方言主要有哪些大的分区？

3. 简述汉族的形成历史。

4. 说说先秦两汉时期，汉语和周边少数民族语言的地理格局。

5. 请从语音特点、词汇特色、地理分布、历史形成等方面介绍您的家乡方言。

## 【方言释词·官话】

【肝儿颤】老北京话，戏称害怕。如：一想到那档子事儿，我就肝儿颤。

【硌硬】老北京话，恶心，让人反感，也作“膈应”。如果读读《穆斯林葬礼》，一定会发现“硌硬”这个词儿在其中的使用频率很高。如“韩太太‘硌影’地瞅了她一眼。”有个歇后语就叫“癞蛤蟆上脚面——不咬人硌影人”。

【安逸】成都方言。1. 舒服：这顿饭吃得～ | 这件衣服穿起不～　2. 痛快：今天要～了　3. 舒畅：他这几天心头不～　4. 满意：我晓得头头不～我，我没有去吹捧他们嘛　5.（身体）没有病：你不～，去医院看一下嘛　6. 鲜美；好：这个菜味道～　7. 精彩：这本书～，第三章最～ | 这部电影～得很，快点儿去买票　8. 轻松：说得～，你做一下就晓得恼火了　9. 美；漂亮：这件衣裳的样子好～哦 | 这幅画多～的　10. 糟；坏：这下～了，打烂了那么多碗

【巴适】成都方言。“舒服、很好、安逸”的意思。成都人生活悠闲，爱吃爱玩。吃得舒服说“巴适”，玩得舒服也可以说“巴适”，“巴适”就是挂在成都人嘴边的一个惯用词儿，也是这座城市的特殊气质。

【哈包】成都方言。意近“白痴”，多用于情侣之间的暧昧语，是中性词，不带褒贬义。同类还有“哈戳戳”“瓜西西”，如：你个～，这两种东西怎么能搅一起撒！

【苕】武汉方言。1. 甘薯，一种草本植物的块根，皮红或白，肉黄或白，可供食用和制糖、酒精：红心～ | 白心～ | 生～ | 熟～　2. 傻；糊涂；不明事

理：你真～ | ～的～气 | ～头～脑 | ～相 | ～伢 | ～家伙 | ～坯子 又傻又犟 3. 傻子；智力低下、不明事理的人：他是个～ | 大～ | 小～

【老鼻子】东北方言。指某东西特别多。如：他发表的论文～了 | 人家家里值钱的东西，～了！

【磕碜】东北方言。指人长得难看、恶心、丑陋，也可指做事比较不尽如人意。如：老妹儿你长得太～了 | 这事儿让你办的真～。

【毛楞三光】东北方言。指人不清楚状况，或者说话做事不加思考，比较粗心不稳当。如：一群～的小孩子在那里疯玩 | 一个做事～，说话冒虎气，工作不合群得人能改好吗？

【中】中原官话。意思是“成、行、好”。如：中，就这么办的吧！ | ～不～？

## 【官话方言标本试听】

## 【官话方言趣事】

1. “整”字真“整人”(东北话)

① 一个外地学生和一个东北学生在同一个寝室，东北学生问：“中午咱们整点啥呀？”外地学生不解地问：“整是啥意思？”东北学生不假思索地回答：“就是吃的意思。”饭后回到宿舍，两人一起去厕所，此时刚好赶上学校停水，厕所池子没法冲洗，东北学生一拍大腿感叹道：“哎呀妈呀，这个咋整啊！”外地学生听了之后面如土色：“哥们儿，这个我可整不了！”

② 一男一女谈恋爱，男的对女的说情话：“我想给你整个世界。”女的说：“那你整吧。”

2. 我的“孩子”掉啦！(武汉话)

有一个东北人到武汉去旅游，武汉有一条长江，长江经过武汉，从武昌到汉口需要坐轮渡。有个东北人坐上轮渡之后，正想看看江上的风景，结果发现一个妇女大喊："哎呀，不得了了！我的 [hai] 子掉了！"这个东北小伙子非常有正义感，看到江下有水花，他二话不说就把衣服脱了跳入江中，到处找，找了半天没有找到孩子。结果别人就把这个东北小伙子救上来，问谁掉了孩子，找不到孩子。结果才发现，原来是那位妇女把她的鞋子掉到江里面去了。在武汉乃至整个西南地区，"鞋子"和"孩子"的音是一样的，所以闹出这个笑话。

3. 黑凤凰（四川话）

麻雀和乌鸦一起摆龙门阵

麻雀说："你是啥子鸟哦？"

乌鸦说："我是凤凰撒。"

麻雀："哪有你龟儿子这么黑的凤凰哦！"

乌鸦："你晓得个铲铲，老子是烧锅炉的凤凰噻。"

4. 贼多（东北话）

海南人去东北，问"你们这儿，宾馆多么？""哎哟妈呀，我们这儿宾馆贼多。"吓得海南人当天就跑回家了。

## 【延伸阅读】

1. 侯精一主编：《现代汉语方言概论》，上海教育出版社 2002 年版。

2. 罗常培：《语言与文化》，北京出版社 2004 年版。

3. 袁家骅等：《汉语方言概要》，语文出版社 2001 年版。

4. 周振鹤，游汝杰：《方言与中国文化》，上海人民出版社 2006 年版。

5. J. K. Chambers and Peter Trudgill, *Dialectology*, *Second Edition*, Cambridge University Press, 1998.

## 【论坛撷英】

1. 老师你好！我很好奇秦皇汉武的地方口音都很重吗？想想始皇帝一口陕西话就觉得好怪异……这是真的吗？（小飞虫）

■ 先秦时期，社会分两个阶层，一个是读书人（也就是贵族），一个是老百姓，读书人有统一的读书音，因为汉字缘故，基本上全国各地都能相互通话，这种话叫雅言或者叫读书音。老百姓讲的是民间俗语，用的是不同的方言。所以古代老百姓一般是不远游的，远游的多是商人，他们多是双语者，会方言，也会雅言。（Atone）

■ 秦始皇是皇帝，受过精良的教育，属于贵族，当然是用雅言，当然也只跟文武百官（都是贵族）交流，语言上不会有什么障碍。（张家小子）

2. 只有粤语才能逐字读白文吗？

■ 在方言试听里，所有的方言好像只有粤语在严谨地逐字读白话文诶。我记得粤语里有三个系统，分别是自己的白话、逐字读的普通话白话、文言。这应当对于所有的方言都适用对吗？在我的方言温州话里，也是有同样的三种系统，对于逐字读的普通话、白话、温州话叫作“读白字”，文言和自己的方言白话又隔成一套系统。大家读白话文的时候悄悄把文本转化成方言白话，这是因为方言就没有一个“读白字”的系统吗？还是大家不熟悉呢？（Mi-li）

■ 你好，我是赣南客家人。赣南客家话按普通话逐字读的白话好像不存在，或者说比较困难。我常常读课文无聊的时候想用赣南客家方言读读课文解解闷，可是每次按普通话逐字读都行不通，比如在语法语序上不通，很多词普通话里存在的客家话里不存在或者反之，相同的东西却有着不同的表达以及表达的深浅程度也不一样。总而言之，毕竟还是有地域差别的。（m15002165932）

■ 你好，我是温州人。温州话里，按普通话逐字读的几乎用不到，也几乎没有人用，也确实很别扭。事实上通常只有上一辈在读报纸的时候，才会使用的，这好像叫“新闻体”，五四以后发展出来的白话文体，所以应当很多方言都可以吧，像助教说的。一两百年前南方读的明清小说也是类似的情况吧。仿佛粤语特别习惯于这样做，比如粤语的流行音乐，几乎不用粤语的白话。（开火海马）

■ 你好，录音的要求是最好能够将文本转化成自己的方言来读，最好不要照着文本一字一句地读，很多方言都可以用方言的语调读音等读出普通话文本，但其实很多时候自己的方言中是没有这个字的。如“爱”字，很多方言区都可以用方言读出这个字，但其实几乎只有粤语才本来有“爱”字，很多方言

区都是受普通话影响的。(杨 Albert_ 杨 ... 助教)

3. 为何会有方言歧视?(干妄)

■ 语言或者方言的歧视,在全世界普遍存在。方言歧视,大抵与经济发展高低有关,只要社会上还存在种族差异、宗教差异、贫富差异,就会存在各种误解和歧视。(wood335)

■ 语言对经济的差异是最敏感的,经济发达的地区,其语言往往会因为商贸的需要而受到尊崇。经济不发达地区的人们,往往会被冠以"土"的评价,而语言也包括其中。(洛云)

4. 老师好,我看过一个理论,是说普通话的普及更多是大家自发的而非是官方推广。由于大家的交流越来越频繁,相比以前人员发生了更多的流动,为了更好地交流,普通话自然成为大家的首选,语音中少了歧义。请问真的是如此吗?官方对普通话的推广到底在普及中占了多少作用呢?如果政府不进行推广,普通话的普及也是必然结果?还有就是普通话这个词本身是谁发明的,普通是指普普通通没有特点还是"普天之下通用"的意思呢?谢谢。(一枚樱桃)

■ 普通话的意思是普遍通行的话,源于清代末年,主要是从音的角度来定义。汉语历来有书面语和口语两套系统。书面语是从文言发展而来的,一直到清末民国初年,白话文运动兴起,才废除文言。而口语系统老百姓口头讲的话,从唐宋以来一直叫白话,也就是大白话的意思。明清以来,官方使用的口语叫官话,是以元大都话为基础,掺杂南京土白的一种语音系统,这种官话发展到清代末年,就是后来的普通话了。民国时期,又改叫国语。1949 年以后,大陆重新叫普通话,台湾叫国语,而东南亚华人聚居区,则把包括普通话、闽语、粤语、客家话在内的汉语统一叫作华语。(助教张宇萍)

■ 普通话的推广是国家行为,如果没有国家的大力推广,我们现在的很多方面的交流会有很大的困难。所以,国家在为百姓的交流沟通和国家发展方面,这个政策是十分正确的。当时如果不推广普通话,想在大江南北的人们这么容易就能够沟通是不可想象的。但是随着社会的发展,新媒体的迅猛推进,普通话推广已经基本完成了其历史使命,以后不需要大力推广,只要保持现在的状态,普通话自动会普及下去。(助教王蕾)

■ 60 年后的今天,随着经济的发展,文化越来越受到重视,所以在现阶段，提出方言应有发展生存的空间这个话题，是十分及时的。城镇化的发展，必然会导致大量方言的消失，需要引起我们的重视。处理好两者的关系，需要我们每个人的努力。(老师)

## 【课堂讨论】

第一次讨论话题：我们能为方言传承做些什么？

■ 无边细雨轻吻我：

在方言传承过程中，我希望自己可以更加用心、更有意识地去学习方言。作为温州人，我其实十分自豪。不过由于环境的影响，爷爷奶奶都学会普通话了，我们还仍只会温州话的日常用语，所以我的危机意识也逐渐加强了。与爷爷的沟通过程中，我会尽量去听，去记。哪些是我还不会的？哪些俗语是我并没有注意过发音的？在乘坐市内公交车时，我也会特别留意第一遍播的温州话版，时刻加强自身方言能力，横向教同学，竖向教未来的小朋友。

■ sharon11606163com：

1. 像老师一样，把方言教育带给家里的下一代。

2. 可以创造渠道和只会说地道方言的老年人接触，记录一些未被普通话同化的词汇、语法。

3. 扭转偏见，摒弃方言“土气”“不文明”的错误观念，培养和方言紧密联系的家乡自豪感。

4. 不仅对自己方言要保护，对别的地方的方言也采取尊重的态度。新认识的朋友，如果自己能随口说一两句对方家乡的方言，心理距离瞬间就拉近了。三五好友一起聊起方言差异中有趣的现象，也是增进友情的好办法。

5. 爱模仿、爱学习、爱琢磨，模仿不同地方的方言，学习不同方言的特点，琢磨导致不同的历史渊源，简直其乐无穷。

6. 利用新媒体渠道，传播转发方言特征明显的微博、段子、视频、音频、影视作品，等等。

■ Madskillz_ 曾循：

我是四川乐山人，读书的时候到了成都发现周围人根本听不懂自己讲话，不得不开始说成都话和普通话。但是只要和自己的老乡在一起，就会自然转化成乐山方言。

后来才了解到，乐山话当中保留了入声，跟西南官话其他分支有一定的区别，才导致上面这种现象。

从个人角度讲，结合各位的精彩留言，我认为可以从以下三个方面去传承方言：

录：老一辈人讲的方言应该被记录，特别是保留声音素材。因为老一辈人说的方言是最原始最“土”也是最少经过其他语言改良的。我也读过一些方言相关的书籍，记录了大量词汇与释义，非常有趣。遗憾的就是录音素材通常是缺失的，所以希望将来编撰此类书籍的人们，可以收录声音素材。当然拍成电视也不错。作为个人我们自己用手机去录音、整理，都是可操作的办法。

讲：其实跟我开篇讲的个人经历一样，我们应该跟讲同样方言的人在一起的时候，尽量多说本地土话。不光保证大家更密切的情感交流，也使我们自己讲方言的能力得到锻炼。语言这个东西，讲少了还真的就会渐渐生疏或者被其他语言同化，在家庭教育中也尽量多教小孩说土话，就像老师讲的一样，普通话反正是到处都可以学的嘛：)。

传：这一点别的同学也有提到。利用网络等工具，以娱乐或教学的方式传播方言。曾经我们靠小品相声来领略方言的魅力，大家都会记得马季等相声大师的作品中对各地方言的演绎。现今网络兴起，其实有很多方言版恶搞电影配音、方言八级考试等的网络素材广为传播，能够起到让各地人们都了解不同方言特色的作用。当然，个人认为美中不足的是这些传播都偏重娱乐，如果能够更多的有比较完整系统的教学相关资料保存并传播开来，就能弥补目前方言传播上的不系统完整的缺点。

暂时只想到这些，望抛砖引玉。

■ Cissysoon_ 孙逸雯：

我是常熟人，常熟话在吴语里应该算是最古老的了吧，声韵调都比临近的苏州话和上海话来得复杂。

可是自己的常熟话似乎也已经不那么地道，尤其是在“词汇”的环节，很多都是从普通话“翻译”回去的，失掉许多鲜活的市井气息。所以啊，每次回常熟，总是很喜欢去听老人家讲话，就会发现很多非常有意思的表达。

回归正题，我觉得方言的传承应该放到乡土文化的整体传承中去，而不单单是方言本身的学习。我的小学时代，学校还发乡土教材，可是从来都没正经上过课，只是作为补充阅读课本，现在想来也真是有一点可惜。不知现在的学校课程是怎样的光景，但如果能在课程中设置乡土教育相关的内容，并在考试中加入一定比例的方言及乡土文化的试题，或许能够引起一点重视。（虽然素质教育提了这么多年，但国内的教育大多还是以考试内容为导向，也是有一点无奈。而课程的呈现方式也可以多元一点，研究型为主或许更好。）

其次，很多选课的同学也提到了的，方言与大众文化或者流行文化相结合，提升大家的兴趣和对方言的认知。

另外，关于方言本身的学术研究及记录，似乎还是偏少的，所以如果能够有更多学者做这方面的引导，或许也会相对好一些。

具体执行层面，如果能够在某地聚集一批真心热爱方言及乡土文化并且愿意为此付出的人，或许可以成立一个以保护当地方言及乡土文化为宗旨的基金会或者志愿者团队，从研究、公众活动以及特别项目等方面系统地去开展保护工作，或许能够有一些帮助。

■ 翊辰 _ 赵辰：

我的父母都不是当地人，平时家里并不会用哪一种方言来交流，因此我并不会纯正的家乡话，而是带着家乡味的普通话。在高中的班级里，能够保持一口纯正的家乡话的同学也并不多，保留在我们语言中的家乡元素往往是一些其他地方人听不懂的词汇。在这样的背景下，我认为在日常生活中，可以通过以下的一些方式来传承方言文化。

第一，要能说、会说家乡话。在我的家乡，会说家乡话的人还是比较多的，每天的地方新闻节目里，受访的居民大多口音纯正，可以借此机会学习家乡话。同时，在学之后还要用，在一切可以用方言交流的场合练习家乡话，让家乡话活在我们的舌尖上。

第二，积极提倡“方言场合”“方言时间”。正如老师课上所说，方言有其独特的使用场合、表情达意的功能，我们不妨将这样的场合和情景作为我们的“方言场合”“方言时间”，同时带动身边人在这样的情景下一同使用方言，让家乡话活在我们的生活中。

第三，摆正对方言和普通话之间关系的认识。二者没有尊卑问题，只是具有不同的使用价值和历史过程。因此我们应当向身边人传播这样的语言平等观念，既重视普通话也重视方言，让家乡话活在我们的思想里。

此外，也可以将本地方言作为当地特色文化事业加以研究分析，提炼方言语言体系；在乡土课程中加入方言教学；在方言使用地区提倡“方言节”，调动社会的积极性来创新方言的留存、发展形式，让更多的人加入方言这一非物质文化的保护和传承当中。

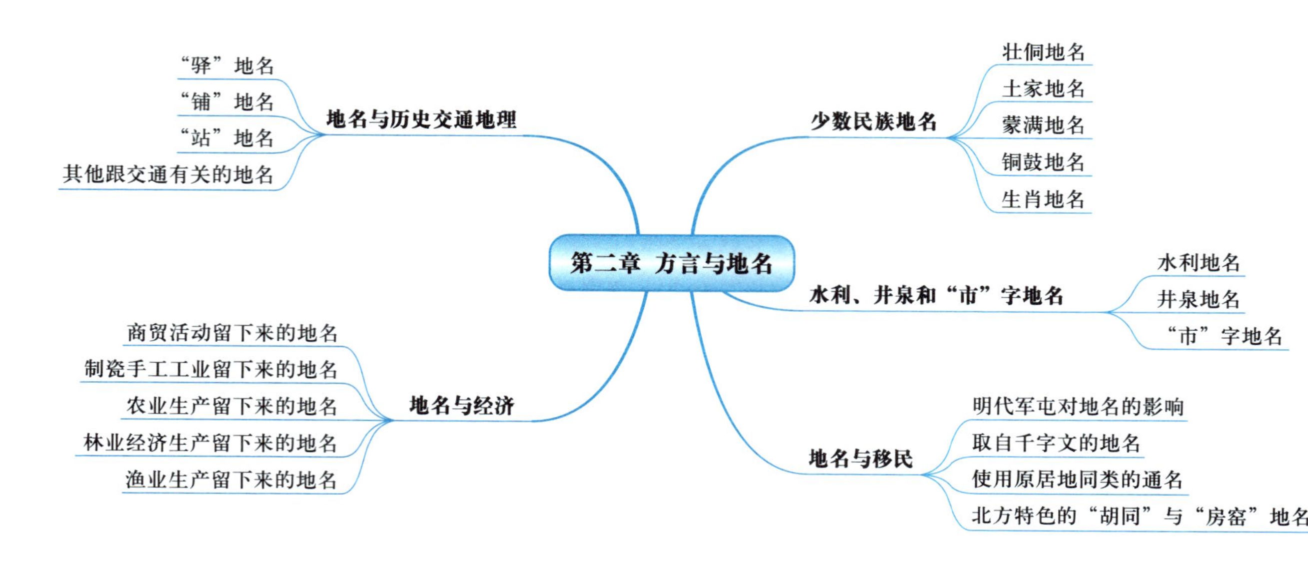
第二章 方言与地名
少数民族地名
壮侗地名
土家地名
蒙满地名
铜鼓地名
生肖地名
水利、井泉和“市”字地名
水利地名
井泉地名
“市”字地名
地名与移民
明代军屯对地名的影响
取自千字文的地名
使用原居地同类的通名
北方特色的“胡同”与“房窑”地名
地名与历史交通地理
“驿”地名
“铺”地名
“站”地名
其他跟交通有关的地名
地名与经济
商贸活动留下来的地名
制瓷手工工业留下来的地名
农业生产留下来的地名
林业经济生产留下来的地名
渔业生产留下来的地名

# 第二章

# 方言与地名

地名，是指人们赋予某一特定空间位置上自然或人文地理实体的专有名称。地名具有社会性、时代性、民族性和地域性等特性。

社会性。地名是社会的产物，它的命名、演变始终都受到社会发展水平的制约。没有航海知识的积累和15—17世纪的地理大发现，就不会有像太平洋、印度洋等海域的名称。地名由少数人称说到为广大社会成员所公认，要经过一定的传播和筛选过程。

时代性。地名的命名通常反映命名时代的特征。中国历史上的军屯、移民以及地方经济模式、历史交通都在地名上留下了印迹。

民族性。不同民族分布区域内的地名，一般总是由生息在当地的居民以其语言命名。地名的命名依据还能反映一个民族的心理状态、风俗习惯和其他文化特征。中国西南地区大量使用的“那”“峒”“铜鼓”“生肖”等地名，跟西南少数民族关系密切。

地域性。地名是地方的指称，它的命名常反映当地当时的某些自然或人文地理特征。如各地水利、井泉地名，南方“澳”“圳”“磜”，北方的“胡同”等地名，都表现出地域性的特点。

本章从地名的角度介绍地名中蕴含的各种文化信息，其范围已超出方言的领域。学习这个单元，需要结合大家居住地或籍贯的地名来对照知识点，从中挖掘出家乡地名的文化内涵。

## 2.1 少数民族地名

地名与当地环境密切相关，根据山水方位、地形地貌而来的地名，比比皆是。

依山命名。如浙江省地名中有“山”的就有萧山、象山、常山等，而奉化、普陀、洞头、天台、青田等县名也都得自同名的山岳；湖南省的衡山市因地处衡山而得名。

据水命名。如四川省因境内有长江、岷江、沱江以及嘉陵江四条江而得其名；黑龙江省和青海省则是因为境内有同名的江河湖泊而得名；此外还有：湘（湘江）、闽（闽江）、赣（赣江）等。

依方位命名。如山的左右前后、河的东西南北、距离之间的远近常常成为参照点。譬如，“洛阳”“汾阳”之得名，因其分别位于洛水、汾水之阳，“汤阴”则源于该地处于汤河之阴。

依地形地貌命名。如山东省德州市平原县因地势平坦而得名；辽宁省盘锦市大洼区因位于辽河、浑河下游，地势低洼而得名；新疆的石河子市，因为这里多石故名石河子；福建省福州东郊的鼓山，因峰顶有形状如鼓的巨石而得名；台湾地区东北部的鼻头角，是深入海中的小半岛，因形如鼻尖而名。

有些地名，如“那”“峒”“冲”“良”“车”“古”等地名，铜鼓地名以及生肖地名，就跟当地少数民族的生产、生活方式紧密相关。

### 2.1.1 壮侗地名

从地图上我们可以观察到，在两广、云南以及越南、老挝、缅甸和泰国的北部有大量含“冲”“那”“都”“古”“六”“良”等字的小地名，这些地区是早期壮侗族的聚居地，如广东新会的那化、阳江的那岳、番禺的都那、南海的古糟、三水的六塘、台山的六合，广西武鸣的那白、容县的都结、贵县的都六、柳江的古练、上思的古都、博白的六务、百色的六那等。

“峒”“冲”“那”字地名反映稻作文化。“峒”也写作“洞”，是一个很常见的地名通名用字。“峒”在壮侗语中是指“田场”，即同一水源的一个小灌溉区。在同一个灌溉区里从事稻作的人当然就同住在一个峒里，形成一个单独的居民点。“峒”在某种意义上大致相当于汉语的“村”，如“思把峒”这个地名就是“鱼寨村”的意思，“思”就是“寨”，“把”就是“鱼”。“峒”的称呼也是自古就有的。唐代诗人柳宗元曾有“青箬裹盐归峒客”（见《柳州峒民诗》）。现代云南、两广有大量“峒”字地名，正说明当地稻作文化发达。[①]

“冲”字地名除了有“小河”的意义之外，也有类似“洞”字的含义，广见于岭南地区，如顺德有冲鹤，新会有冲塘、冲廉、冲茶、冲花，从化有冲岭，台山有冲洋、冲华、冲柴、冲云，封开有冲等、冲陵等。

“那”字的汉语意义为“水田”，它也是稻作文化的一个标志。著名的西双版纳，翻译过来是“十二千稻田”的意思。据司徒尚纪（1997）、覃凤余、林亦（2007）考证，“那”字地名有90%集中在北纬21°至北纬24°，主要在河谷和三角洲平原。除广西广泛分布以外，它主要集中在粤西和琼雷地区。带有“那”字的地名在玉林地区有那博、那莲、那历；与广西毗邻的广东省，有那州、那优、那落、那康、那黄、那宋、那兵、那花、那仙、那扶、那罗等；海南省含“那”的地名澄迈县有13个，琼山区有8个，海口市区、郊区各有1个，儋州市有5个。显而易见，当地的居民早就以种稻为生，其后当地居民被汉化或迁往他处，而“那”字地名仍作为底层文化保留至今。

壮语中“良”字的汉语意义为平地，不能按照汉语直接理解为良好。“良”字地名在粤中、粤西与广西连成一片，构成大面积分布区。如南海有良村，顺德有良教，东莞有良边，新会有良溪，开平有良洞，中山有良都，三水有良岗，广宁有良田，新兴有良洞，德庆有良义，清远有良湾等，皆为有一定规模的聚落。

有些壮语地名是没有壮音、所在地现在没有壮族人居住、用汉字书写但沉积着壮文化的地名。例如，在《浔州府志》卷四中载：“壮人之在桂平者，惟宣一二里，有十罗九古之名，皆壮村也。”“十罗”为罗旺、罗欧、罗平、罗行、罗交、罗塘、罗活、罗山、罗宜、罗壁。“九古”为古宜、古冬、古带、古程、古愣、古到、古林、古望、古重。如今汉族聚居的玉林、梧州地区，就有含典型的壮语色彩的地名，如“古”，玉林地区有古楞、古算、古蒙、古全等，梧州地区有古榄、古利、古仑、古龙等。与广西毗邻的广东省也有很多含

① 详见周振鹤、游汝杰：《方言与中国文化》，上海人民出版社1986年版，第135页。

“古”“罗”字的地名，含“古”字的地名，如古楼、古兜、古赖、古沟、古伦、古丽、古丁、古榄等；含“罗”字的地名，如罗定、罗顺、罗蓝、罗沙、罗秋、罗坑、罗境、罗平等。现在四川南部也有含“古”字头的地名，如在宜宾一带的就有古蔺、古宋、古柏等壮语地名。

### 2.1.2 土家地名

有些民族聚居区，要注意地名中有些通用的地名用词，要通过历史地理的考证并且到实地勘察，才能真正把握其含义。

例如湖北五峰土家族自治县有很多地名带“车”“李”“麦”“湖”“八”“黑”等字，这些是土家语的遗留，并不能在字面上去理解意思。如“车”，土家语是“水”的意思，如车垭、车沟、车湾、圭车、反车岩等，其共同特点是该地有“水”但并无车路、也无车水工具和姓车的人居住。再如“麦”是土家语“天”的意思，“李”（里）是“地”的意思，县内有麦庄、麦李坪、麦榨湾、学里口子等地名，但这些地方过去从不种植麦类作物，也无李树可考；学里口子并无人居住，更无学校。“湖”是土家语“坡地”的意思，如大茅湖、横茅湖、茅湖坡等，都是一面山坡并无湖泊和水库。又如叫作“八”（巴）坪的地方，只不过是坐落在岩墩上的一片缓坡地，并没有八个坪，实际是土家语称这里虽然有块平地，但石头很多的意思。还有许多叫“黑”的地名处，既非黑色也并不黑暗，如黑沙溪、黑坑子等，都属于不积水或消水洼地，包含土家语“漏”的意思。

### 2.1.3 蒙满地名

13 世纪蒙古族和 17 世纪满族入主中原带来一定数量的蒙古语和满语词汇。

在今天的吉林便有不少满语地名：桦甸市有一条苏密河，满语发音为“苏密那”，义为莎莪草，是牲口爱吃的一种草。舒兰市有一条“闹枝沟”，满语的发音为“闹遮”，义为拳头，意思是形容这条沟不大，像拳头一样大小。永吉县口前镇有“下达屯”，满语发音为“夏达秃”，义为织网处，说明该地区是编制渔网的地方。蛟河市漂河乡有个屯叫寒葱沟，满语发音“寒冲”，含义为猎人用的小锅。

在抚顺，满语地名约400条，其中有许多是音译地名，如呼兰哈达山（烟筒山）、佛阿拉（旧平岗）、赫土阿拉（横岗）、雅尔哈、札克丹、郎土、嘎叭赛等。

青海省有许多蒙古语的地名，如“库库诺尔”（青海湖），“敖登塔拉”（星宿海）等，著名的“塔尔木”，意为“河流密集的地方”。

青海地名中含有蒙古语地名通名，如乌拉（山）、木伦（江）、郭勒（河）、乌苏（水）、诺尔（湖）、达布逊诺尔（盐湖）、布拉格（泉）、塔拉（草原）、那塘（沼泽地）。

### 2.1.4 铜鼓地名

铜鼓（壮语：𬭎 gyongdoengz，又作鈪 nyenz；越南语：Trống đồng/𪔠铜）是中国古代岭南及西南地区（今广西、广东、四川、云南等地）的乐器。1976年云南楚雄彝族自治州万家坝出土5个铜鼓，据考古学家鉴定，是2700年前的古物，也是中国现存的最早的铜鼓。

铜鼓形状像圆鼓，有各式图案，有的铜鼓上还有蟾蜍图形（南越崇拜蛙）。铜鼓的直径有大到2.3米，小的有0.7米。至今中国出土的铜鼓有一千五百多个。在东南亚其他国家和地区，如老挝等，也发现二百多个铜鼓。

“铜鼓”一词最早见于《后汉书·马援传》“马援出征交趾，得骆越铜鼓，铸为马。”制作铜鼓的以百越中的骆越为多，即是黎族与壮族。唐代刘恂的《岭表录异》曾详细描写过西南地区铜鼓的风俗。[①] 历史上使用过铜鼓的有壮、侗、苗、彝等十几个兄弟民族。其中有的民族至今还在使用。

铜鼓文化的分布在地名上也有反映。含“铜鼓”两字的地名大多集中于广

① 唐刘恂所撰《岭表录异》记载：蛮夷之乐，有铜鼓焉，形如腰鼓，而一头有面。鼓面圆二尺许，面与身连，全用铜铸。其身遍有虫鱼花草之状，通体均厚，厚二分以外，炉铸之妙，实为奇巧。击之响亮，不下鸣鼍。贞元中，骠国进乐，有玉螺铜鼓，即知南蛮酋首之家，皆有此鼓也。咸通末，幽州张直方贬龚州刺史。到任后，修葺州城，因掘土得一铜鼓，载以归京。到襄汉，以为无用之物，遂舍于延庆禅院，用代木鱼，悬于斋室。今见存焉。僖宗朝，郑絪镇番禺日，有林蔼者，为高州太守。有乡墅小儿，因牧牛闻田中有蛤鸣，牧童遂捕之。蛤跃入一穴，遂掘之深大，即蛮酋冢也。蛤乃无踪，穴中得一铜鼓，其色翠绿，土蚀数处损阙，其上隐起，多铸蛙黾之状。疑其鸣蛤即鼓精也。遂状其缘由，纳于广帅，悬于武库，今尚存焉。

东和广西两省，也散见于贵州、云南、湖南、江西和福建等地。如广东曲江的铜鼓岭、丰顺和文昌的铜鼓山；广西博白的铜鼓潭、合浦的铜鼓塘、昭平的铜鼓墟；云南盐津的铜鼓溪；湖南靖县的铜鼓卫；贵州石阡的铜鼓关；福建永定的铜鼓山；江西的铜鼓县。

福建、江西、湖南虽然没有考古材料证实出土过铜鼓，但是这些地方的历史文献中出现铜鼓地名，也可以表明该地历史上曾受过铜鼓文化的影响。

### 2.1.5 生肖地名

十二生肖地名源于汉族的十二生肖历法和彝族的十二兽历，并与当地经济发达程度是否直接催生集市贸易需求相关。

十二生肖地名专名是云贵高原所独有的汉彝文化交融、商品经济发展的产物，它既指称集市日期及集市地点的名称，又反映明清以来某属相日在某地赶街的乡村民俗风习。生肖地名虽然来源于古今中外皆有的十二生肖历法，却打破了历法中各生肖动物依序排列、轮回应转的均衡状态，十二生肖地名中的语言禁忌、避讳民俗是独具特色的语言“风俗化石”。

云贵地区十二生肖地名最早见于明代。约成书于明万历四十七年（1619）的《滇略》有如下记载：“市肆岭南谓之墟，齐赵谓之集，蜀谓之亥，滇谓之街子。以其日支名之，如辰日则曰龙街，戌日则曰狗街之类。至期，则四远之物毕至，日午则聚，日昃而罢。”又据《贵州通史》中所引的明代弘治年间的《贵州图经新志·贵州宣慰司》中载：“郡内夷汉杂处，其贸易以十二生肖为该市名，如子日则鼠场，丑日则牛场之类。及期各员货聚场贸易，仍立场主以禁争夺。”明朝进入云贵高原的汉族军民不仅带来了中原、江淮、湖广一带先进的生产生活方式，还延续了他们以往的集市贸易习俗。

明朝汉族大规模进入珠江源头地区之前，珠江源头地区经济落后，几乎没有定点、定期的集市贸易，直至1949年前，还多是无人居住的“皮草街”“露水街”类临时性集市。明朝朱元璋平定云南后实行的军屯、民屯、商屯，直接促进了固定的集市的形成。随集场贸易兴起而产生的十二生肖地名，具有以十二生肖为专名，“街”“场”为通名，依序环列的文化特点。例如：

鼠街——镇名，在云南省景东彝族自治县北，地处川河上游东岸谷。其街道呈“之”字形，逢鼠、马日集市，故名。

虎门——镇名，地处珠江口，为广州出海门户。相传狮子洋中两小岛分别叫“大虎”和“小虎”，伏于海中把守广州门户，故曰“虎门”。

兔街——镇名，在云南南华县西南，湾河西岸。

狗街——地名，又称“南狗街”，在云南宜良县南部，南盘江东岸。

猪街——地名，在云南元江哈尼族彝族自治县东南部，昔以逢猪日赶集得名。

通过观察，我们可以看到，各生肖动物的运用情况不尽相同，呈现以下特点：

① 生肖动物用于地名具有不均衡性。鸡、猪、牛、马、羊等家畜生肖地名出现频率高于其他生肖地名。

② 十二生肖地名的留存情况与自然地理条件的优劣成反比。坝区、平原等地生肖地名少，山区、林区生肖地名多。

生肖地名还充分体现人们趋吉避凶的语言民俗，“虎”“蛇”生肖地名往往采用避讳或委婉称呼。如罗平县民间称“老厂”为“猫街”，《水浒传》中的虎被称为大虫，此称谓法最早见于东晋时期的志怪小说集《搜神记》。虽然也有直接以地支的“寅”代替天干的“虎”的讳称方式，如云南弥渡县的“寅街”，但以“猫”讳“虎”最为普遍，云南的南涧县和武定县今天仍保留有“猫街”地名，“正月十五赶猫街”的彝族民歌也仍在楚雄州等地区流行。此外，姓虎也皆言姓猫，甚至长沙曾因“腐”“虎”同音而改“腐乳”为“猫乳”，“府正街”也变成了“猫正街”。但“猫”并非避的全是“虎”，富源县的“老猫山”，《富源县地名志》称其得名于当地豹子的出没。保留原字改变读音原是中国民俗中最基本的避讳方式，但谐音字使人们不能与原本的凶语、不吉语相区分，于是便将二者一并禁忌了。

对“蛇”的避讳方式是以突出形体特征的“长”来替代，“属蛇”即为“属长”，“蛇”被称为“长虫”或“老长虫”。罗平县曾流传“一根老长虫，裹掉三条龙”类的谚语，意为属蛇人娶了三个属龙的妻子，妻子全都死去了，属蛇被视为不吉利的征兆。珠江源头的“蛇街”均被称作“长街”，师宗县彩云乡至今还留存有“长街”生肖地名。此外，富源县还称“蛇”生肖地名为“陈街”和“顺场”，前者可能因为汉语方言中“陈”“长”读音相近而谐音避讳，后者则应是受到毗邻的贵州盘州市和兴义市的民俗文化影响，通名“场”即为云南汉语方言向贵州汉语方言的借词。称“顺场”据推测，是由于在屯堡方言中“蛇”与“折本”“折”是同音的，尤其是在做生意的屯堡人口中，都称“蛇”为“顺”或“顺条子”。

这种以避讳方式求吉求顺的民俗心理，在云南省景东县的生肖地名“小龙街”（蛇街）中体现得更为明显。以“龙”代“蛇”，不仅由于龙蛇二者形体相似，还能把对蛇的恐惧转换为对龙吉祥喻义的向往，而且符合“成龙上天，成蛇钻地”龙蛇对称使用的语言民俗习惯。

云贵高原的人们在以生肖动物称名集市地点之初，并不忌讳蛇虎在内的各种生肖动物，今天贵州威宁县还留存有“蛇街”，广西隆林县还留存有“蛇场”，贵州兴仁县和云南宣威市还留存有“虎场村”。随着观念意识的改变，人们不仅禁忌避讳虎蛇类凶兽而更改地名，对容易使人产生不愉快联想的猪狗类生肖地名也刻意雅化，如麒麟区的“猪街”更名为“珠街”。这些更名方式可概括为，改变说法形成委婉词，改变写法形成委婉字，改变读法形成委婉音。珠江源头十二生肖地名由语言禁忌而产生的委婉词，不仅丰富了方言词汇，还使语言表达变得更加细腻传情、曲折生动，符合人们语言交际中“美化”和“雅化”的心理需求。

随着科学昌明及观念意识、自然生态结构的改变，蛇虎等传统意义上的恶兽会越来越少，人们在生肖地名中的禁忌避讳心理也会逐渐消失，相应地，人与动物的亲近感也会逐渐减退。

## 2.2 水利、井泉和“市”字地名

### 2.2.1 水利地名

《吴郡志·水利下》有载，太湖流域吴地先民开辟大量湖田圩田，还筑起堤防和塘浦，形成纵横交错，星罗棋布的一套灌溉系统，即“纵则有浦，横则有塘，又有门（闸）、堰、泾、沥而棋布之”。古代水利专家和官方政府长期关注太湖流域的圩田水利，所谓“苏湖熟，天下足”，正是自宋以来江南水利开发的结果。吴地地名中带有“堤、闸、塘、泾、塍、埭、圩、堰、港、沥”等字的地名，多与水利工程有关。

“堤”和“闸”的含义全国一致。如著名的苏堤，就是以苏轼在西湖修筑的一条堤坝而得名，武泰闸是湖广总督在武汉修建的一道疏通汤逊湖及武汉城区山南渍水汇入长江的水利工程。

“堰”是可以溢流的挡水堤坝，如著名的都江堰就是中国古代建设并使用至今的大型水利工程。

埭，《正字通·土部》云：“埭，壅土为堰”；又云：“凡埭，征税之所”。埭是吴地古时水利系统的组成部分，本义为堵水的堤坝。埭又是船舶往来征税处，也用作地名。“陈勋凿句容中道，至云阳（今丹阳）西城，以通吴会（今苏州）船舰，号破冈渎。”《建康实录》所记录的破冈渎所经为丘陵地势，人们在运河上下修建了破冈埭、长冈埭等14道埭以控制水流，保持运河水位。从比例尺1∶45万至1∶60万的江浙两省地图上粗略浏阅，如今以“埭”为地名有很多，比如埭头、胡埭、埭上、葛埭（桥）、祝埭（桥）、黄埭，义兴埭、二圩埭、横埭老、南埭、横埭、南里埭、戴家埭、旧埭、郑家埭、新埭、钟埭、林埭、徐家埭、鱼池埭、祥林埭、李家埭、后方埭，草披埭、吴家埭、肖埭、姚埭、施家埭、庙港埭、埭上、沈家埭，埭溪、横塘埭、管埭、湖家埭、西埭郎、甘家埭、长埭、金家埭、羊家埭、宋家埭等。带“埭”字为地名的，集中在太湖流域。方言“侬等一歇，我去一埭就来”，正好说明吴地古时“埭”之多，彼此相距不远。

塘，原义是挡水的土坝，“筑土遏水曰塘”。江南人民在湖田圩田上筑起的高厚堤岸和深阔塘浦，也在地名上留下痕迹。地图上显示的“塘”字地名多为湖泊，如“大塘”“龙塘”“萝卜塘”“长塘”等。苏浙皖等地“石塘”“横塘”的地名有多处。“石塘”是古时造小船之处，“横塘”则是“五里七里为一横塘”“横则有塘”水利工程的历史见证。太湖流域又有农谚云：“白露里个雨，到一塘坏一塘”，意指白露节气时下雨，稻花受损，会歉收甚或是灾年。“塘”也引申到人事，如说“这个人像白露里个雨，到一塘坏一塘”。这里的“塘”演变为吴方言之“处、地方”之义。“白露里个雨”成了吴语中坏人、恶人的代名词。

水利地名并非江南地区特有，在靠河水或雪水灌溉的西北干旱地区，这类地名也大量存在。如甘肃民勤县有西渠、中渠乡，武威有四坝等。渠是灌溉渠，坝是河西对水渠沿用的惯称，因为引水溉田必先筑坝。但在干旱地区，必须有绿洲才能用这类地名，故不能形成大面积的集中现象。

四川各地地名中带有“坝”字的特别多。宝成铁路线仅广元至江油这一小段里，就有上西坝、下西坝、白田坝、沙溪坝、东坝、竹园坝、马角坝、厚坝、小溪坝、老坪坝、中坝等十多个带有“坝”字的火车经停地名。成都地名里有金牛坝、皇城坝和华西坝等。

坝，古体写作“壩”“垻”，字义大致有二，一是截河拦水的河堰，宋《集韵》载：“坝，堰也。”二是平地，清阮元《经室集续集·八西台诗》有句：“登台万丈列苍岩，远见层坡近平坝。”四川各地，古来称地势平坦的地方或河谷地带为坝。这样的关于坝的概念形成，或与四川的地形地势有关。四川之地理特点，周围高峻而中间低平，故有四川盆地的称呼。具体来讲，四川之地势，包括四周的大山、川北的浅丘、川南的微褶，以及川西的平原等不同地势。也正因为四川各地的地形地势不同，坝，作为一种人居聚落选择地在不同地方有不完全相同的概念。如在大山地带，坝，表达的是峰峦之间的平坦区域，通常，相邻两坝距离较远。而在平原地带，坝，则表达的是可辨识界限相互分割的平坦区域，这个可辨识界限可以是溪沟河渠，可以是竹木林带，也可以是其他的标志，通常，坝与坝，即聚落与聚落之间的距离较近。清陆箕永《绵州竹枝词十二首》有句：“村墟零落旧遗民，课雨占晴半楚人。几处青林茅作屋，相离一坝即比邻。”此外，丘陵和山区里的河谷地带或水流冲积地带，也被称为“坝”。这一类坝，伴生于河流，含沙量高，往往根据坝的名字，就能判断出来，如毛河坝、宋沙坝、潮水坝、堰水坝、水打坝、水冲坝、溪坝、响滩坝等。

将“坝”看作具有四川地域特点的地名，不仅仅是说四川含有“坝”字的地名多。重要的是，坝的概念十分宽泛，形成了文化意义上的“坝”，有关坝的词汇成为四川人生活语言中的一部分，如田坝、村坝、乡坝、院坝、晒坝、操坝、场坝、坝子、坝坝等。当我们说看“坝坝戏”“坝坝电影”，或者说吃“坝坝宴”喝“坝坝茶”时，彼此间都能心领神会。典型的，如乡坝、乡坝头，表达的意思就是乡村。

### 2.2.2 井泉地名

在沙漠地区，水是至关紧要的，有水就有生命、有绿洲、有农业，在没有高山雪水和内陆河水灌溉的地方，泉水和井水的分布点就成了居民点分布的基础。所以沙漠地区的居民点许多是以井或泉命名的。

中国沙漠总面积 71.29 万平方千米，新疆沙漠面积占中国沙漠总面积的近 60%。新疆地名中，有很多与井、泉、渠等水源相关。

比如布拉克，在维吾尔语里是“泉水”的意思。与之相类似的还有江布拉克意为生命之泉，喀拉布拉克意为黑水泉，阿克布拉克意为白水泉，切格尔布拉克意为浑水泉，萨尔布拉克意为黄色的泉，克孜勒布拉克意为红色的泉，加尔布拉克意为坡崖下的泉，羊布拉克、央布拉克意为边上的泉，乌库布拉克意为槽形的泉，依吞布拉克意为孤泉，霍斯布拉克意为双泉，孟布拉克意为千眼泉，乌尊布拉克意为长流泉，吐尔根布拉克意为湍急的泉，铁买克布拉克意为烟泉等。

“布鲁克”和“布拉格”是蒙古语，也是泉水的意思。比如巴音布鲁克意为富饶的泉水，夏尔布鲁克意为黄色的泉，敖伦布鲁克意为出水量大的泉，乌图布拉格意为长泉，明根布拉格意为千口泉。桑津布拉格则是指一个叫桑津（人名）的泉，索墩布拉格指一个叫索墩（人名）的泉。

“巴斯陶（巴斯套）”是哈萨克语的泉水，比如索尔巴斯陶意为碱泉，布尔木巴斯陶意为拐弯的泉，喀拉巴斯套意为黑色的泉，阿克巴斯陶意为白色的泉等。

锡伯语里也有以泉命名的地名，比如伊犁的察布查尔县的爱新舍里镇是金泉的意思。

新疆地名中自然少不了各种泉，如一碗泉、一万泉、三个泉、三眼泉、九眼泉、百泉、米泉、后泉、大泉、下泉、高泉、广泉、东泉、北泉、清泉、柳泉、碱泉街、泉子街、泉泉湖、七泉湖以及似乎无处不在的温泉。泉出现的频率高，是因为新疆泉水宝贵。

“渠”在维吾尔语地名中，有两种，一种是小渠“艾日克”，一种是大渠“吾斯塘”。南疆带有“艾日克”和“吾斯塘”的地名，各自至少都不下二三十个。比如巴格艾日克、墩艾日克、阿克艾日克、乔拉克艾日克、巴格艾日克、巴什艾日克等，这说明了在南疆开渠引水的重要性。

还有一种“渠”是指坎儿井。坎儿井是荒漠地区一特殊灌溉系统，遍布于新疆吐鲁番地区。坎儿井，是“井穴”的意思，早在《史记》中便有记载，时称“井渠”，而维吾尔语则称之为“坎儿孜”。在吐鲁番，凡是带有“坎”字的地名，基本都是某某坎儿井的意思，比如“达浪坎”，大楼边的坎儿井；“奥依曼坎儿孜”，洼地的坎儿井；“潘家坎儿孜”，姓潘的人的坎儿井等。

甘肃省内有腾格里沙漠和巴丹吉林沙漠的一小部分，这些沙漠地区主要集中在西北方向，如酒泉市、武威市、敦煌市、张掖市等。在这些县市内都有沙漠地带或是临近沙漠，其下属乡镇地名中，多与井、泉、滩、渠等相关：如古浪县就因境内有古浪河而得名。河流边上，山脉脚下会形成许多河滩，所以很多地名中也带“滩”字。除此之外还有人工开凿的水源，如引水渠灌溉，就出现了许多带“渠”的地名，像古浪县境内的古丰渠，民勤县内的曙光渠，敦煌的西干渠等。井灌在沙漠中也是当地不可小觑的，这也使得甘肃境内到处分布着带“井”的地名，酒泉的野马井、敦煌的圪埮井、武威民勤县内的五托井等，几乎一个地方就有几十个。当然，还有很多地方的名字带“沟”和“湾”，有的是因为沟渠，有的是因为山丘之中的水源多曲折窄小而命名。

### 2.2.3 “市”字地名

在我国南方，有许多县以下小地名的通名是‘市”字，它们是历史上“草市”的遗迹。

“草市”的产生，可追溯至东晋，本是乡村自发形成的定期集市。《南齐书·卷一九·五行志》记载：“王晏出至草市，马惊走，鼓步从车而归，十余日，晏诛。”《卷五〇》：“京邑骚乱，宝夤至杜姥宅，日已欲暗，城市闭，城上人射之，众弃宝夤逃走。宝夤亡逃三日，戎服诣草市尉，尉驰以禖帝。”[①]

唐五代时，江南已有大量“草市”出现。宋代，部分“草市”发展成为居民点，或规模更大的县、镇。“草市”逐渐不再只是乡村集市，而成为城市的重要组成部分，政府对“草市”加以管理。宋代“草市”得到了大规模的发展，多集中在交通要道或手工业集中之地等人群聚集之处。南宋时期，许多“草市”已发展到了相当大的规模，成为新的商业市区，已经直接可称为“市”。如南宋年间鄂州的南草市，“沿江数万家，廛肆甚盛，列肆如栉”“虽钱塘、建康不能过”“盖川广荆襄淮浙贸迁之会，货物之至者无不售”。[②]

---

① 庄辉明：《齐梁文化研究丛书 南朝齐梁史》，上海古籍出版社 2015 年版，第 230 页。

② 中国大百科全书出版社编：《中国大百科全书 中国历史》，中国大百科全书出版社 1994 年版，第 42 页。

像草市地名和行政区划地名混在一起的情况，比比皆是。比如，在“宁波市余姚市三七市二六市”这个地名排列中，宁波市是地级市，余姚市是县级市，都是行政区划意义上的“市”；三七市是镇，二六市是乡，“三七”和“二六”是赶集的时间，一个是逢三七赶集，一个是逢二六赶集。

## 2.3 地名与移民

地名与移民关系密切。当人们迁徙到一个新地方，不仅仅把某些风俗习惯带到新的地方，而且还把自己的方言、语言习惯以及对事物命名的方式带到了新的地方。为了方便或者纪念，往往会把旧地名称用于新地。

### 2.3.1 明代军屯对地名的影响

现代云南东部有大量以所、堡、营、屯、旗、官、哨、庄等为通名的村庄，如陆良县的左所、右所、后所；刘官堡、李家堡、朱官堡；伏家营、孔家营、杨家营；方官屯、占屯、邑市屯；曹旗堡、周旗堡；黄官庄、孙官庄；棠林哨、松林哨等等。这些地名来源于明代的军事制度。

洪武四年（1371），明朝军队平定四川。洪武五年（1372），贵州大部分地区陆续归降，明朝从四川派兵南下，建立贵州卫，基本统一贵州，此时云南仍处于四分五裂的状态。洪武十四年（1381），朱元璋把内地的社会秩序基本上安定下来了，四川、贵州的少数民族地区也基本平定了，于是便派遣军队进入云南，平定西南边疆。经过十年左右的征战，明朝军队对云南靠内地区的统治基本稳定下来。到洪武三十一年（1398），云南边疆地区逐渐安定和巩固下来。洪武末年之时，整个西南少数民族地区才基本平定。

明初在西南地区设立三司（承宣布政使司、都指挥使司和提刑按察使司），贵州之地在永乐十一年（1414）以前分属湖广、四川和云南，在永乐十一年之后，将原属湖广、云南的部分地区，和原属四川的贵州等地分设府、州、县、司，立贵州三司以统辖。

为了团结西南地区的少数民族，加强少数民族与汉族之间的联系，朱元璋在西南地区“立龙场九驿”，打开了西南少数民族地区与内地的交通，建立了邮传驿站；并采取措施把汉族人口直接移入少数民族地区，加强了西南地区与内地汉族之间的联系。

随着交通的发展，“屯田制”使得大量汉族人口迁入西南地区。

“屯田制”实际上分为军屯、民屯和商屯三种。

① 军屯。明朝建立时，便对元朝时期的兵制进行了改革，划出一部分人为世籍军户，分配驻屯于全国各地，负责镇守各地和保卫边疆，这在西南少数民族地区也一样。现今西南地区的汉族人口，绝大部分是明代以军屯形式移入定居下来的。这些军屯都有固定的戍所，军籍世代相传，官兵皆有家室。他们屯田聚居之处有的是未有村庄的荒地，于是带军屯色彩的地名就应运而生，有的虽然原有村庄，旧村名也被新地名所取代。地名中称“官”的，该地的军事首领大多是千户、百户，而称“旗”的大多是担任总旗、小旗的军官。因为官旗的军职是世袭的，所以村庄名之前往往冠以该官员的姓氏，如上述的李、刘、朱、孔等。

② 民屯。与军屯户同时前后移入西南少数民族地区进行垦殖的汉族民屯户，数量也不少。

③ 商屯。明朝初年，募盐商于各地“开中”，称为“商屯”。开中之法，即为了补助各卫所军粮招募商人于各地开垦种植，将所获谷物交给当地卫所军队食用，然后由当地布政司和都司发给凭证，于产盐处照价支给食盐，使盐商们得以贩卖牟利。明朝平定云南之时，就曾因为军粮不足，招募盐商在云南屯田，实行“开中之法”。虽然以商屯形式进入西南地区的汉族人口比军屯户和民屯户少，但他们大多也落籍于西南，成为当时汉族移民中的一部分。

移入西南少数民族地区的汉族军、民、商屯户，在其所定居的地方开展了大规模的屯田垦殖活动，兴修水利灌溉系统，使农业生产迅速发展。各种手工业、副业也随之发达起来。生产发展了，移入的汉族人口也在不断增长。于是，大的城镇和居民点，在汉族移民所及的地方不断出现，商业迅速发展，颇具屯田特色的地名也随着移民的迁移而流播开来。

明朝的军屯制度已淹没于历史的长河中，但我们仍能从现存的文字遗存中窥见当年的辉煌，比如在地名的体现。

湖北西部的一些县城，多有地名为屯、堡者，如恩施的屯堡，利川的团堡和元堡，咸丰的忠堡；而以卫所官的姓氏命名的地方如杨家坪、丁寨、冉家院子、蒋家坝、梅坪等，反映的是军屯破坏卫所官侵吞屯地的历史事实。

在山东威海的农村地区，人们一般称村庄为村或疃，“屯”的叫法是之后才有的，是屯田制度留下的深刻印记。居住在这些地方的人，多是屯田军士的后裔，故有一些村庄仍然沿用了过去的名称，如马安屯、青安屯、乳山屯等。沿海一带具有许多带有“卫”字的地名，如上海的“金山卫”、浙江的“观海卫”、山东的“威海卫”、辽宁的“前卫”等，都是当年军队屯垦的据点。

明朝时会在边关设立报警台，于是便有了“墩台”与“墩堡”。明张煌言《答赵安抚书》:“既省墩堡守望之戍，并免舟楫营缮之需。”一句便记录了这一情况。“墩”这一类的地名分布多在边关或两地交界处，如陕西榆林的“护城墩、守口墩、五里墩长城”，北京的“望京墩、四方墩、三里墩”等，海南的“炮台墩”，这都表明此地曾设有墩台或墩堡以供守备之需。

镇川堡是明长城大同镇重要关堡。位于山西省大同市境内。堡城周“二里五分，高四丈一尺”。明时在此设守备，分守长城“二十里，边墩二十八座，火路墩三座”。当时由于此堡所辖长城沿线地势平衍，无山河之险可凭借，深受北方外族的侵扰，故在此筑堡守备。

浙江慈溪有一个地名叫“观海卫”，当地传说，以前有一支军队专门驻扎在一座山峰上，专门观察海上的动静。这里的“卫”，应该也是明代“卫所制度”的体现。

### 2.3.2 取自千字文的地名

还有一种跟移民有关的地名虽然不是以移民的原居地为名，但体现了另一种特殊性。如甘肃民勤县湖区红柳园以北各乡村名，依次取用《千字文》中的字作为村名的首字（贬义字不取），比如跟首句“天地玄黄”相应，有“天成”（今收成乡）、“地平”、“元和”、“黄岑”四个村名；再比如跟“秋收冬藏，润余成岁”相应的地名就有“秋成”（今东湖镇秋成村）、“收成”（今收成乡）、“冬固”（今冬固村）、“苍（藏）厚”（今苍厚村）、“东润”（今有上润村、下润村、东润村）、“余结”（在今收成乡）、“成德”（在今西渠镇）、“西岁”（今西岁村）等地名。而且这些村名的地理分布有一定的顺序，大致从南到北或从东到西。很显然这种人为排定的地名反映了一种有组织的、由政府统一安排的、较大规模的移民背景。

无独有偶，打开吉林乾安县的地图，我们看到的地名几乎都是依据《千字文》中的用字和顺序来命名的，从东北向西南按“天地玄黄，宇宙洪荒……”排下去，一律称为某字井（村、乡），舍弃不吉利或者不文雅的字和同音字。因此，乾安县地名也相应地取为“天字井”“地字井”“元字井”“黄字井”。与之类似的是乾安县的一些道路名称，如宇宙大路、鸣凤大街、在竹街、白驹街、食场街等也都取自于《千字文》。

据《乾安县志》记载，1926 年前，此处是一片荒原，属于科尔沁大草原的一部分。明清时代有蒙古族人在此放牧。1927 年开荒设井，有鳞字、称字、西字、民字井等。1928 年正式建县，定名为乾安[①]。由于民国时期乾安县大面积招垦，很多荒地上新建的村落都急待取名，于是就出现了由官方大面积进行区域规划和取名的现象。乾安县村镇地名称谓用《千字文》依序择字取名，形成了一道具有历史意义的人文地名与区划景观，因此有着“中国最奇特的乡村地名文化博览园”之称。

### 2.3.3 使用与原居地同类的通名

一、南方“洋、寮、澳、圳”等特色地名

南方地名中使用数量最多的是方言地名，这些地名所指的都是些小地方，很少见于明代以前的文献著录，但是在现代大比例尺地图上却成批地出现，其分布地区往往又相对集中。常见的地名通名有“洋、寮、磜、圳、澳、岙（坳、岰）、尖、嶂、崠、厝、坪、埔、埕、濑、坞、冲、坑、畈、堖（脑）、陂、嵊、坎”等。我们以“澳”“洋”“寮”“磜”“圳”五个地名用字为例稍加展开说明。

1.“澳”字地名

澳，本义是“水边地”，尤指水边弯曲处，后来指水边可以用来停船的弯曲的地方。

---

① 乾安县：清初，属郭尔罗斯前旗札萨克领地。1927 年，筹备建县，招垦蒙荒，按“井”领荒和设屯，每井 36 方，每方 45 晌，计 1620 晌，每井前冠上“千字文”中的某一个字，作为村屯名，如温字井、良字井、恭字井、俭字井、让字井等。

“澳”字地名一般出现在闽、粤、吴等沿海方言中，除了我们最为熟悉的澳门外，福建厦门有内厝澳，同安有澳头，宁德有三都澳、沙澳、前澳、东澳、青澳、澳内、中澳、澳村，福鼎有水澳、澳口、西澳，平潭有澳前镇，福州罗源有牛澳村等；浙江象山有崔家澳，奉化有松澳，乐清有章澳寨；广东汕头有南澳县、云澳镇、深澳镇，惠州有澳头镇；台湾台北东北有澳底。

我国内陆地区与“澳”有关的地名极少。即使是靠近水边的地方，也不用“澳”，而称“湾”，如湖南的湾塘、云南湾桥镇、湖北湾潭镇、安徽湾沚镇等，这体现了地名与地方自然条件的相适性，作为语言特殊成分的地名，体现着各自所具有的个性和特色。

2. “洋”字地名

“洋”或写作“垟”，用于南方许多小地名中，表示山间平地，也表示田间。“洋”的古义之一是广大。《诗·大雅·大明》曰：“牧野洋洋”，描写牧野一带（今河南淇县一带）田野宽广。“洋”本来用于水名，后来引申为海域名，如太平洋、大西洋、印度洋等，浙江钱塘江口有王盘洋，广东珠江口有伶仃洋。

近代由于“洋”字从水，方言区的人觉得用它来指平地似不妥，遂改成“土字旁”，变成“垟”，浙南地区含有“垟”字的地名分布较为集中。

“洋”字用作“田间”义最早见于宋元时代的戏文初期作品《张协状元》：“小二，去洋头看，怕有人来偷鸡。”这里的“洋头”就是“田头”的意思。“洋”字的这个意义至今仍沿用于温州方言。

明代以前著录的“洋”字地名很多，略举之，如北宋的倚洋（今福建德化）、元代的茶洋站（今福建南平）、沙洋（今湖北荆门）；明代的柘洋、蒋洋（今福建福鼎）、洋望（今浙江泰顺）、牛田洋（今广东澄海）、杉洋镇（今福建宁德西）、宁洋（今福建永安南）、平洋山（今江西上饶西）、后洋（今福建永安南）等。历代（包括现代）“洋”字地名分布的北缘境界是浙江的临海、仙居、遂昌，江西的贵溪、南城、宜黄、新淦、新喻、分宜、萍乡，湖南的醴陵、安化、新化、武冈。

南方尤其是浙南和福建多为丘陵山地，缺少大块平原。北方移民来到这里好不容易找到山间平地耕耘种植，生息繁衍，于是就把这样的平地称作“洋”，作为大片平地的地名通名，如福建闽方言地名有“洋田”（大片的土地）、“田洋”（田地很大）、下洋、洋坪、湖洋、荣洋、杉洋等。福建省带“洋”字的自然村有300多处。广东有兴宁县“坪洋”、五华县“棉洋”、陆丰市“阪洋”等。

3.“寮”字地名

“寮”通常指简易的棚子、小屋，出现在闽方言、粤方言、客家方言以及吴方言、湘方言、赣方言中。闽方言有草寮、竹寮、船寮、下寮、夹板寮等。

“寮”字用作“屋”义最早见于宋代，如陆游诗句：“屋窄如僧寮”“小窗寂寂似僧寮”。“寮”字用于“僧寮”义仍见于某些南方方言，如温州方言词语“和尚寮”“师姑尼寮”（尼姑庵）。

宋人朱辅《溪蛮丛笑》说山瑶居“打寮”。现代瑶语勉话称房子为［pjau3］，湘西苗语称房子为［plɯ3］。语音跟汉字“寮”的上古音［liaw］（来母宵部）相近。也许古代南方汉人所居的“寮”跟山瑶的“打寮”有关。

明代之前著录的“寮”字地名比较罕见。见于现代的“寮”字地名则很多，据统计，福建闽清的里寮、诏安的下寮（甚至厦门市区内还有一条小巷称夹板寮）；福建仅闽南（闽方言区）和闽西（客家方言区）37个县市中带“寮”字的地名就有368处。我国台湾也有许多带“寮”地名，如台北市有金瓜寮、升寮、番薯寮、漳州寮、更寮村、忠寮里等。

另外，广东、香港、浙江、江西、湖南皆有“寮”字地名分布，其北端大致将浙江的永嘉、武义、遂昌，江西的上饶、南丰、赤平、泰和、遂川，湖南的桂东、宜章，连成一线。

4.“礤”字地名

这个地名用字浙江、福建多写作“漈”，江西、广东多写作“礤”或“嵥”；湖南写作“际”，各地也有混写的现象。“漈、礤”两字不见于《说文》，似是后出。“漈”字《玉篇》释为“水涯”，“礤”字《篇海》释为“阶砌”。地名词“礤”是“山间水滨”的意思。

见于明代以前著录的“礤”字地名有南宋的磦礤金场（福建宁北），明代的大漈（浙江云和南）、漈门（福建永泰西南）、龙漈山（福建连江县北）、潭飞漈（福建宁化南）等。见于现代著录的“礤”字地名如浙江文成的百丈漈、永加的白水漈，江西宁都的上礤、礤头脑，湖南安仁的羊际市、石礤塘，安徽黟县的际村等。其分布地区的北缘是浙江的永嘉、云和、龙泉，江西的玉山、铅山、资溪、南城、宜黄、赤平、遂川，湖南的安仁、嘉禾。

5. “圳”字地名

地名中的“圳”是“田边水沟”的意思，出现在粤方言、客家方言、吴方言、赣方言以及闽方言、湘方言中。对“圳”字的记载最早见于戴侗《六书故》(卷五)：“甽，子浚切……按今作圳，田间沟甽也。”

录于史籍的“圳”字地名极少，但见于现代的极多，最有名的当然要算广东的深圳了（浙江也有与之同名的深圳），还有浙江丽水的圳岸、永康的圳头；江西进贤的温家圳（最早见于明代）、萍乡的圳口、何家圳；湖南新宁的圳源垌；广东大埔的圳头坑、梅县的高圳。其集中分布地区的北缘是浙江的宁海、东阳、义乌、兰溪、江山，江西的弋阳、贵溪、东乡、进贤、乐安、安福、萍乡等。

上述地名用字出现年代都在宋朝以后，是北方人南下带来的汉语在南方演变成方言后产生的方言地名，都有自己的分布范围。

比如，“畈”（田）和“坞”（山谷）字地名在浙江只用于浙北，浙南少见，而“垟”(田）和“岙”(山谷）则正好相反。

某一个地区有共同的地名类型说明这个地区在古代一定有共同的文化背景、经济生活和方言土语。对这些地名的来源、演变及分布规律的分析无疑对方言区和文化区的划分有重要的参考作用。

方言地名当然不单纯地体现在地名通名上，许多地方直接把方言词搬到地名上去，如广东丰顺的狗牯坑、潮安的牛公寨、揭阳的鸡母墩、梅县的鸭妈坝、普宁的鸡婆石等。这些地方的方言中表示家禽牲畜的性别的词是后置的，雌性的标以母、姆、妈、婆等，雄性的则加上公、牯等字，跟北方的前置恰好相反。这类地名的方言性质是显而易见的。

二、台湾地名的闽粤痕迹

清代康熙年间以后，大量福建人和广东人移居台湾。台湾有很多地名与福建地名是相通的，细究起来，可以分为冠姓地名、冠籍地名以及方言冠名。

1. 冠姓地名

据台湾出版《唐山过台湾》一书记载：台湾现有百余个主要姓氏中，大多数是明清时期来自福建的闽南人。

清代台湾的移民社会，以宗族血缘相互集结以共同防御外敌，合力拓垦，同姓聚族而居，冠姓地名在台南农村较多见，例如，台南县的谢厝寮，六甲乡的三姓寮，就是陈、黄、吴三姓移民所创建。即使有异姓迁入，部分仍保留其地名。厝为闽南籍移民聚落，有不少姓后附加“厝”“厝庄”“寮”“厝寮”“屋”等的地名，如嘉义市东区卢厝里（漳州卢姓），西区刘厝里（闽南刘姓），彰化县鹿港镇郭厝里（泉州郭姓），鹿港镇廖厝里（闽南廖姓），南投县集集镇吴厝里（闽南吴姓）云林县麦寮乡施厝村（闽南施姓），麦寮乡雷厝村（闽南雷姓），四湖乡蔡厝村（闽南蔡姓），四湖乡林东村、林厝村（闽南林姓），口湖乡谢厝村（闽南谢姓），台南县盐水镇孙厝里（厦门市集美区孙厝），台南县西港乡刘厝村、善化镇胡厝里、安定乡苏厝村、归仁乡辜厝村、许厝村，高雄县林园乡龚厝村、冈山镇刘厝里、湖内乡叶厝村，屏东县盐埔乡彭厝村，台中市北区邱厝里、赖厝里、赖村里，台北县树林市彭厝里，台中县清水镇杨厝里、吴厝里，云林县斗六市江厝里、西螺镇吴厝里、北港镇刘厝里、仑背乡罗厝村、四湖乡施湖村，嘉义县六脚乡苏厝村等。

闽台的郡望堂号，都是姓氏和家族发祥地的别称。在台湾，福建先民在完成乡村聚落冠名的同时，把祖籍地祖祠堂姓氏郡望堂号，原样搬到台湾的聚居地，如陈姓“颍川堂”、林姓“西河堂”、黄姓“江夏堂”、蔡姓“济阳堂”、刘姓“彭城堂”、王姓“太原堂”、李姓“陇西堂”等。

闽台同名村有着同样的姓氏与同样的郡望堂号，构建了一个血缘关系的社会网络。这些都是海峡两岸密不可分的历史见证。

2. 冠籍地名

明清以来，移居台湾的福建同乡共同开垦田地、兴修水利、建立村庄。也有排斥外地人，形成同乡聚居，并把思乡寄托在新聚落地名上，出现不少冠籍地名。这类地名就是以祖籍故里来命名，也吸引更多的同籍老乡来此居住开垦。

其中有闽地的市、县、镇、村名作为台湾村名的，也有市、县、镇、村名作为台湾街道名的。

以泉州为例，明清时期，福建泉州府先民移居台湾最多。在彰化县和美乡直接称“泉州”，在苗栗县的卓兰镇、新北市的淡水镇、桃园县的新屋乡、台中市的清水镇和大甲镇称“泉州厝”。南投县竹山镇有“泉州寮”，彰化县最北端的伸港乡有“泉州社”，云林县台西乡有“泉州村”，彰化县线西乡有“泉州里”，台北市有“泉州街”，云林县台西乡的泉州村地名，是1945年后改为泉州村。云林县刺桐乡，早期称“刺桐巷庄”，是移居台湾的泉州先民以泉州刺桐古城名称来冠名。

明清时期，泉州府辖同安县。1661 年同安县大批先民随郑成功部队来到台湾征战和垦荒。清康熙至雍正年间，又不断招募同安乡亲赴台开垦，一起垦殖的场所或聚落按闽南人习惯叫“寮”，冠以故里名称叫同安寮；有的建成居住群形成聚落就改称同安厝；其中发展为行政村的称同安村。在台湾，称同安、同安村、同安里、同安寮、同安厝、同安新村的地名有 12 处，分布在台北、台中、台南、彰化、屏东、云林等县市；桃园县辖的桃园市还有一条同安街。

在台湾，以福建祖籍地府县名称进行街市冠名的也有很多，如台北市的泉州街、福州街、厦门街、漳州街、同安街、晋江街、惠安街、永春街、永安街、长泰街、汀州街、平和街、明溪街、金门街等，还有兴化店、云霄街等等。

由此可见，冠籍地名都与怀念故乡、亲人有关，充分体现了闽台地缘关系，也是海峡两岸密不可分的历史见证。

3. 方言冠名

福建先民以特有地方方言冠名，闽南移民称房屋为厝、寮，闽西客家移民则称房屋为屋。台湾便出现了大量带有厝、寮、埔、坑、屋、窝、隘、澳、尾等福建方言字的地名。

以“厝”为例，在闽南，“厝”字地名不可胜数，如厦门的吴厝、张厝、黄厝、吕厝等，南安的陈厝，大新厝，内厝、后厝等。台湾也有同样的方言命名习惯，如彰化县的谢厝，顶厝，厝子，三块厝、后厝、火烧厝，陈厝，田尾厝、半路厝、乌瓦厝、瓦磘厝、泉州厝、诏安厝、杨厝庄、粘厝庄等。带“厝”地名多与房屋数目、位置、构造及祖籍地、姓氏等相结合，冠籍、冠姓地名更说明了大陆移民对祖籍地深厚的情感。这种相同的方言地名命名习惯，在其他惯用语（如寮、埔、坑、屋、窝、隘、澳、尾等）里也随处可见。

此外，台湾地名中还留存着许多富有闽南方言特色或专用意义的地名，如桶盘屿、乌树林、松仔脚、查某旦、大水堀、泉水空、王莱宅、檨仔脚、苦苓脚、乌山头、大滚水等地名。闽南方言“莱”指菠萝，“檨仔”是指杧果。一些闽南方言专用意义的地名也在台湾地名中保留着。如指称“榕树”的“松”如松仔脚；“空”闽南语与“穴”同用，如泉水空；“乌”是“黑”的专用字，如乌树林。

从闽台两地相通的地名可以深刻地感受到的是先民维系宗族繁衍发展的意识，他们为争取生存空间依靠宗族、乡亲的关系，团结互助，形成富有特色的宗亲文化，也使得中华民族文化在台湾传承根深蒂固。

### 2.3.4 北方特色的“胡同”与“房窑”地名

南方有诸如“圳、岙、寮”这样的特殊地名用词，北方也有“胡同、房、窑”之类的地名用词。

1. 胡同

“胡同”指街道中的小巷子。作为地名主要出现在北方方言中（主要出现在北京等城市）。“胡同”一词始见于元代，可能借自蒙古语“水井（Xutuk)”的译音。

据张清常统计，1989 年北京市区和近郊区共有街巷胡同 6029 条，其中街巷约 4889 条，胡同约 1320 条。胡同占街巷胡同总数 21.26%，如魏家胡同、井儿胡同、烟筒胡同、花梗胡同等。除北京之外，黑龙江省的齐齐哈尔、佳木斯，河北省的沧州、承德、保定、邯郸，吉林长春以及天津市也有不少带胡同的地名。

当然，南方有些街道和店名使用“某某胡同”，显然是借用。

2. 房窑

内蒙古自治区有一些地名比较特别，它们跟历史上汉族移民在当地的生活方式有关。16 世纪中叶，陕西、山西北部汉族农民开始流迁漠南蒙古西部地区垦荒，此后入蒙的汉族农民络绎不绝。这些农民初来时多为一家半户，临时搭一间陋室或就坡地挖掘窑洞作为栖身之所。因此这些地方多以“房窑”作为所居地的地名通名，如一间房、三间房、一间窑、三道窑等。如果有较多户数聚居，那么就以“营、村”作为通名。

到了 20 世纪，内地汉族农民更是成群结队前去落户，于是地名也就从一间房递增至十间房，从一间窑递增至九间窑，从三道营递增至十道营，从一家村递增至十家村。有的独门独户居住在一地的，初时即以垦荒者本人的姓名为地名，以后仍沿用，如马方树圪旦（杭后旗）、任三窑子（准旗）、任志祥营子（太仆寺旗）等。

# 2.4 地名与经济

纵观我国的地名谱记，可知有依大山大川得名者，以姓氏宗族命名者，还有很大一部分来源于具有当地特色的经济产业。除了我们在上节提到的“市”字地名外，还有体现手工工场、农林牧副等经济生产生活而命名的地名。

## 2.4.1 商贸活动留下来的地名

翻开陕西的地图，会发现有嵩店乡、炭店乡、冉店乡、曹家店乡、盐店街这样的地名。其中的盐店街位于西安，清末民初时，政府曾在此设官盐店，实行盐业管制。店，本指售卖货物的铺子，具有强烈的商品经济烙印。既然有“店”就得有“铺”，同样是销售商品的营业场所，如三十里铺乡、下二十里铺乡、梁铺乡。三十里铺乡在榆林市绥德县，以当地的特色羊肉面而闻名于全市。大皮院，拓建于明洪武年间，以经营皮业而得名。

## 2.4.2 制瓷手工工业留下来的地名

唐宋以来，中国的制瓷工业发展迅速，影响深远，从周边的地名可见一斑。如陕西铜川市的耀州区得名于宋时的六大窑系之一——耀州窑，周边的古镇也被唤作陈炉镇。重庆著名的磁器口也与瓷器有渊源，清康熙时期，磁器口一带就出现了一个制瓷大户，整个家族拥有庞大的产业，制瓷工艺也十分精湛，非常有名。后来越来越多的窑厂闻讯而来，选址于此，而他们生产的瓷器也皆由此销往海外。后来，这里就被叫作磁器口，此处的“磁”是做了“瓷”的通假字而使用。

陶瓷业留下来的地名有不少经过文人的雅化。如福安县除了有磙瑶、磙灶外，还有玉瑶这个地名，其实也是磙窑的另一种写法。松口镇桃宝村，就是因为该地生产陶瓷，质量甚佳，故名陶宝，后改称桃宝。此外，还有梅县的桃尧镇、瑶上村、瑶西村，大埔的陶溪，兴宁的瑶岗，吴川的瑶头，海康的碗洋村等地名，最初均源于当地陶瓷业的发展。

### 2.4.3 农业生产留下来的地名

农业生产的历史也可能在地名上打下印记。旧时代内蒙古的地主多住在城镇，委派代理人代为租地给农民。代理人在乡下择地筑屋，围成院落，设立办事所，称为“公中”，公中里有“掌柜”（管地）和“先生”（记账）。这种制度也反映在地名上，如公中渠（固阳县）、西柜村（卓资县）、四先生窑（土右旗）。

牛犋是内蒙古地区计算土地的单位，最早见于《金史》。本来牛犋是指套上农具的耕牛，后来才成了耕地和纳租的单位，最后变作地名用词，如关中犋、三犋窑（凉城县）、官牛犋（达旗）、六犋牛（和林格尔）、四犋（察右中旗）等。[①]

### 2.4.4 林业经济留下来的地名

贵州为林业经济发展的大省，拥有国家级的人工营林基地，故产生了很多与杉木有关的地名，如“杉木冲、杉木山、杉木湾、杉木娅”等，分布在凯里、铜仁、镇远等地，多有重复。此外，黔地作为茶马古道的重要区域，曾大批种植茶叶，销往西亚、南亚和西非的红海海岸，茶叶经济发达。我们可从地名上寻觅到当年的痕迹，如大茶沟、茶园岩、茶园头、茶坪和以不同茶叶品种为名的“茶蜡树”“大茶”“高树茶”等，十分具有地域经济特色。

### 2.4.5 渔业生产留下来的地名

临江靠海地区的居民多以捕鱼为生，渔业与海运产业占据了当地经济的主导地位。从地名志的记载可有一些发现，上海的一些区的村镇被冠以练塘乡、王家浜、千步泾、屯渔村、众舟村、西渔村、网岸村和枫簖村等具有地理特色的名字。“网岸村”来自渔民捕捞活动的“岸上晒网”这一活动；“枫簖村”，也与用于捕鱼的工具大簖有着紧密的联系。

---

① 详见周振鹤、游汝杰：《方言与中国文化》，上海人民出版社1986年版，第147页。

## 2.5 地名与历史交通地理

中国的驿传制度始于殷商，当时设置驿站主要是乘马，专门接待往来官员和政府文书传递。春秋战国时期已有邮驿，主要是为了传递政治和军事消息，通常三十里设一站。秦汉时期则设置亭，十里为一长亭，五里一短亭，作为行旅会宿之所，汉代设置邮，是传递文书的机构，驿则派遣官吏送遣重要的公文。唐代则建立了遍布全国的驿站系统，三十里为一驿，并设置相关政府机构和政令制度。宋代大致沿袭唐制，但更改驿站之间的距离为六十里，并以兵卒代民役，设置递铺，递送政府文书，并按邮递的方式不同，分为步递、马递、急脚递和水递。元代则在全国十一行省设站赤，遍布全国，并设通正院，且仿照宋代，设立急递铺为邮，转送朝廷及郡邑文书往来，日夜兼行。清代有驿站、塘、台、所、铺等，在前制的基础上更加完备，所设皇华驿，以道府监察。清光绪时，随着新式邮政的建立，整个驿传制度渐被废止。

### 2.5.1 “驿”地名

在古代驿路上，每隔一定距离就要设置邮、亭、驿、置、传舍等设施，供来往人员休息、马匹更换之用。

秦汉时代是五里一邮、十里一亭、三十里一置，至少每县一个传舍。到了唐代，亭、置、传舍之名已取消，但是驿的名称仍大量使用。除陆驿之外，水路也设有水驿。这些驿的名称在史籍上保留下来不少，由此可以追寻唐代的交通路线的分布情况。尤其是长安、洛阳、两京间的驿名记载最为详细，使两京之间的道路历历在目。含驿的地名今天依然有部分存留，如驿前（江西）、驿马关（甘肃）、走马驿（河北）、驿道（山东）、张店驿（陕西）。但是除了最后一例张店驿是驿路上的正式驿名外，其他只是与驿有关的地名。

大量的古代驿名因为驿路的废弃，其中煞尾的“驿”字往往已经省去。如湖南临湘县治在长安驿，但今人都已省称为长安，从字面上已看不出它跟驿路有关（今天它仍位于武汉—岳阳的公路上）。

### 2.5.2 “铺”地名

宋代的驿传制度又采用邮铺传递文书，到元代发展成为系统的急递铺制度。《元经世大典·急递铺总序》说：“十里或十五里或二十里设一急递铺。十铺设一邮长，铺卒五人。文书至……卒腰革带，带悬铃……赍文书以行，夜则持炬火焉。”

明清也沿用了“铺”的名称。铺制的实行在今天的北方留下了三十里铺、四十里铺之类地名，而且在某些方言里也留下了“伏铺”（客店）这样的词语。明代铺和铺之间的距离基本固定为十里，所以有些方言，如温州话、厦门话至今仍把十里称为“一铺”。

### 2.5.3 “站”地名

元代的驿传制度称为“站赤”，“站赤”是蒙古语的译音，明清以后省称为站，现代的车站之站即源于此。站赤的组织规模很大，能供欧亚两洲交通。今天地名中以“站”为通名的以在黑龙江省最为典型。由瑷珲（清代黑龙江城）往西到嫩江县有二站、三站，由嫩江往北到漠河有三、四、五、六、七、八、九、十、十二、十三、十七、十八、二十五、二十七、二十九站、兴安岭站、金龙沟站等地名（不是现代交通站名）。

明代沿用元代站赤制度，但名目增多，在京师的站赤叫会同馆，在外地则称水马驿、急递铺、递运所，后一名称设施是为运输之用而设。清代的驿站名称分得更细，各省腹地称驿，专为军报而设称站，嘉峪关外叫塘，西北地区称台。递运货物者称所，传送公文者称铺。

含有上述驿、铺、站、所、塘、台的地名虽然保留至今的还有不少，但是在许多此类地名中“驿、站、铺”等通名已经省去，难以看出与历史上的交通路线的关系。如果将这些地名的全名复原出来，并将史籍中保存的驿站的地理位置考证出来，那就解决了历史交通地理中的基础问题。实际上这正是研究历史时期交通路线的主要方法之一。①

① 有关地名与历史交通地理的关系，详见周振鹤、游汝杰：《方言与中国文化》，上海人民出版社 1986 年版。

### 2.5.4 其他跟交通有关的地名

除了官方设置的驿站外，在交通路线上还有店、庄、关等地名通名，它们有时以里程为专名，如八里店（安徽）、八里庄（河北）、八里关（陕西），表现出与交通地理的关系，甚至有些山岗也有类似的名称，如安徽就有三十里岗之名。另外，过去在驿路上五里或十里则竖立一定的标识，即戏曲中经常唱到的“五里单牌、十里双牌”，地名也就出现“五里牌”“十里墩”这样的名称。这类地名表明，离县城所在为几里地。不过这类地名中的数词用‘十”以上的极为罕见，大约是不易上口并且同名太多的缘故。“五里牌”之类虽然同名也多，但距县城已近，不致有混同之虞。

方言与地名关系紧密，厘清它们二者存在的联系有助于我们正确地读准地名的发音，比如安徽的“六安”(音陆安)，武汉“沌口”(音赚口)，湖北“郧阳”(音云阳）等。同时，也有助于我们通过地名进一步了解当地历史，从方言的语音、词汇以及语法各个角度来印证历史，从而最大限度地深入理解某种方言。

## 【结语】

本章主要从六个角度切入，讨论了语言跟地名的关系。主要介绍了西南地区的“那”“峒”“铜鼓”“生肖”地名、西北干旱地区的井泉地名和常见的各种水利地名，追溯了历史上的草市遗留下来的“市”字地名，从历史上的军屯以及历代移民的角度，讨论了军屯地名和移民携带的地名流转，最后从经济和历史交通的角度，讨论了各行各业留下来的地名和驿、铺、站等交通地名。

地名往往具有保守性。人类历史演进过程中，许多事物很容易改变，甚至沧海变成桑田也在历史的潮流中屡见不鲜，但是地名却代代相传，保留在文献中，流传在口头，虽然周围的环境变了，但是因为习俗和使用的惯性，地名沿用至今，未曾改变。正因为如此，地名蕴含的文化价值更值得重视。

## 【思考题】

1. 铜鼓地名一般分布在中国哪些区域?

2. 水利地名的特点是什么?

3. 举例说说历代军屯留下的地名。

4. 说说因历史交通制度而遗留下来的地名。

5. 查一查您的家乡地图，指出其中因经济特色发展而来的地名。

## 【方言释词·吴语】

【囡】崇明、上海、宁波等地方言中使用。有两个意思：1. 用在“小、大”后，表小孩意：小～（小孩儿）| 大～（昵称小孩儿，相当于“大宝贝的”的意思）2. 可重叠为“囡囡”，是对小孩的昵称：大～～（大宝贝）

【阿拉】上海、宁波话中使用频率很高的第一人称复数用词“我们”。例如“～是上海人”(我们是上海人)。

【覅】吴语很典型的一个否定词，指主观上不愿意。如“我～去”（我不想去)。

【姆妈】上海、崇明、苏州、杭州、宁波、金华等地方言中使用。有两个意思：1. 母亲（面称、背称均可）; 2. 前面加上夫姓，组成“某家姆妈”的格式时，则是一种对妇女的较客气的称呼。这个称呼在武汉、西宁等方言中也使用。

【侬】上海，宁波，金华（福州、雷州、海口都有此词）第二人称单数：～快点儿去 | ～伯伯（你爸爸)(金华）○宁波也说“倍”“倍侬”。

【拎得清】南京、上海、杭州等地方言中使用。指头脑反应快、识时务善应变：小王很～，跟他一讲他就有数了 | 他多少～！一看这个架势就走得远远的。

【小赤佬】小赤佬，吴语词汇，为“赤佬”的衍生，上海话等江浙方言中出现频率较高。意思和用法与其他方言中的“小鬼”类似。小赤佬一词一般用作口语，表贬义。

## 【吴方言标本试听】

## 【吴方言趣事】

1. 宁波话的“鸭”

外地人：你们宁波话“鸭”怎么说？

宁波人：啊。

外地人：什么？

宁波人：啊！

外地人：好吧好吧，那“鱼”怎么说？

宁波人：嗯。

外地人：那……“虾”呢？

宁波人：嚯。

外地人：“螃蟹”呢？

宁波人：哈。

外地人：……你该不会是个哑巴吧？

2. “肚”与“不”

浙江龙泉的方言中，“肚”与“不”是发一个音的。曾经有个龙泉小伙子在外地当兵。他普通话不是很好，一次长跑中，小伙子肚子疼得厉害，停下来了，班长过来问他怎么回事。他说：“我不（肚）疼。”班长说：“那好吧，继续跑啊，快！”新兵皱眉头说：“我真的不（肚）疼啊！”班长也不知道他要说什么，只好拖着他继续跑了！（浙江龙泉话）

3. 十三店

多年前，愚园路江苏路口有个上海市第十三五金店，电话铃响了。

店员：“喂。”来电者：“喂！侬是十三店是伐？”店员不回答，挂掉电话。

店经理被上级找去谈话，说他们店被投诉没人接电话。思忖良久，店经理召开大会，推广文明礼仪教育。后来电话又来了，店员：“侬好！十三店！请讲。”来电者晕倒。（上海话：“十三店”与“十三点”同音）

4. 生煎包

一天一男子背着双肩包过上海地铁安检，安检员朝他喝道：“古来乃桑机包古一古（过来你双肩包过一过）”，此时，只见后面中年妇女一边用上海话说着：“现在哪能嘎严格额啦？（现在怎么能这么严格啊）”，一边把刚咬了一口

的生煎包放到了安检机的传送带上……（上海话“双肩包”与“生煎包”发音近）

## 【延伸阅读】

1. 郭锦桴：《汉语地名与多彩文化》，上海辞书出版社 2004 年版。
2. 李如龙：《汉语地名论稿》，上海教育出版社 1998 年版。
3. 牛汝辰：《中国地名由来词典》，中央民族大学出版社 1999 年版。
4. 魏嵩山主编：《中国历史地名大辞典》，广东教育出版社 1995 年版。
5. 张清常：《胡同及其他》，北京语言学院出版社 1990 年版。

## 【论坛撷英】

1. 我是江苏常州人，平时生活中方言使用和接触很频繁，于是我在生活中发现过这样的一个奇特的现象，同样是一个地方，在相距不到 3 公里的两个地方，同样属于常州，方言的音准上有一些微小的区别，大致还是相同的，但是在一些词和字发音可谓差距不小，比如米酒，我所在的地方称为“就”，但是另一个地方读“周”第四声，感冒我们读“伤风”，另一地读作“呛风”，请问老师在这么近的地方出现的差异是否因为江南水乡以前交通不便而引发的读音变化？

■ 这个应该是语言接触带来的。江南一带，尤其是苏南，受到北方移民语言的影响很大。南京话原来纯粹是吴语，现在变成了官话。常州的情况应该也是如此。

2. 我是一个江苏泰州人，在宿舍和父母打电话时室友都会问我说的是日语吗，说听着好像日语。后来我就特地查了一下，发现日语的一些发音方式确实和泰州话的发音比较相似，想问问这是巧合还是有什么故事吗？

■ 泰州话，即泰州方言圈所使用的地方话。泰州方言圈，学术上一般称之为泰如（泰州—如皋）方言片或通泰（南通—泰州）方言片，为下江官话（也称江淮官话）的一个亚区。泰州话发音特点：普通话舌尖后音 zh、ch、sh、r，泰州人不会发或发不好，即如人们所说“泰州人平舌音和翘舌音不分”，日语中也是并不区分平翘舌，日语和吴语中对中古汉语遗留的发音保留的比较多，所以有相似音。还有南通方言等也与日语发音相似。

3. 老师讲到方言有交际工具、情感交流、文化归宿的重要作用，那么为什么还要推广普通话，还有普通话考试，为什么就不能推广方言，老师你对此有什么理解？

■ 任何一个国家都会有其共同语，有的是法定的（比如法语等），有的是约定俗成的（比如美国英语）。普通话是我们国家的法定语言，第一章第六节就详细讨论了这个问题。普通话作为中国的官方语言，广泛通行于中国、东南亚以及欧美等海外地区，此外，吴语、闽语、客家语、赣语、湘语、莆仙话、平话等汉语方言作为地区先进文化和民间智慧精华的承载体，依然具有广泛的影响力和强劲的生命力。方言是共同语的分支，中国方言众多，并且差异很大，要推广哪一种方言首先就是个问题，并且推广起来效果并不理想。而普通话是以北方方言为基础的，东北官话、北京官话、冀鲁官话、胶辽官话、中原官话、兰银官话、江淮官话、西南官话都是北方方言，覆盖省市很多，北京长久以来作为中国的政治中心，以北京语音为基础音也易于接受。

## 【课堂讨论】

第二次讨论话题：介绍家乡的一个地名

■ 玉剑横箫 ...：我的家乡在梅县丙村。丙村有个地方叫红光村：旧时叫井塘村，古称福安寨，清时由于寨内外水井多，池塘多，而改称井塘寨（村），现行政区划为红光村，位于丙村锦江河北岸，为天然盆地，是唯一没有山的村庄，风景秀美。村边二河环绕，锦江桥飞架南北。岸边古榕参天，村中有建于明朝初期的“北楼关帝宫”香火极盛，还有部分建于明代的古寨围墙，古时设有井塘街，据考先有井塘街，后有丙村圩。早在清时井塘就被选出十景“文祠翠竹”“东坝芦花”“安桥夜月”“福安榕荫”“锦江秋色”“鳄潭鱼舟”“北楼闲眺”“鸭湾钓鱼”“杨园细雨”“井塘清风”。村里有多个姓氏，其中又、于、温姓为大姓，常住人口约 2000 多人，面积约 0.8 平方千米。村里民风淳朴，历来崇文重教，耕读兴家，人文、古迹遗产极为丰富，古时贡元、举人、知县多名，文武秀才二十多名，入仕为官者众多，其中温姓祖先就有三人载入古嘉应州志人物编。民国时期有三将、十八校、七十二尉之美称。辛亥革命烈士温生才。曾经多次受到周恩来、叶剑英邀请回国观光的爱国将领温明剑，都是该村人。1949 年以后至今，教授、硕士、博士、工程师、优秀企业家，及县级以上干部共有 200 多人。井塘还是著名的华侨之乡，早在清朝就有人过南洋谋生，如今遍布海外，事业有成后，“番片赚钱唐山使”不忘乡亲父老，为家乡作出了重大的贡献。

■ chark0811163...：我的家在黑龙江省齐齐哈尔市，这里曾是黑龙江省省会，也是现在黑龙江省第二大城市。齐齐哈尔，一听这名儿就不是中原汉族的称谓。不少人主观地认为是蒙古语。契丹人建辽时，有济沁哨卡之名，“齐齐”是济沁的谐音，由济沁河得名，“哈尔”是“哈日”，在古契丹语中有阻挡、防守之意，在军事上作为哨卡、哨所解释。一些文献上称金代齐齐哈尔“庞葛”(女真语)，元代蒙古称“别茄尔”。清代是达斡尔语“奇奇嘎热”“刁气哈克”“奇察哈喱”或“喜扎嘎日”谐音，以及满语“哲陈嘎拉”的音转，其皆含有边疆、边境之意，或有天然牧场之说。

■ wsn0521_...：我来自黑龙江省双鸭山市，我想说的是旁边的一个农场，也是经常去玩的地方，它叫二九一，即二九一农场，以农建二师六团部队代号命名。1955 年 6 月，农建二师六团以团为单位开进集贤县东北部地区建场。同年 10 月，中央军委命令农建二师就地集体转业。黑龙江省国营农场管理厅尊重二九一团战士的意愿，命名为“二九一农场”。1968 年 6 月，组建沈阳军区黑龙江生产建设兵团，编为第三师第二十八团。1976 年 2 月，撤销生产建设兵团，恢复农场体制，更名为“宏图农场”。1978 年 10 月，恢复二九一农场原名。隶属红兴隆管理局管理。下设四个农业分场，即一分场（锦江)、二分场（桦树)、三分场（福山)、四分场（立志)。二九一农场地处三江平原腹部，地势平坦，土地连片，适宜机械化作业。其实当时的北大荒有很多这样的名字，比如三五八等，和历史有很大关系的，比较有利于研究当地发展历史。

■ 两只小熊猫 ...：我们攸县早在新石器时代初期，就有人类繁衍生息。原名“攸水县”，县境有攸水得名，唐改攸县。春秋、战国攸县属楚黔中地。相传尧曾经到过我们那里，至今我们镇上还有一个尧帝宫。

■ 2572968472qq...：吴堡在江都东北，抗日战争之后由泰县九区的吴堡小乡和吉朋、吉汉三乡组建而成。500 多年前，明永乐皇帝朱棣时期，吴堡属古海陵县，后改海陵为泰州。当时这里一片荒滩水荡，“天上云烟压水来，湖中波浪打云回”“露沾荒草行人过，月上高林宿鸟还”，是一块方圆百里、土肥草茂、尚未开垦的滩涂。从江南苏州移民来此的有三户人家，一姓胡，一姓范，一姓芦。他们插草为标，开荒种地，经过多年经营，吃尽千辛万苦，终于将荒滩变成熟地良田，建立了村庄，繁衍了后代。但水患仍是不断，为了防水，在村庄四周筑起土圩。堡，本是为防敌人的，但这里为了防水。因为是胡家领头，所以起名“胡家堡”，后因胡姓早殇，把“胡”字误成“吴”字，就叫“吴堡”了。

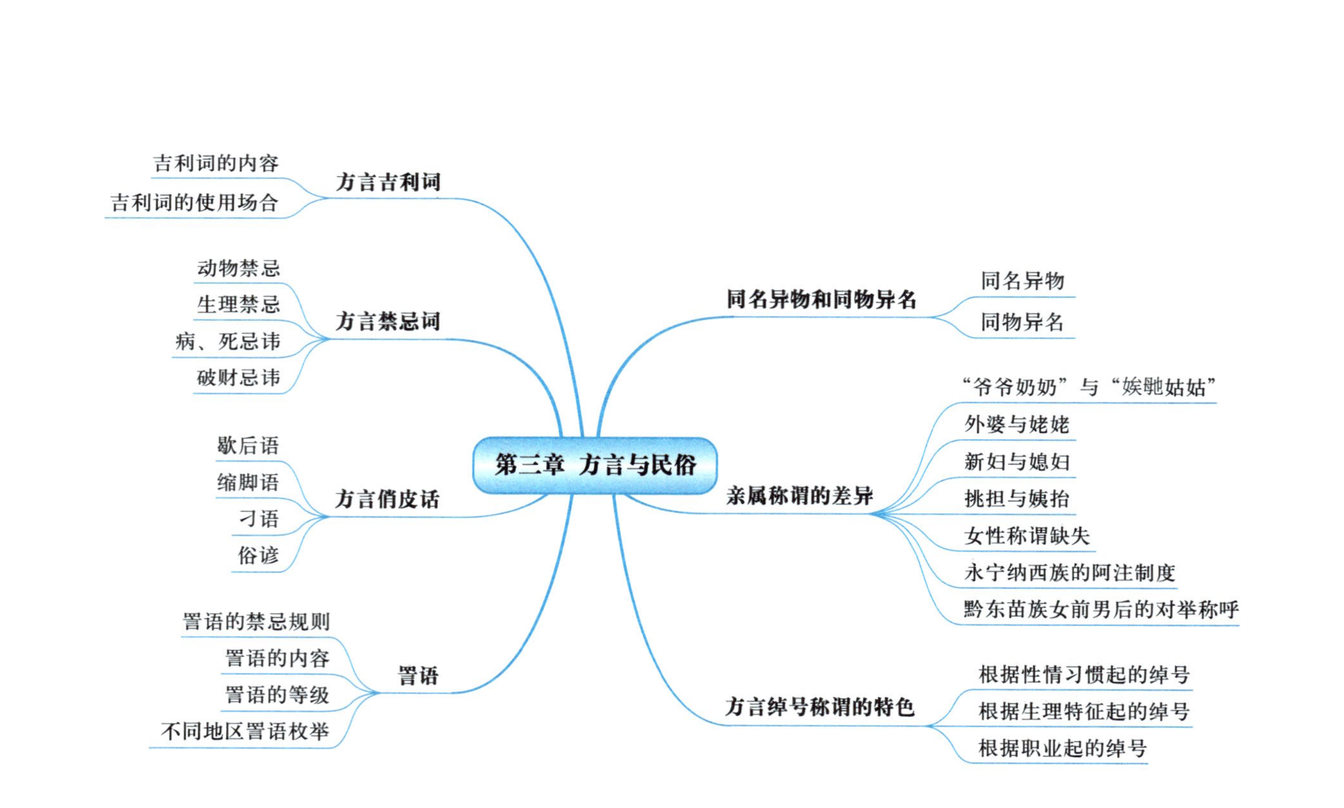
第三章 方言与民俗
方言吉利词
吉利词的内容
吉利词的使用场合
方言禁忌词
动物禁忌
生理禁忌
病、死忌讳
破财忌讳
方言俏皮话
歇后语
缩脚语
刁语
俗谚
詈语
詈语的禁忌规则
詈语的内容
詈语的等级
不同地区詈语枚举
同名异物和同物异名
同名异物
同物异名
亲属称谓的差异
“爷爷奶奶”与“嫔驰姑姑”
外婆与姥姥
新妇与媳妇
挑担与姨抬
女性称谓缺失
永宁纳西族的阿注制度
黔东苗族女前男后的对举称呼
方言绰号称谓的特色
根据性情习惯起的绰号
根据生理特征起的绰号
根据职业起的绰号

# 第三章

# 方言与民俗

民俗即民间风俗，是人们代代相袭的习俗惯例、礼仪、信仰等民间文化现象。方言是民俗的载体，也是民俗的表现之一。各地迥乎有异的民俗，反映在方言上也就各具特色。单说吃，从北到南的文化就多不胜举：东北的锅包肉、北京的烤鸭、陕西的𰻞𰻞面、山东的煎饼果子、河南烩面、湖北热干面、江苏的鸭血粉丝、浙江的火腿、湖南的臭豆腐、四川的冷串串、广东的烧腊……这些不仅是地方特色小吃，也是地方文化的展现。当然，地方文化不仅仅是吃，还有地方的习俗惯例、礼仪、信仰等方面。正所谓五里不同语，十里不同俗，我们去云南吃过桥米线，人家就把吃米线叫作甩米线，我们要是愣拿着筷子甩着吃，会闹出笑话来的。

方言在地域上的区别有时候能体现文化发展在时代上的差异。就拿很平常的一个词来说，北方人炒菜用“锅”，浙江人用“镬”，福建人却用“鼎”（见图 3-1）。其实三者异名而同物。三者异名正体现炊具的形制古今的变化。秦汉以前全国都用有三条腿的“鼎”，后来去掉二条腿而与今天的圆底锅一模一样（当然今天有些地方在锅底下也还遗留三个小短脚，以便搁置于地上）。其后北人南下将“鼎”这个词带到南

图 3-1 异名同物的炊具示意图

方，在福建保留至今，在北方经过世代更迭，改称“鼎”为“镬”。这个词又南渡到江南吴语区。发展到后来，北方话又以“锅”替换“镬”（或“釜”），于是对同一种炊具从北到南就有三种不同叫法（在今天的北方仍有些地方称“锅”为“釜”）。

方言在地域上的区别还能反映不同地方文化之间的差异，这一点更加显要。一般而言操同一种方言的人，他们的社会生活、风俗习惯都有其一致之处。因此方言研究对于了解民俗往往有很大的帮助。比如，宁波人从小到大、一年四季都吃海鲜，连宁波方言也散发出鱼香气息，不仅听起来鲜活生动，而且品起来回味无穷。宁波方言很善于用人们熟悉的鱼、虾、蟹类的形状、习性、特征作比喻语，惟妙惟肖，意趣盎然。如宁波方言里将头部长得特别大的人形容为“大头黄鱼”，将三天两头生病的人叫作“生病黄鱼”，感情淡漠的人被称为“冷气黄鱼”；如果一个人笑得合不拢嘴，人们笑话他“嘴巴像虾窜一样”；将混淆视听、推卸责任的人称为“泥鳅打浑”，乘乱捡便宜的行为是“浑水摸鱼”，存心捣乱但没有多大能量为“泥鳅翻不起大浪”；一个人若闲得没有事情可做，别人就形容他为“晒鲞”；如果合作伙伴中途退出为“褪脚毛蟹”，做事情孤注一掷为“放死蟹脚钳”；劳而无功或体弱多病为“沙蟹命，吃吃壮，爬爬瘦”；人小话多为“人像蛳螺，闲话介多”，人多嘴杂乱哄哄为“炒蛳螺”，等等。

本章从同名异物与同物异名、称谓差异、禁忌语与吉利语、俏皮话、俗谚语等角度来探讨方言与民俗的关系。

## 3.1 同名异物和同物异名

同名异物和同物异名原是生物分类学的术语，是指在世界范围内因信息、资料交换不及时而出现一个以上的分类单元采用了相同的名称这类现象。比如原产地中海地区的油橄榄和我国产的橄榄分属木樨科木樨榄属和橄榄科橄榄属，前者叶为单叶对生，后者叶为羽状复叶，互生。又比如丁香花和丁香分属木樨科丁香属和桃金娘科蒲桃属，两者的最大区别是丁香花花雄蕊仅有两个，丁香则花雄蕊特多，是两种不同的植物。同一分类单元采用了不同的名称即同物异名（synonym），这在中草药的称呼上，更为普遍，比如益母草，原称“茺蔚”，《尔雅・释草》称为“萑”，《诗经・王风・中谷有蓷》称为“蓷”，又有坤草、野麻、九重楼、野天麻等名称。

我们这里所说的同名异物和同物异名是广义上的说法，包括同名异指和同指异名，这种现象不仅在生物命名上存在，而且在人名、地名以及各种称谓、物事上都普遍存在。这些现象产生的重要原因之一是各地的人情风俗、生活条件不同。虽然各地方言中绝大多数词是有共同来源的，但是其中有相当多的一部分词义不同，或者词义的范围大小不同，或者词义义项的多寡不同，或者语法功能不同等。

### 3.1.1 同名异物

人们最早最直接地接触同名现象，大概是人名和地名，尤其是两字人名。比如叫张伟的，有将近 30 万人重名，他们职业各异，有歌手、政治家、画家、运动员、数学家、演员等，真可谓将同名演绎到了极致。地名重名的现象也十分普遍，越是到乡村一级，重名的概率越高。比如甘肃平凉、山西临汾和江西赣县都有崆峒山之名。我们可以在吉林白城、黑龙江林甸、浙江德清、湖南临武、四川荥经（以及通江、康定)、甘肃金塔（以及静宁)、山东苍山、陕西蒲城等县市下辖区看到三合乡的名字。

同名异物现象，在方言复杂的中国，更是普遍。归纳起来，大致有两种情况：

一种情况是，名称相同，但是所指有很大差别。比如南北方都有“地瓜”这个词，但南方某些方言区指的就是“豆薯”，而北方某些方言区则是“红薯”；江淮地区“爷”指的是父亲或父亲的弟弟，北方多指父亲的父亲；南方人“媳妇”是指自己的老婆，北方人则指儿子的老婆。“老表”这个词，在江西、四川等地，是一个很好的称谓，表示关系亲近，不过在云南，这个词的发音则是骂人的话。即使是数学名词“行”和“列”，在台湾刚好反过来，他们“行”是指纵向的，“列”是指横向的。

另一种情况是，名称相同，但是所指范围有差别。比如闽粤语“手、脚”常常兼指“胳膊”和“腿”。西南官话中的“脚”，常常指的就是整个腿部以及脚部。普通话中有“蚊子”和“苍蝇”的区别，但是在湖北五峰、神农架方言中，“蚊子”也指苍蝇，这在表义的范围上就有所不同，苍蝇叫“饭蚊子”。“地”在许多方言里还可以用来指称“旱地”(闽语)或“坟墓”(客家)。普通话中的“娃”一词在甘肃庆阳的西峰、宁县、正宁方言中专指“儿子”，而在同属庆阳地区的镇原方言中则指“孩子”，即包括儿子和女儿，没有性别之分。“姊妹”在普通话里，指姐姐和妹妹；在甘肃及陕西的绝大多数地方则包括兄弟姐妹。又如，“兄弟”一词在普通话里有两层含义，其一指与自己有血缘关系的人，另指与自己没有血缘关系的人，即通常所谓的“哥们”，但在甘肃镇原方言中，“兄弟”作为亲属称谓专指“弟弟”，与之相关的“兄”用“哥哥”来称呼。

方言中的同名异物现象，需要我们谨慎对待，尤其是到异乡工作或学习，最好能大致了解当地方言的常用词语，以免产生误会，造成不可挽回的损失。

### 3.1.2 同物异名

如果从语音的角度看，同物异名恐怕是方言的专利。不同方言区，口音迥异，即使字词一致，发出来的音也是千差万别。不过我们这里所讨论的同物异名，是从词汇上来说的，侧重同一个事物的不同说法。

同物异名最能体现方言区人们认知世界的独特性和多样性，涉及我们生活的各个方面。

一、对地形地貌称呼的差异

不同的自然环境，带给人们不同的生存体验。比如草原上的敖包，秦晋高原的峪(yù)、塬，长江三角洲的泩(shēng)、浜(bāng)、渎、溇(lóu)，福建丘陵地带的垅、垵(ǎn)、坜(lì)、坑，许多沿海地区的礁、鼻、沃、角等，都是人们在长期的生存生活中观察总结出来的。

同样是山，闽西客家人则更常说“岭”，用“岭”派生的词很多，如说岭破(山坡)、岭顶上(山顶上)、岭脚下(山脚下)、岭路(山路)、岭边(山边)、岭岗(小山岗)、岭窝(山谷)、细岭(小山)等。

同样是一条河，北方人多称“××河”，如黄河、漯河、淮河、塔里木河等，南方人则多称“××江”，如长江、珠江、甬江、金沙江、雅鲁藏布江、赣江、湘江、柳江等。在闽地，则有更多跟“溪”相关的河流类词语，如溪水(河水)、溪头(上游)、溪尾(下游)、溪口(河口)、溪底(河底)、溪岸(河岸)、溪沙(河沙)、溪石(河里的石头)、溪边(河边)、溪船(内河小木船)、溪鱼(淡水鱼)、溪坎(河边陡岸)、溪门(河面)等。

二、对同一自然现象的不同认识

就自然现象来看，南方人、北方人对同一自然现象认识的不同，表现在方言上面也很有特点。南方尤其是南方沿海地区的人，冰、雪不分，而北方人对冰与雪就分得很清楚。比如哈尔滨地区冰雪最多，所以有关冰雪的词语也特别多：冰碴儿、冰脑子(河里初冻的冰)、冰流子(冰锥)、冰层、疙瘩娄子(路上的硬冰)、雪掺子(霰 xiàn)、雪窠儿(积雪深处)、雨夹雪、鹅毛大雪、棉花套子雪、大片儿雪、冒烟儿雪(暴风雪)、下盐粒子、大烟儿炮、清雪儿、小清雪、冷子(雹)、挂蜡、泡冰排(河中流冰)等，不一而足。

而终年未见冰雪的广州却冰雪不分，管冰叫雪，如冰棍儿叫雪条，冰激凌叫雪糕，冰箱叫雪柜，冰水叫雪水，刨冰叫雪茸，冰鞋叫雪屐等。

三、居住环境称呼的差异

由于自然环境的差异，各地人们居住环境也不一样，居住方式不同，方言区的人们对自己住所以及住所相关事物称谓也不一样。

北方住的是窑洞，睡的是炕，于是就有一整套关于窑洞和炕的名称。以平遥方言为例，有窑儿、窑窑(小墙洞)、闷窑、明装楼(窑顶房)，盘炕、炕洞子、暖炕头、凉炕头(近火和远火两端)、炕垅(炕沿儿)、炕围子(沿炕的油漆墙壁)、坑角落儿、实炕炕(无烟道处)、脚头(放脚的一端)等。

福建沿海住的是不见木的石头房子，睡的是各式各样的木床、竹床，石头房了和各种石料及不同样式的床铺则有另一套名称，以厦门话为例，有石坊(石板)、石条(条石)、石柱、石磉(sǎng)(片状柱下石)、柱珠〔柱状柱下石〕、石通(石梁)、碜(chěn)石(天井边沿打平的厚石板)、角石、板棚石、石窗、石级、石壁，床框(床沿)、床枋、铺枋(床板)、床架、床骹(jiāo)(床腿)、遮风(三面挡风板)踏斗(上床时垫脚儿)、铺仔(简易小床)等。周围没有村庄的路上常有凉亭(或称棚子草寮、枋寮、茅厂)，江南夏日炎炎，春雨绵绵，村口的木桥桥面上还有遮阳挡雨的屋盖，称为篷桥、厝桥或桥亭、廊桥。

四、身体部位的不同认识

古人认识世界，“远取诸物，近取诸身”，我们人的身体部位，在不同方言里也有不同的说法。比如脖子有颈子、项颈、颔、脰等说法；胳膊有手膀、手杆、手骨、手肚等说法；眼球有眼睛珠儿、眼珠子、乌珠、目仁等说法。

五、食物称呼的繁杂

关于食物的叫法更是分歧异出。单单以南北方的主食面和米来看，称呼上就有很大的差别。北方人将用小麦磨成的粉叫“面”，南方则叫“麦粉”。南方人将米磨成的粉叫“米粉”，糯米的叫“糯米粉”，粳米的叫“粳米粉”，而在官话区，“米粉”则是指米线，有宽粉、细粉之分。

“用小麦的粉制成的条状食品”，北方叫“面条”，南方则混称为“面”。南方人说“今天吃面”，意思就是吃面条。“稻米”北方叫“大米”，南方只叫“米”。“粟”北方叫“米”，南方叫“小米”。用稻米煮成的干饭，北方叫“米饭”，南方只叫“饭”。

这些名称反映了北方以面食为主，南方以米食为主的不同饮食习惯。北方人吃饭主要是吃以面粉制成的食物，因此要吃用稻米煮成的饭时要说“米饭”，以示与日常的“饭”相区别。而南方则以米食为主，南方人吃饭多为吃米饭，所以不用别的词。但是偶而吃面当饭（或点心）时，却要说“面”，以示与日常的“饭”相区别。南方以产大米为主，所以说“米”即指大米没有误会，指“小米”时要冠“小”，以示区别。反之，北方产小米的地方，说“米”，即指“小米”，说“大米”时，要冠以“大”。

至于馒头包子的称呼，虽然全国通用，但是有些地区，在具体所指上依然有所不同。比如宁波方言中的“馒头”是有馅的，一般是甜的，糖馅或豆沙馅之类的；如果是咸的馅，比如青菜馅、萝卜馅、肉馅，则专指包子。而辽阔的北方方言区，馒头则是无馅的，是宁波人称之为“淡包”的东西。

南北方对于食物称呼的差异还有很多。南方人多将西红柿称为西红柿或番茄，把小西红柿称为圣女果、小番茄，而北方人则习惯将其称为洋柿子、小柿子，强调其与柿子在外形上的相似。再如，南方人多称马铃薯、红薯，北方人则爱称土豆、地瓜。提到“大蒜”，在南方多指蒜青，在北方多指蒜瓣，则是因为北方人喜食蒜瓣的缘故。

当然，在工农业生产方面的方言差异更为普遍，这里不再一一展开论述。

## 3.2 亲属称谓的差异

中国历史悠久，亲属关系之复杂，世所罕见。即使同一称谓，在不同的方言区域、不同的姓氏族群之间，也大不相同。本节我们从“爷爷”“奶奶”“外婆”“媳妇”“连襟”以及女性称谓缺失、纳西族和苗族的特殊称谓等角度来讨论亲属称谓差异的问题。

### 3.2.1 “爷爷”“奶奶”与“媄馳”“姑姑”

对祖辈的“爷爷”“奶奶”“姥姥”“姥爷”的称呼体现的是北方话的特点，南方大不一样了。“爷爷”有爷、阿爹、阿爷、爹爹、公爹、阿大、依公、阿公等称呼。“奶奶”，温州称“娘娘”、长沙称“媄馳”，南昌称“婆婆”，广州、阳江称“阿嫲”、厦门称“妈仔”“阿妈”，福州称“依嫲”。“外公”“外婆”，鄂中和湘东北有些地方叫“嘎公”“嘎嘎”，“嘎”的本字当为“姑”。“姑”字古属鱼部见母，当读“嘎”。《说文》：“姑，夫母也。”古代“舅姑”既是对夫家父母的称谓，又同时也是对妻家父母的称谓。妻母对子辈而言当然是外祖母了。今天“姑姑”是指父亲的姐妹，已经发生词义转移了。

### 3.2.2 外婆与姥姥

社交媒体上有一个很有意思的讨论，是对外祖母的称谓。有人认为“姥姥”是普通话词汇，口语中使用较多，而“外婆”属于方言。这一说法引发人们的讨论，有学者指出，“姥姥”主要通行于北京、河北及其周边的一些方言，“外婆”主要通行于南方的许多方言，不过这两个词早已进入普通话。

### 3.2.3 新妇与媳妇

“媳妇”的称呼南北也有差异，不过相对比较整齐。北方一律称“媳妇”，南方一律称“新妇”。我们知道，南方方言的发展变化相对北方方言要稍慢，这个“新妇”其实也是古代汉语用法的遗留。“新妇”在古汉语里本来就有“媳妇”的意思。《后汉书·周郁妻（赵阿）传》说：“郁骄淫轻躁，多行无礼。郁父伟谓阿曰：‘新妇贤者女，当以道匡夫。’”在这里周郁的父亲把儿媳妇称作“新妇”。后来北方改称“媳妇”，而“新妇”这个古汉语词却一直保留在南方方言里。

“新妇”，顾名思义是“(家里) 新来的妇人”意思，这个概念反映出汉人长期以来妻子到夫家落户的婚姻制度。各地方言中还有不少亲属称谓是直接反映这个制度的。如上海话将入赘女婿称为“逆舍女婿”，宁波人叫“上门女婿”，意思是跟一般的女到男家落户逆向而行，又将“招赘的女儿”称为“坐家囡”，意谓居住在本家不到夫家落户。

### 3.2.4 挑担与姨抬

四川方言中，姐妹的丈夫互称为“挑担”，也有叫“挑担子”“老挑”“挑挑”的。这种称谓和四川盆地肩挑运输农作物的方式有关。四川盆地多山路，收获季节，女婿到丈人家帮助收割，多用箩筐“挑”和“担”，因此，女婿之间互称为“挑担”。泸州和宜宾话中称姐妹的丈夫为“姨抬”，妻子的姐妹为“姨”，与“挑”和“担”相比，“抬”更需要男性劳力之间的协作。这些都是充分反映巴蜀地区农业生活现象的称谓。而江南地区，则保留古时“连襟”的说法。

### 3.2.5 女性称谓缺失

湖南岳阳临湘一带的亲属称谓更是奇特，只有男性称谓，缺少女性称谓。爸爸是爸，妈妈也是爸，祖父叫爹，祖母也叫爹。分别男女的办法只是加“大、细 (即小)”，爸爸是大爸，妈妈是细爸，以此类推。哥哥当然是哥哥，姐姐也叫哥哥，弟弟称老弟，妹妹也叫老弟。叔叔是细爷，阿姨也是细爷。

这种女性称谓用男性代替的例子，其他地方也有，比如湖北咸宁地区，“哥”既可以用来表示“哥哥”，也可以用来表示“姐姐”，但系统性不如岳阳临湘一带。武汉方言中也保留了将中年女性称呼为“伯伯”的习惯。这种女性称谓缺失的现象其实是古代称谓的原版写照。在中国，直到汉代，妹妹的称呼还未出现，而叫作女弟。《史记》中就多有记载，如《春申君传》里有“乃出李园女弟，谨舍而言之楚王”之说。更早一些时候，妹妹叫女兄。祖父母均称祖，父母亲都是亲，分性别称谓晚到汉代以后才成系统。

### 3.2.6 永宁纳西人的阿注制度

云南丽江地区宁蒗县永宁乡的纳西语方言的亲属称谓颇有特色，它跟别的语言或纳西语其他方言大不相同。

永宁纳西语的亲属称谓实际上是纳西族家庭结构和婚姻制度的反映：永宁纳西人实行一种称作阿注婚姻的对偶婚姻制度。其特点是男女相识，若彼此有意，则可赠礼品结成阿注关系。男子夜晚到女子家住宿，白天回母家。男女双方都有一个主要的长期的阿注和几个次要的阿注。男女阿注并不组成一个家庭，没有共同的经济基础。女阿注所生儿女留在母系家庭中，她的姐妹同时也要尽抚养责任。由于不是一夫一妻制，所以许多孩子不知道生父是谁。与这种奇特的婚姻制度相适应的是以下几个奇特的称谓：[e v]，母亲的阿注、自己的生父和舅舅这三个概念常同用这一个词来表示。这正是孩子的生父往往无法确定的反映。[e mi]，表示母亲和母亲的直系、旁系的姐妹这些概念。这是因为儿女不仅由母亲抚养，并且母亲的姐妹也一起尽力帮助抚养，把下一代都看作自己的孩子。[zo]，自己的儿子及兄弟的所有儿子。[mv]，自己的女儿及兄弟的所有女儿。①

---

① 纳西族主要聚居于云南省丽江市古城区、玉龙纳西族自治县、维西、香格里拉（原中甸）、宁蒗县、永胜县及四川省盐边县、木里县和西藏自治区芒康县盐井镇等。纳西族的走婚制度主要是指在云南宁蒗县和四川盐源县之间泸沽湖周围的纳日人（永宁称摩梭人）存在的一种古老的婚俗。走婚有的叫“阿注婚”或“阿夏婚”，均是当地不同称呼的音译。这种婚姻的主要特点是建立走婚关系的男女双方，各自住在自己母家生产和生活，分属两个家庭、两个不同的经济单位，一般是男子到晚上主动到女家走访，过偶居生活，次日清晨返回自己的家庭。当地纳日人把建立走婚关系的叫“阿夏婚”，意为亲密的朋友，多数学者用普米语“阿注”称呼。

建立阿夏一般取决于男女双方，一般不受限制，但长辈要给予一定指导。建立阿夏关系过去一般不受等级限制，但年轻美丽的女子，家境富裕的男子结交阿夏机会多一些。由于阿夏走访婚的形式所限，建立阿夏关系的一般是同一个村子或相邻的村子，路远的极少，即使有，也多系临时关系。解除阿夏关系也比较容易，一般女子拒绝开门，或不与之交谈，或退回男子所给礼物，或托人转告他不要再来就可以了。如果男的不愿意，就不继续到女方去就行了。阿夏关系所生的娃娃，归女方抚养，男子适当给一些衣物等。有的公开认子，情况不一。

这种婚姻习俗也有自己传统的道德规范，不能违背女方意愿，强行偶居。男女双方结合主要以双方感情作为基础，所以在纳日人地区，从未曾发生过由婚恋引起的纠纷、斗殴和刑事案件，也无殉情和自杀情况，地位和金钱作用也影响较小。同时，虽然结交阿夏多或自由，但未出现人口高速增长，相反，纳日人比相邻彝族、汉族增长慢得多。（详见郭大烈：《纳西族风情录》，云南人民出版社 1998 年版，第 61—62 页。）

### 3.2.7 黔东苗族女前男后的对举称呼

在汉语中，男性女性并举的时候，一般是男性在前，女性在后，比如“男女”“夫妇”“父母”“子女”“考妣”“爷爷奶奶”“外公外婆”“叔叔婶婶”“叔叔阿姨”“伯父伯母”“公公婆婆”“哥哥姐姐”“弟弟妹妹”等，反过来说就觉得别扭。这种习惯是中国传统男尊女卑社会现象的一个折射。

周振鹤、游汝杰（1986）记载，在黔东南藁（gǎo）草乡的苗语方言中，当两个性别不同的亲属称谓对举时，女性的在前，男性的在后，这跟汉语常规的习惯恰好相反，如父母 [mi6 pa3]（母父），夫妻 [vie3 zjo6]（妻夫）。汉语里的“男男女女”，用这种苗语方言来说，词序恰好是相反的：[ai3 ai3 tia4 tia4]（女女男男）。

其实，汉语中，女在前男在后也有所见，比如雌雄、牝牡、阴阳，北方话“姥姥姥爷”对举，四川话“妈老汉”的说法，也从侧面反映了中国女性的特殊地位。

## 3.3 方言绰号称谓的特色

绰号，又称外号、诨号。它的特点在于几乎全部为他人所取，使用性完全不取决于担当者本人的意愿。绰号具有广泛性，中国人的性格中有给每个人起外号的倾向。无论是宫廷中的皇帝还是街上的乞丐，只要有特殊身体标记或者怪癖都给绰号以可乘之机，如刘罗锅、王斜眼、张歪脚等，甚至外国人也难幸免。英语里的 childhood nickname、family nickname、school nickname、parliamentary nickname、political nickname 都标志着绰号在社会各阶层无所不在。

绰号的起用缘由大多数和人物的特征、性情、习惯、生理特点、从事工作以及典故等相关，尤其是有身体缺陷的人，其缺陷称呼会伴随其一生。绰号常比名主的真名更为人熟悉，传播得也更快。

### 3.3.1 根据性情习惯起的绰号

根据人的性情习惯起绰号的有很多，不同方言地区也有不同的说法。比如湖北武汉有“糍粑屁股”的说法，我们知道“糍粑”是用糯米做的，黏性很强，“糍粑”要是粘屁股上的话，坐下来了就难以起身。武汉人就用“糍粑屁股”形容一坐下就不愿动，聊个没完的人。

对于油滑的人不同地方也有各具特色的说法，比如油子、滑头、油条，这些都与“油”相关，突出人油滑的特点。称人呆傻，一般叫那人傻子，西安话叫瓜子或瓜娃子，成都话叫傻儿或憨脑壳，胶东话叫彪子，重庆话叫傻包，宁波话叫寿头等。当然还有很多例子，比如：懒惰的人叫懒汉、懒奸、懒油子、流荡鬼、滑子，固执的人叫杠子头、犟筋头、犟孙、犟铁头、犟种、犟熊、犟眼子、挣子等，称吝啬鬼为财迷、里迷、夹一头、夹嘎头、挤腚子、小气鬼、细作、小气毛子、狗臊，称败家子为败坏头、败乎头、哆嗦穷，称过分直率的人为直筒子、直驴、直葫芦头、直肠子狗、直狗子，称言过其实的人为大吹、吹手、吹牛皮、侃爷，称易被人欺者为冤大头、大头、受气包、大头菜，易被戏耍对象为活宝儿、揉头、戏头、耍物等。

### 3.3.2 根据生理特征起的绰号

还有与人生理方面相关的绰号，比如有相貌方面的瘸子、瞎子、独眼龙；还有生殖方面的绰号，如称阴阳人为二尾子，生理有缺陷的女子为石姑子、石心子。

不同方言区的人对生理缺陷的说法不尽相同，比如兔唇，在山东平度地区叫切子，在四川地区叫豁花儿，河北深泽叫豁豁，陕西西安叫豁豁子等。瘸子在各地也有瘸巴、瘸巴子、瘸腿、拐子（济南）、撇腿儿、点腿儿、翘脚等叫法，O型腿有罗圈腿、里勾筋、镰把腿的说法，驼背者有说锅腰子、龟腰子、罗锅儿、罗锅腰子、锅锅腰子、龟龟腰子、罗古腰、背腰子、龟背、弓弓腰、马蓬腰儿、老锅子、勒勒肩、连连肩儿、瘫肩子、临沉肩儿等。

### 3.3.3 根据职业起的绰号

与特长相关的绰号主要是根据其职业来称呼的。这在古代就有很多，比如《夷坚志》记载有：“湖州民许六，以卖饼为业，人皆呼曰许糖饼。”《宋史》中也有“杨安国少无赖，以粥鞍为业，人皆呼为杨鞍儿”的记载。以职业为绰号的常见的有“屠夫张”“糖人李”等说法，在宁波方言中，多为名字简称加职业的说法，比如“阿四木匠、阿亮裁缝、小国泥工、纪唐讨饭”等。

## 3.4 詈 语

“詈语”是民间粗俗语中最为典型的一类。詈语主要用来吵架骂仗、诅咒泄愤、发牢骚、赌誓、自咒，也用来取乐，称之为“打嚷儿”，或以之粗暴地教育孩子，偶尔用作对晚辈的亲昵、夸奖，或逗婴儿吐字发音、学习语言。

### 3.4.1 詈语的禁忌规则

民间对詈语这种特殊的交际语言的使用是有一套禁忌规则的。一般来讲，作为男性，祖父、伯父不能骂孙、侄晚辈，只能骂子女及哥家侄子，叔、嫂之间则不限；外祖父、舅父不能骂外孙、外甥；不得骂岳父母，舅、姨则不限；夫妻之间忌夫骂妻，允许妻骂夫；不能骂儿媳、孙子媳，不能骂长辈。作为女性，可以对所有的晚辈施加骂的行为。如果违背了这些规则，就会被群体评为“畜牲”“倒插窝子”“扒灰头”“没老没少”等。对于民间的矛盾纠纷，其处理原则也是“十有理，万有理，一骂人就没理”，崇尚的仍是文明语言交际。

### 3.4.2 詈语的内容

詈语的内容十分丰富。有的以卑劣下贱者及其行为为内容，如贱才、下才、婊子、贼头、强人、汉奸、下三烂等，来自正统观念，表现有修养的人对“恶民”的不齿；有的以禽兽及其行为为内容，如狗臊货、狗哆嗦、癞牙猫、老鼠嘴、吃屎赶不上热乎的、噘嘴骡子不值个驴钱等，来自社会群体对人的强调和人格的强化心理；有的以生理缺陷、疾病、死亡、灾祸为内容，如瘸巴、断了腿、当炮灰、睁眼子瞎、耳朵塞了驴毛、雷劈了你、立地就死等，来自民间对凶恶灾难的恐惧；有的以通奸为内容，如养汉头、私孩子等，来自民间对婚外、婚前性关系的不容；有的以性器官、性生活生育、排泄为内容，来自民间对不洁的禁忌心理；有的以污辱对方亲属，特别是对方父母为内容。

### 3.4.3 詈语的等级

根据民间社会评价的态度和人们的文化心理，即詈语所表达的情绪和引起对方的反应程度，可以把詈语划分为三个级别：

一是基础级别，发泄一般的不满、反感和蔑视，是对人进行强烈的贬义色彩的评价，如强梁、阎王、邪头、熊包、垫腚的、没长蛋、懒得吃屎、放屁、吹牛、不要脸、洋性、小性子、洋风炸毛等；

二是比较级别，是对对方个体的直接污辱和威吓，如狗熊、疯狗、驴脸、王八蛋、鳖羔子、土光棍儿、瞎了眼、马上就死、砍脑壳死的、跩崖死的、劈开你、扒你的皮、狗日的、杂种等；

三是最高级别，是对对方亲人的侮辱，有时把自己放在对方长辈的位置上，如我是你老祖、你是我孙子等。有时则直接用性交的动词施加于对方亲属，老祖、奶奶、娘、闺女、妞儿、爷爷、大爷、二哥、哥儿等。男女相骂，最恶毒的是男骂女，而女性则很少选对方亲属中的男性作为辱骂对象。

### 3.4.4 不同地区詈语枚举

不同地方的詈语各有特色。上海女性喜欢用“十三点”骂人，意指他人痴头怪脑、愚昧无知。“十三点”是把汉字的“痴”拆开而计的笔画数，隐指“痴”。“十三点”普遍流行后，上海又出现了许多俗语映射它，如电话听筒（老式电话听筒有十三个孔）、福熙路（现在的延安中路，三字均为 13 画）、B 拆开（英文字母 B 拆开为数字 13）、十二点多一点等。

宁波人常用的詈语有“娘嬉肥”“依娘嬉肥”“婊子拉儿子”“爹生娘生”等，多用于表达个人的情绪，可以是不满、愤怒、遗憾、羡慕，甚至赞叹；也可以直接用来骂人。大陆影视剧中，对蒋介石的刻画，就是一个时不时带着“娘嬉肥”口头禅的奉化人。

山东多驴，所以方言中用“驴”指固执倔强的就很多，如直驴、倔驴、犟驴、野驴、大叫驴等。东北方言常用龟、王八、鳖充当詈词，如龟儿子、鳖儿、鳖日的、王八蛋、王八犊子、鳖羔子、龟儿孙、鳖儿舅子、汉奸王八、王八熊、鳖王八等。在多山多崖地区，如陕西山阳地区，也用“滚坡”“翻崖跶死的”来骂人。

我们并不提倡在公共的社交场合说脏话，但是詈语在发泄个人情绪以及特定的小范围交往中，却有着独特的魅力。两个地道的武汉人久别重逢，第一句话就是“你嚇老子，个把妈！婊子养的，你还活着啊！”外地人会听来目瞪口呆、瞠目结舌，而对两个久别重逢的老友来说，这种带着渣滓的詈语，听着却带着亲切和温情。

## 3.5 方言俏皮话

说到民俗，我们还要谈谈方言中的俏皮话，包括歇后语、缩脚语、刁语和俗谚，饱含着民间的智慧和幽默。

### 3.5.1 歇后语

歇后语是俏皮话最典型的表现形式，它由两部分构成：前半部分以话题或比喻等方式引出，后半部分可说可“歇”（即不说）。歇后语比其他俗语形式更强调语言表达的技巧，所以往往更显幽默风趣、生动活泼、充满意味。

歇后语在各地方言里，有不同的叫法：山东叫“坎子”，河南叫“窍儿”或“局渊”，重庆叫“言子”，杭州叫“歇后喻语”，义乌叫“譬语”，其他地方还有“厥语”“独脚语”“谜语”“俏皮话”等叫法。

歇后语的根本在于“俏皮”。它的语源都是超常、怪诞甚至荒谬的，基本上都是现实生活中的特例，甚至是根本不可能发生的。在内容上，歇后语大多以特定风俗、特殊人物、特殊行为等为话题。

一、风俗歇后语

风俗歇后语涉及人们物质生活和社会生活的各个方面，涉及职业、服饰、饮食、居住、家族、婚嫁、生老病死、节日信仰等方面的习俗。

比如民间常说“灶王爷上天——句句实言”。灶王爷是民间祭祀的灶神，传说他代表玉皇大帝掌管一家的善恶和奖惩，因此被奉为“一家之主”。每年腊月二十三（有些地区是二十四）为祭灶日，据说灶王在这一天上天到玉帝那里汇报工作，所以这天人们会把糖果、糕点供奉给他，想买甜，黏住他的口，希望他能够“上天去多言好事，下界来广降吉祥”。

二、虚拟事件歇后语

有的歇后语以生活中根本不可能发生的事作为话题，这种歇后语夸张又有趣。比如：“肉包子打狗——有去无回”。生活中，用肉包子去打狗的事情，是不可能出现，这里只是一种假设；又如：“茶壶里煮饺子——有货倒不出来”，日常生活中，人们是不会用茶壶去煮饺子的。

三、特殊人物歇后语

有的歇后语利用特殊人物的特殊形体、特殊行为作为话题，如“瘸子屁眼——邪门儿”“麻子不叫麻子——坑人”“麻子上门——坑人到家”“麻子做报告——群众观点”“麻子照镜子——个人观点”“瞎子点灯——心里亮堂”等。

四、动物歇后语

还有以动物为话题或以动物作比喻的歇后语，如“铁公鸡——一毛不拔”“琉璃耗子琉璃猫——一毛不拔”等。公鸡、猫、老鼠的身上本来都是有毛的，铁制的公鸡和琉璃制的猫、老鼠就没有毛，以此来形容人很吝啬。

五、典故歇后语

有的利用典故为话题，有一定的历史文化背景，如“张飞穿针——大眼瞪小眼”“姜太公钓鱼——愿者上钩”“猪八戒照镜子——里外不是人”“狗咬吕洞宾——不识好人心”等。

六、特殊方言歇后语

特殊方言歇后语主要利用谐音和词义歧解造成特殊的表达效果。

1. 体现方言语音特色的歇后语

四川方言一般n、l不分，因此有歇后语“肩膀上搁烘笼——挠（恼）火”。“挠”是“拿”“扛”的意思，“挠火”肩膀上扛着火，与“恼火”谐音。

中国大部分方言区平翘舌不分，利用这一点的歇后语也很多，如“靠着厕所睡觉——离屎（死）不远了”“厕所里打架——往屎（死）里打”等。

其他的谐音现象还有：狐狸精抱小孩——大精（惊）小怪、上厕所不带纸——想不揩（开），等等。

2. 体现方言词汇特色的歇后语

有的地区的方言因为词汇形式差异而各有风味。比如吴语区有“脸上涂石灰——白相”的歇后语。“白相”在吴语是游戏、玩弄、玩的意思。在赣语里也有这种说法，赣语中“白相”则是轻浮、轻佻的人。

西南官话中有“摆龙门阵”的说法，也就是聊天、说故事的意思。有歇后语“茶馆里摆龙门阵——想到哪里说到哪里”，而其他地区则把聊天叫作“讲经”“讲古”“汆大话”“粉白”“谝闲传”等。

武汉话中有“板眼”一词，有来事、有本事、能耍花招等意思，所以有个歇后语“刷子脱毛——净是板眼”，指人事儿多。

就算是同一个词，在不同方言里意思也不一样，有的词在方言里意思不同，也形成很有特色的方言歇后语。比如在北方话中有“火轮船打哆嗦——叫浪催的”这样的歇后语，“浪”在北方话中，指的是性欲大，男女性关系上的放荡；在东北，却指风流、漂亮、优美。在西北方言里是极、大的意思。在吴语中，则表示方位，比如“来浪桌子高头”，是在桌子上头的意思。这条歇后语在北方话中用于男女调情，也用来骂人。

不同地方都有地方各具特色的典型事物，特有名物差异也可以形成典型的歇后语。比如在我国河北的开滦集团以“中国煤炭工业源头”驰名，一般说起“开滦”就会想到煤。于是河北就有这样的歇后语“开滦打官司——煤（没）的事”。北京老字号饭馆“会仙居”，也算是北京一大特色，以其炒肝出名，有“会仙居的炒肝儿——没早没晚”，这是说会仙居的炒肝价廉物美，营业时间长，从早到晚，随时去都能吃得满意。景德镇大家也知道，陶瓷最为出名了，于是也有“景德镇的夜壶——好瓷（词）”这一说。山西有“十七生的卖水——单抖牌子”，十七生是晋剧名艺人张云生的艺名，一般在戏曲正式演出之前，戏曲家们会演奏器乐曲，这与剧目内容并无内在联系，目的在于招徕观众，安定秩序，艺人们称此为“抖牌子”“耍牌子”“走牌子”。“单抖牌子”也就是说只是抖抖牌子。

### 3.5.2 缩脚语

还有一类特殊的俏皮话叫“缩脚语”。缩脚语是民间歇后语的一种特殊形式，一般是四字词语省去最后一字。比如用“黎山老”来隐指母亲，用“天官赐”来隐指福，这是直接缩脚。有的时候，缩脚后，再用谐音来转喻。比如“原来如”指代“痴”，则是先缩去了“此”，由“此”“痴”发展出“痴”的意思来。

我们常常听到上海人骂人畜生，叫“猪头三”，实际上是由“猪头三牲”通过缩角语谐音而来的。古时候帝王祭祀用猪牛羊三牲，而民间用猪头、整只鸡鸭或鹅、整条鱼为三牲。因三牲中猪为首，所以叫“猪头三牲”。“猪头三”缩脚后，最初是用“牲”“生”谐音来指那些初来乍到上海的“阿乡”（乡下人），最开始对城市生活规则都“生”得很，后来才转为骂人畜生。

像这种缩脚现象，在老武汉方言中也普遍存在。比如：武汉人说“你踩到我的一块二啦”，实际上是说你踩到我的脚了。这里是将“一块二角”缩去“角”，然后通过“角”“脚”谐音而指代“脚”的。其他的还有：牛头马（面/麵）、花言巧（语/雨）、八面威（风/疯）、乌漆抹（黑）、七款八（搭/跶）、黎山老（母）、点头磕（脑/老）、汴梁西（瓜）、一扒狗（屎/死）、死不要（脸）、瞎子算（命）、十月怀（胎）、芝麻绿（豆/斗）、辰巳午（未/味）、香纸蜡（烛/筑）、苍蝇生（子/纸）、轻捶细（打）、爹爹背（孙）等。

### 3.5.3 刁语

刁语类似于脑筋急转弯，比较刁钻，听后往往让人无法接上话来。比如我们有时候突然记起有一件重要的事没有去办，就会“哎呀”一声喊出来。这个时候，如果要接一句刁语的话，那就说“矮了长（zhǎng）长（cháng）些”，故意把“哎呀”的“哎”说成“高矮”的“矮”，颇能显“王顾左右而言他”的风范。

我们以武汉方言为例，列举如下：

他毕了业——滗茶叶

这是么事——么屎不分得你

你的牌要和了——和（煳）了打烧火的

这是真的——不是蒸（真）的是炒的

你晓得吧——晓（小）得是大得的兄弟

你还好吧——鞋（还）好，袜子破了

你看的么戏——棉花絮（戏）

这里好臭哇——好醋（臭）烹鱼吃

刁语是一种语言中，十分高深的语言使用技巧。它需要使用者对母语有精深的了解，而且还需要有丰富的阅历和对生活的感悟，所以并不是每个人能够轻易掌握的了的。在武汉，能使用刁语的年轻人，已基本不可见了。

### 3.5.4 俗谚

俗谚具有鲜明的地域特色。各地流行的俗谚可以分为时令节气谚、农谚、气象谚、生活谚等多种类型，它们是各地人民在生产建设、物质生活和精神生活中的宝贵经验总结和智慧结晶。

一、农业谚语

各地谚语一般以农谚为多，如广西地区的不同民族都有各具特色的农谚。例如玉林方言“日出胭脂红，无雨也有风”“太阳照黄光，明日风雨狂”等，都是当地农民在日常的耕种中总结和传承下来的。

龙胜苗族播种前，男子要剃头剪发，妇女须洗发，播种后待禾苗长出二三寸才准剃头剪发，俗谓播种后“男的剃头女浴发，田里禾苗不易发”。侗族俗语：“要秧好，需吃饱。”撒种在傍晚进行，家人准备好丰盛的晚餐，等撒种的人回家后才开饭，这餐晚饭，撒种人要吃好吃饱。习俗认为，这样谷种就不会浮在水面上，秧苗就会茁壮成长，将来谷粒饱满，收获丰稔。贺州南乡壮族在扯秧前，先用秧根泥擦手背和腿部，谚云：“洗洗水，甩三甩，擦擦手背和大腿，踩下田中人不累。”

壮乡对耘田有句谚语：“一耘草，二耘禾，三耘四耘涨破壳。”通常耘田要耘两三次，有的还要耘四次。在南丹一些地方，耘田视水源充足或缺乏而定，一般是“有水薅干田，无水薅水田”。收割俗话说：“春争日，夏争时。”夏季是农家一年之中农活最繁忙的季节，由于夏收之后紧接着要夏种，故夏收一般都是全家出动，早出晚归，或连夜抢收。

仡佬族秋收时，农历八月十五日以前，禁新谷进家。立秋之日禁务农活，否则认为粮食会歉收。俗谚说：“一年踩秋，十年不收。”俗谚云：“正月竹，二月木。”栽种竹木要讲究季节。种植棕树，在坑内垫上一块石或瓦片，防止立根直下，谚云：“蔸脚放块瓦，三年就得剐。”有一些树，如桃树、竹子和芭蕉等，是青年人所忌种的，说是“桃妖艳鬼”“桃花易谢，树长人衰”“竹子芭蕉发了则人不发”等。侗族以种植杉松、竹木和油茶树、桐树为主。三江谚云：“茶子更兼桐子利，一年之计在山头。”他们种植的桐树有很多种，一年结实者叫“对岁桐”，三年结实者叫“三年桐”，四五年结实者叫“千年桐”。谚云："七竹八木。"即凡砍伐竹木，宜于七八月间进行。

瑶族历来耕山而食，缺粮普遍，因而采集活动比其他民族更为频繁，几乎是一年四季都在进行，随见随采。采集的品种极多，香菇、竹笋、香草、木耳、松脂、棕皮、桂皮、薯莨、茶叶、芒芯等都是瑶族地区丰富的土产。大瑶山流传这样的谚语："平林好桂皮，六竹好火笋，罗梦好薯莨，白牛好茶叶，大凳好香信，金秀好苓香。"

辽西地形以山地丘陵为主，地形地势复杂多变。在长期的农业生产实践中，辽西人民根据该地域独特的地理环境和生态条件总结了因地制宜的方言俗谚，如"平地粮谷麻，砂土种棉花""山地多打粮，年年长坝墙""生土换熟土，一亩顶两亩"等，这些方言俗语是辽西人民生产劳动智慧的结晶，深刻体现了农耕文化的和谐性。

二、气象谚语

有的谚语与气象相关，如"长虫过道，大雨要到。""一九二九，滴水勿流；三九四九，冰碎捣臼；五九四十五，太阳开门户；六九五十四，笆头出嫩枝；七九六十三，破袄两头掼；八九七十二，黄狗摊泥地；九九八十一，飞爬一齐出。""家鸡进笼早，明朝天气好；家鸡进笼迟，明朝风雨天。"

宁波地区也有很多跟海相关的生活谚语，如"三冬靠一春，三春靠一水；一水靠三潮，一潮靠三网"强调做任何事情都要抓住眼前不放松。"掆鱼呒没大胆子，难吃外洋黄鱼籽"说明事业成功需要勇气。"破网遮不住太阳，臭鱼晒不出好鲞"说明真材实料的重要性。还有"早鲎雨，夜鲎晴""正月十八早春暴，摇橹出海落帆倒""二月十九观音暴，落海还是困觉好""十月十五三官暴，三官菩萨请侬吃蛋糕""鲎高日头低，大水没稻田"等，这些都是宁波百姓从日常生活里总结出的经验。

三、风物谚语

有的谚语反映乡土特产和特色文化，如"山东有三宝：狗宝、牛黄、灵芝草""泰安有三美：白菜、豆腐、水""临清三件宝：蜜枣、瓜干、千张袄""东昌府，三大宝：鼓楼、铁塔、玉皇阁""长山岛，三件宝：海参、鲍鱼和江珧""章丘大葱莱芜姜，苍山大蒜辣里香""湖中鲤鱼海中鲳，不如汶河的黄鲇香""烟台苹果莱阳梨，不如潍县的萝卜皮""砣矶岛，三大宝：大红裤子大红袄，绣花鞋，满街跑""天下无二'孔'，山东无二'林'""沂水西南乡，无'刘'不成庄""蒙阴县，'公'一半""大张'焦'，小章'刘'，吕姓挤进了吕道口”“九腔十八调，七十二嗨嗨”[①]、“大帘子，二帘子，赶关、提篮子[②]”、“南有何老凤[③]，北有马三峰”、“来了何老凤，有病也没病”、“茂腔一唱，饼子贴了锅沿上”“听了旺相[④]唱，饼子贴到门框上”。

四、人情习俗谚语

陆川客家人恪守客家人“宁卖祖宗田，不卖祖宗言”的祖训，使得客家方言得以保留下来。晴耕雨读是客家人的立身之本，客家人中也流传着“茅寮出状元”的谚语。在他们看来，想要改变境遇，只有通过读书实现金榜题名，实现“朝为田舍郎，暮登天子堂”的梦想。所以，即使家境再困难，他们也要设法供子弟读书，而且为了能圆读书梦，陆川客家人常常能举全家族、全宗族之力让子弟能够读书。

五、民间智慧谚语

民间谚语也是民间智慧的结晶，它将一些知识、经验和教训化作简洁明快的谚语进行传播。如广西谚语：“看菜吃饭，量体裁衣。”“树大分叉，仔大分家。”“守寡容易等吃难。”“鸡蛋过手蚀三分。”“马怕鞭，蚊虫怕火烟。”“蛇有蛇路，拐有拐窿。”“好花不乱开，大神不乱来。”“吃葱要吃心，听鼓要听音。”“篾腐两边黄，人松肚就空。”又如宁波谚语“春天生意实难做，一头行李一头货”“赌博想翻，一只碗，一只篮，只好去讨饭”“光棍做人活神仙，生起病来叫皇天”“九斗九斛命，多上一斗要生病”“廿年新妇廿年婆，再过廿年当太婆”“天怕雪后风，人怕老来穷”等。这些谚语无不体现了人们对生活的感悟，充满着智慧的光芒。

## 3.6 方言禁忌词

各地方言都有忌讳词，特别是在旧时使用更为普遍。某一些忌讳的词在另一地并不一定是忌讳词。这种差别反映出各地人们心理状态的差异。古语道“入境问俗”，为什么要问俗？主要是就各地风俗习惯中有着各种各样的禁忌语

---

① 这里指柳子戏唱腔丰富多彩。

② 这是指鲁西南两夹弦上演的剧目。

③ 何老凤是群众对何凤仪的尊称，他是清末山东大鼓著名艺人。

④ 旺相是吕剧名演员薛金田的绰号。

言习俗而言。归纳起来，方言禁忌主要有以下几个方面：

### 3.6.1 动物禁忌

有的方言中忌讳说动物名。从古至今民间对动物始终有这样那样的一些崇拜方式，人们认为动物具有超人的能力与智慧，特别是在异常情状就越容易引起人们的关注和警觉，也越是影响人们的心理变化。

四川彭州将老虎说成“大猫儿”，老鼠说成“高客”，猴子叫作“山娃儿”，乌鸦叫作“老鸹”，狐狸称为“毛狗儿”，豺狼叫作“财狗儿”，豹子称为“铜钱花”。许多地方忌有“虎”，遇“虎”时改用“猫”代称。如温州把“老虎”改称为“大猫梦”。因为“腐”和“虎”同音，长沙人将“腐乳”称作“猫乳”，甚至把府正街叫成猫正街。湖北咸丰把“虎”称作“猫”，由于“虎”“斧”同音，所以把“斧头”也叫作“猫”，而且还引申出“厉害”的意思。北方人干脆把“老虎”改称作“大虫”。这种忌讳心理发展到顶点，就连姓氏也不免其扰，姓虎的自念作“猫”，姓“孟”的改读作“魂”(忌梦音)。

有的地方有把动物供奉为“宅仙”的习俗，把黄鼠狼、刺猬尊为“仙家”“黄仙”“老黄家”“老邻身家”“老福神”，把狐狸尊为“大哥”“仙姑”“胡大仙”“黑嘴巴子”，初一、十五均向其进香，以佑全家平安富裕。传说以为或直呼其名，就是不敬，“宅仙”会在一夜之间，领来“车货子”，盗走所有财物，搬运到敬它的人家去。沿海地区某些地方也有对鱼、水神的崇拜，这些也禁说。

### 3.6.2 生理禁忌

很多地方也忌讳说生理部位的名称，甚至忌讳说与其音近的词，如四川彭州忌讳说“鸡儿”。“鸡儿”（/jir/）在该方言里指男性生殖器，所以当地人不说“鸡儿”而说“那个东西、小弟弟、老二、锤子”，同时，凡是阴平调的/i/声母与齐齿呼韵母相拼的字一概不能儿化，像普通话中的“今儿个”“橡皮筋儿”“小鸡儿”“小街儿”“笔尖儿”“鼻尖儿”“台阶儿”，彭州人是不会这样说的，他们会说成“今天”“橡筋绳”“小鸡”“小街”“笔尖”“鼻子尖尖”“梯梯”等。

其他方言中也有类似的说法，称大小便为拉屎、尿尿，讳称为解手儿、解大手儿、解小手儿、上厕所、上茅房儿、上一号、上屎栏、上灰栏子、方便一下、出去一下、有点儿事儿、起夜等。有的地方也忌讳说“日”。彭州人还将向日葵称为“向耳葵”或“葵瓜子”。

北京旧时口语忌用“蛋”字，在以下这几个词中都避用“蛋”字：鸡子儿（鸡蛋）、炒黄花（炒蛋）、松花（皮蛋）、木樨汤（打蛋汤）等。“蛋”字只作贬用，如浑蛋、坏蛋、捣蛋、滚蛋、狗蛋、王八蛋等。但上海口语却不忌用“蛋”字，而忌用“卵”字，因为它专用于指人的私处，所以“卵”字只用于詈语：老卵、小敌卵、阿胡卵等。“卵”与“娄”同音，所以姓“娄”的人，取名非常麻烦。姓张姓李的叫“张子昌”“李将彪”没问题，但是姓娄，叫“娄子昌”“娄将彪”就非常别扭了。

山东曹州忌说“老大”，因为秦琼秦二哥为天下敬重，可他哥哥秦老大却是个偷鸡摸狗的家伙；武松武二哥景阳冈打虎美名扬，而他的哥哥老大却是个戴绿帽子的主，所以在曹州，“老大”一词是损人骂人的话。同样在山东，鲁东南人们的观念中，“二”含有贬义，指那些次等的、差一点的、不入正统的等。例如：二流子、二蛋（糊涂蛋）、二道贩子、二道毛（不务正业者）、二杆子（鲁莽者）、二鬼子（汉奸）、二河水（再嫁妇女）、二混子、二马虎、二手货（再嫁妇女）、二五眼（差劲儿的人）、二把刀（半瓶醋）、二不愣（傻子）、二道神（倒爷），而尊称用“三哥”。不过在四川，“老大”“老三”都可以说，“老二”则指男根，使用的时候需要十分小心。

### 3.6.3 病、死忌讳

疾病给人带来痛苦甚至死亡，对于病、死，人们常常讳深莫及。人们怕生病，如小孩儿口无禁忌，说“腰疼”，父母马上用语言破解：“小孩儿没腰。”民间“怕念叨”，说病病就会来，即使真的有病了，也委婉言之为不好受、不好、不大好、不愉贴、不愉括、不愉作、不舒坦、生癞、有症候儿、不壮实等。又因为生病要吃药，吃药也不是好事，所以也忌讳说“吃药。四川彭州将“吃药”说成“吃好东西”“吃独食子”“吃私房饮食”。“吃好东西”是反语；“吃独食子”是指不给别人吃的；“吃私房饮食”更是因为生病是不足为外人道的私事，药是病人独自吃的。小孩生病则说“变狗（狗）、装狗（狗）”，那是因为该方言中有“鸡犬叫，鬼邪逃”之说，故称小孩生病为“变狗（狗）、装狗（狗）”，有利于小孩痊愈。

汉语里有许多用来代替“死”的词语，不同的社会阶层、宗教对死亡有不同的指称。中国古代，皇帝之死被委婉称作“驾崩”，士大夫阶层称死亡为“疾终”“不禄”“溘逝”等。现在人们用“老了、走了、不在了、过去了、逝世、长眠、捐躯”等表称死亡，充分表现了人们讳言“死”的意识。如佛教用“归西、涅槃、圆寂”委婉表达去了另一个世界，道教用“登仙、仙去、仙游、仙逝、成仙、羽化、驾鹤西游”等；为革命事业献身称为“见马克思、捐躯、捐命、取义、牺牲、就义、阵亡”；战死沙场叫“裹尸”，年轻女子离开世界叫“香销玉殒”“红颜薄命”等。庶民百姓对于死的别称更是多如牛毛，如“卒、没、下世、谢世、升天、走了、翘辫子了”等。

广东人很忌讳死字，不说“气死我了，笑死我了”，而是说“激生我，笑生我”，也不说“忙死我了”，而说“忙得满天神佛”。广东人到上海开了一家百货公司，取名叫“先施公司”，结果发现那些老上海都不愿意到他那里买东西，后来才知道，原来上海话“先施公司”与“先死公司”读起来是一样的。苏沪一带忌“死”（/ sǐ /），口语改用 / xǐ / 这个音。又因 / xǐ / 和“洗”同音，遂不用“洗”这个词，改用“汰”或“净”，否则“侬先洗”就等于“侬先死”了。上海话中，“线”与“死”发音接近，所以上海地铁开通后，就会有以下让人瞠目结舌的对话：上海人聚餐散席到地铁口亲切道别，然后会问一句：“侬几号死啊？”答：“我 2 号死，侬几号死？”答：“我 8 号死，其实我调 10 号死也可以。”再问：“格么侬呢？”答：“我 1 号死 3 号死全可以，我直接 1 号死就可以了，1 号死快，3 号死慢，格夷呢？”答：“我勒松江，只好 9 号死，调啊勿要调了。”外地人初到上海，不知道“死”“线”同音，听到上述对话，往往会吓一大跳。

江苏如东称成年人故去为“老了”，称尸体为“元宝”，称药为“糖包儿”，称药壶为“太平儿”，称棺材为“寿器”，称向遗体告别为“看富贵”，失火称“被禄”等。上海有将死称为“翘辫子”，这是由于当时上海出现电车，有轨电车上有一电辫（无轨电车为两根）与电线相通，用来接通电源。电车行驶时，如偏离行驶路线或紧急刹车等原因，辫子可能脱落电线而上翘。这样，电车因电源中断而不能行驶，需重新拉好辫子才能行驶。因此，“翘辫子”就作为“死”的忌讳语而使用了。宁波渔民在驶船航行时如果看见海面上漂着浮尸，要说见到“元宝”了，忌说“死”；改称“鱼死了”为“鱼文了”。旧时宁波人视乌鸦为不祥之物，俗话说：“老鸦当头叫，祸水免勿掉。”得赶紧吐一口唾沫，并念念有词：“乌老鸦，白头颈。叫两声，呒要紧。”

### 3.6.4 破财忌讳

各地对破财也多有忌讳。猪舌的“舌”字跟“折本”的“折”字音同或音近，所以不少地方忌用，改用“折”的反义词，广东将猪舌说成“猪利”，四川彭州称为“利子”，湖北襄阳叫作“猪口赚”，江西南昌叫作“招财”，广东梅县叫作“猪利钱”。因为“舌”“蛇”音近，所以又把“蛇”改称为“干黄鳝、梭老二、梭二爷”等。有地方还将姓“佘”的说成姓“梭”或“老梭”。

客家方言区的人们送礼不送“伞”，因为“伞”“散”同音，人们喜“财聚”而恶“财散”，喜“人聚”而恶“人散”，所以伞被称作“遮阳”“撑花儿”“遮子”。

## 3.7 方言吉利词

与禁忌词相反的是吉利词。我们这里所说的吉利词，主要是指逢年过节、婚丧嫁娶等场合里，临时来代替普通词或利用谐音字，且含有吉祥意义的词语，又叫“口彩词”。

“口彩”多以谐音取“吉”，作为一种美好的追求和诚挚祝愿的寄寓载体。春节期间，家家户户都要备有一道必不可少的菜，即鱼。“鱼”“余”谐音，人们祈愿吉祥有余，岁岁有余，因而辞旧迎新之际，“鱼”(余) 尤珍贵。

有些地区的风俗，宴客时不能吃鱼头、鱼尾，只可吃鱼段，既是有“余”(鱼) 的象征，也表示总是有头有尾，有好的开头，也有好的结尾。有的地方宴客只许吃一面鱼肉，不可以翻过鱼身吃另一面，否则将无“余”(鱼) 了。有的地方取“芋头”的“芋”与“遇”谐音，在年三十夜煮芋头汤吃，祈望“遇”(芋) 到好人；亲人远行，以芋头汤饯行，也是意在遇到好人、遇到所要找的人，一切顺心如愿。至今各地仍常可见到春节倒贴“福”字的习俗，因为

“到”与“倒”谐音，见者问主人：“你家福倒（到）了”，正合其意，故意发问成为客人对主人的尊重、祝福。

### 3.7.1 吉利词的内容

从内容上来看，民间吉利词主要有表示喜庆、财富、长寿、后嗣等内容。

一、表示喜庆

结婚物件都冠以喜字。新房内外贴红双“喜”字，剪成“囍”，寓“双喜临门”；窗花剪喜鹊登梅枝图案，寓“喜上眉梢”；与新婚有关的物事名称前都冠以“喜”字，如喜酒、喜烟、喜糖、喜花生、喜饼干、喜钱、讨喜、办喜事等。

方言用“喜”冠以生育词语，如求子叫“拴喜”，怀孕叫“有喜”“害喜”，生孩子叫“添喜”，生男孩为“大喜”、生女孩为“小喜”，并到娘家“报喜”，备“喜蛋”。

春节写春联，“福”字写得特别大，有的倒过来贴，取“福到了”的意思。把四只蝙蝠和一“福”字组合为“五福临门”“五福庆寿”。

“花生”一词在民间有两种象征意义。一是新婚或者生小孩子时，亲戚或邻里会送来包括花生在内的礼品。这是祝愿新婚夫妇或者妇女生的孩子既有男孩，又有女孩（民间叫“插花生”，即男孩女孩交叉生）。二是民间有把“花生”奉为圣果的，认为老人经常吃它可长生长寿，病人吃它有利于健康。所以，亲友之间赠送花生具有吉祥、祝愿的意义。

在皖中、皖西一带，每逢春节及喜庆日子，走访亲友，必不可少的礼品是方片糕，亲友也要以方片糕回赠。“高（糕）来高（糕）去”，高是向上之意，乃吉祥的象征。

二、表示财富

中国香港在开张、乔迁时往往请财神爷，或摆一缸鲤鱼，表示“进利”；定价还价时以“8”为口彩。中国台湾，“鸡”“家”同音，所以过年吃鸡为“起家”；萝卜叫“菜头”，跟彩头谐音，所以过年还吃萝卜。在山东济宁，买卖人喜欢吃生菜，因为跟“生财”谐音。在一些“财”“柴”同音的地区，正月初二要往家里“进柴”，意思是把“财富”引进家来。在广东，这种讲究就比较多，比如猪肝改叫猪润（广州靠水运发达，所以“干”字不吉利，“润”

就有水有利)，草莓叫士多啤梨（“莓”与“霉”谐音，“霉”字不吉利，所以改成英文 Strawberry 的音译)，猪舌（折）叫猪脷（利)，丝（输）瓜叫胜瓜。

三、表示长寿

庆寿场合，民间多冠以“寿”字，如吃的面叫“寿面”，喝的酒叫“寿酒”，送的桃子叫“寿桃”，送的礼物叫“寿礼”。在北方，婚礼夜灯、新年夜灯叫“长命灯”，小孩要挂“长命锁”，花生又叫“长生果”。

四、表示后嗣

与后嗣相关的有在“枣”和“早”同音的地区，“枣子”被赋予早生贵子的含义。石榴因为多子，所以常常被栽种在院子里。结婚时在许多用品下垫上红筷子，取“快生”的含义。北方婚礼还有吃半生不熟的水饺的习俗，叫“子孙饽饽”，新人吃后还需就提问“生不生”回答说“生”。这也是一种谐音吉利。

在皖中、皖南等地，客人来家，家中往往以糖黄蛋或荷包蛋招待，或以鸡蛋相赠，鸡蛋又叫鸡子，含有预祝对方“多子多孙”之意。一面劝对方吃蛋，一面说：“吃下去，生一个胖小子”！招待客人吃蛋，通常是两至三个，主人出于“多子多孙”的愿望，总是要客人吃完，吃少了不行。

### 3.7.2 吉利词的使用场合

从使用场合来看，吉利词一般用于逢年过节、娶妻生子、迎春纳福等场合，各行各业也有各自的吉利词。

一、节日

立春时，北方有迎春牛、打春牛、鞭春牛的习俗，并以抢得牛头者为吉祥；又有咬春、尝春习俗，还用彩色碎布条缝春鸡钉在孩子左边衣袖上，以“鸡”谐“吉”，或再串上几粒黄豆，表示“鸡啄豆”，隐喻孩子不再生天花、麻疹之类的病。

春节北方燃放鞭炮，取“响亮响亮，人财两旺”；煮饺子有意弄破几个，叫“挣了”；胶东一带初一早晨把蒸好的面蟠龙（叫“盛虫”）丢进粮囤、面缸里，取“剩余”的意思。祭天时上“枣山”和“钱龙”，取生意兴隆，早早发家。送给新媳妇的压岁钱要取双数，表示“成双成对”。北方过年一般少不了栗子鸡、鱼、年糕、团子，取大吉大利，年年有余，步步登高，全家团圆。包饺子放硬币四、六、八、十个，叫四季发财、六六大顺、四平八稳、大发财。

在晋北地区，除夕不吃鸡，这与晋南大吉大利的“鸡”文化不同，晋北有一种旧俗，除夕之夜不吃“鸡”。因为“鸡”与“饥饿”的“饥”同音，在大年夜不想提到这个不吉利的字。

山西人过年的时候饺子不能说破，如果有的煮破了，不要说“破”，而要说一个在山西方言里有“开”意思的词语“挣”，而且“挣”谐挣钱的“挣”，这样说很吉利。山西有的地方有院子里不能栽柿子树的习俗，因为“柿”谐音“死”，当地人认为，在家里的院子里种了柿子树，家里会不吉祥。

江浙一带合家吃年夜饭，在上菜前，往往先吃一盘年糕，谐“年年高”的愿望。年夜饭中的“全鱼”这道菜要留到年初一再吃，以此象征“年年有余”。实际上吴语中的“鱼”和“余”不同音，所以这种习俗可能是外来的。闽南则无此风俗，因为厦门话“鱼”“余”有别，所以年夜饭中的鱼尽管吃。

二、人生重要场合

人生重要场合也讲究口彩。婚礼要撒帐，有红枣，谐早生；有栗子，谐立子、利子。撒帐的时候吟唱：“一把栗子一把枣，小的跟着大的跑，明年生个大胖小。”有的地方，婚礼要有桂圆、花生、香烟、石榴。桂园谐尊贵，早生贵子；花生，取男女插花生，有儿有女；香烟，表示香火绵绵不断；石榴，取多子。云南撒松子、瓜子、莲子、白果子、枣子为“五子”，叫五子登科。新娘须吃糕、半生鸡蛋、喝交杯酒，取婚后生活蒸蒸日上、早生贵子、合成连理的意思。

撒帐唱的歌不同地区，略有区别。比如河南固始，撒帐时唱：“一把果子撒上天，看见仙女下凡间，我问仙女哪里来？某家夫妻大团圆。”洛阳地区则唱成：“一把麸，一把圆，大孩引着小孩玩，一盘核桃一盘枣，大孩引着小孩跑。”开封又是另一种唱法：“一撒一品当朝，二撒双眼花翎，三撒三元及第，四撒事事如意，五撒五子登科，六撒六子团圆，七撒七子八婿，八撒八宝双全。”

三、行业吉利词

各行各业也有其不同的吉利词。如渔民称鲸鱼为“老赵”“赵公元帅”“财神”“老福神”“老人家”“赶渔郎”。山东长岛就流行这样的《赶鱼郎歌》：“赶鱼郎，黑又光，帮助我们找鱼场；赶鱼郎，四面窜，当央撒网鱼满船。”

方言与民俗的关系密切，中国方言众多，在日常生活中，需要懂得一些基本的方言与民俗的知识，这样能够让我们避免很多误会和麻烦。

## 【结语】

我们说语言承载着文化，不同地区的方言，承载着该区域特定的风俗习惯、人情风貌。本章试图引导读者在使用家乡方言的过程中体悟这些方言词语所蕴含的文化脉动，感受其中的独特魅力。

## 【思考题】

1. 举例说说您在日常生活中观察到的同名异物和同物异名的现象。
2. 南北方在亲属称谓上有什么明显的差异？
3. 什么是方言俏皮话？举例说说方言俏皮话的特点。
4. 举例说说方言中的禁忌词和吉利词。
5. 方言词中往往蕴含风俗，请以您的家乡话为例举例说明。

## 【方言释词·湘语】

【霸蛮】长沙话。指不顾客观规律或实际情况去硬干：他喜欢～｜～的事情我不搞｜咯重的担子他～要挑｜伢咧，你莫～啰，小心捩哒腰（扭伤了腰）｜咯样～要不得咧　2. 勉强：我是～坐的咯里的｜他～喫咖哒一碗　3. 蛮横不讲理：那个人～要插队｜你要～是啵？那我不得怕你咧○“霸蛮”一词在语句中的位置十分灵活，此外，还可拆开来用：霸不得蛮的｜霸点咖子蛮要得｜耐要耐点烦，霸要霸点蛮。

【妹陀】湖南口语中对“女孩子”的普通称呼。

【满】长沙话。1. 排行最末的：～爹｜～叔｜～哥｜～崽｜～妹子　2. 最小的（手指或脚趾）：～指姆｜～脚趾脑○本字为“晚”。广韵阮韵无远切：“晚暮也。”长沙话此处“晚”读“满”系古音保留（“满哥”是湖南口语中对“男青年”的大众称呼，与“妹陀”对应）。

【策】娄底话。抽打：拿把楠梢枝子（竹枝）来～他一餐（顿）啰 | ～介他一双耳巴子（耳光）（现在“策”则常用来形容一个人口才好，十分会说话，如：越策越开心）。

【堂客】湖南大部分地区使用该词，指妻子，也叫“婆娘”“老婆”“屋里个”。

## 【湘方言标本试听】

## 【湘方言趣事】

1. 长沙老娭毑

一个老娭毑在五一路边上炒葵花子，边炒边卖。一天，就在她的摊子边上有人在吵架，围哒好多人看，有个莽哥路过，看不到，就问咯杂老娭毑：“娭毑哎，咯边是么子事啰？”老娭毑：“长沙市咧！”那杂莽哥马上讲：“不是的咧，我是问咯边是么子路咧。”老娭毑：“五一路吵！”莽哥急噶哒：“你喃搞错哒，我是问咯里在吵么子咧！”老娭毑：“炒葵花子咧。”（长沙方言）

2. 往“肚”里走

公汽公司要求售票员讲普通话。于是有天我坐公共汽车，刚一上车，就听到售票员用塑料普通话在喊“请大家往肚里走，往肚里走点子吵，肚里唠叽垮松的喃”，引起一片笑声。（长沙方言）

3. 老蛤蟆

蛤蜊油的堂客在厨房里忙碌，准备清蒸排骨，小蛤蜊油在聚精会神地拼他的四驱车。蛤蜊油边看报纸边关照夫人：“堂客哎，放点子‘老干妈’放哒排骨上啰，上次娘老子搞哒蛮好呷的”。“么家伙？”小蛤蜊油一下子蹿出来：“老蛤蟆（GaMa）？老师讲蛤蟆是益虫呢！”蛤蜊油笑倒。（长沙方言）

4. “留起留起”

丈母娘最疼的三女婿是个大舌头，讲话不变。丈母娘经常搞点好东西留哒给三女婿呷，大女婿和二女婿看哒心里好不舒服，总想找个机会害他一下。一天，丈母娘炖了一砂锅子牛肉藏在灶脚弯里留给三女婿呷，被大女婿和二女婿晓得哒，两个人偷偷地把牛肉都呷嘎哒，又偷偷地放一些干牛屎在砂锅里。

三女婿来哒后，丈母娘把他喊得边头，把砂锅端出来给他呷牛肉。三女婿夹起一块，放得口里一呷，就喊："LiuQi（牛屎）！"丈母娘说："哎，留起呀？莫留起啰，呷嘎呷嘎！""LiuQi LiuQi 呢！""莫留起啰，呷嘎呷嘎！把它哈呷圆啰！"（长沙方言）

## 【延伸阅读】

1. 曹志耘等主编：《中国方言民俗图典系列丛书》（第 1 辑），语文出版社 2014 年版。

2. 黄尚军：《四川方言与民俗》，四川人民出版社 1996 年版。

3. 苏小莎：《说与唱的共同魅力：论民歌与方言》，贵州民族出版社 2007 年版。

4. 徐嘉瑞：《金元戏曲方言考》，商务印书馆 1956 年版。

5. 张廷兴等编著：《中华民俗一本全》，广西人民出版社 2013 年版。

## 【论坛撷英】

1. 学旅游出身的自己曾经想过是否可以根据现今的智慧旅游发展现状对方言进行再关注。智慧旅游采用智能工具实现一定的对导游员的替代工作，适应了当代青年的需求，也丰富了旅游。而其中最重要的是导游词讲解，更是减轻了导游员的负担，也方便了旅游者。既然能以普通话作为普遍沟通的交流工具，那以特色方言融合特色景点是不是会更加增色不少，也为方言的传承提供了一条道路。但是作为客家的方言，有十里不同音的情况，难以统一的进行这项工作，想请问老师这个问题是否可以解决？

■ 我的建议是，大部分讲解词用普通话，但是里头加入客家方言的因素，比如插入客家童谣，插入客家山歌等，让人在感受客家风土人情的同时，也能感受客家语音传递出来的历史浓情。

2. 为什么一些诗句用普通话读并不押韵用方言读才可以?

如题,高中的时候语文老师让我们判断平仄押韵的时候用方言读,好多用普通话读来不工整的诗句立刻就工整了。

■ 语音是在发展演变的,上古时期的诗句用上古音读、分析就是押韵的,中古时期的诗句用中古音读也是押韵的,普通话发展比较迅速,很多古音都没有留存,然而许多方言区却保留了很多古音,像粤语基本保留了中古音,因此魏晋、唐时的诗句用粤语读来大多押韵。

3. 为什么方言演变过程中北方变成官话,而在南方则变成了几大方言……在北方虽然也分各个地区的不同方言,但总体差别不是很大。但南方各大方言区感觉像说完全不同的语言。方言数量和内容的南北差异受什么影响吗?

■ 方言的差异与历史和地域差异有关:历史上唐朝以前中国的主要人口分布在黄河流域,农业经济在那里非常发达,政治经济往来频繁,人口流动活跃,加上军事活动频繁,所以北方方言之间的差异不是多突出;而相对于南方,人口稀少,多山,交通闭塞,交流不畅,基本处于封锁状态,相同地区的话语差异大的可能性增加了。唐朝"安史之乱"后经历了大的人口迁徙,北方中原地区的人为了躲避战乱,纷纷迁徙至南方长江和珠江流域,这些人在南方定居,北方方言夹杂南方当地词语,派生出另一种语言——他们既有北方个别词的音,又和南方方言类似,从这方面来说是加剧了南方方言的多样性。另外从地理上看,北方多平原,交流起来方便频繁,长期的交流使他们的方言近乎相同,而南方因多山,信息交流不方便,晋陶渊明的《桃花源记》中就可看出交流少了,相互之间的了解和影响也就小了,长时间的演变就显露出方言的差异了。但是南方方言众多,差异大仍然有许多其他原因。

4. 有关"癌"字真的是日本人发明的吗?阮老师您好!我是肿瘤专业的学生,以前学习中国治癌史时提到,有关"癌"这个字,最早见于宋代的《卫济宝书》,在中国知网(CNKI)上也可查到相应文献,是中国本有的文字。因此十分好奇,您是通过哪些资料查证"癌"字来源于日语?请您帮忙解答,谢谢!

■ 正可谓术业有专攻,肿瘤专业的同学问我这个问题,还真把我难倒了。小篆有这个字。《正字通》同"喦"。但是作为"发生于上皮组织的恶性肿瘤"

这个现代意思来解的话，应该是后起的用法，它是从日本传过来。因为诸如文化、支部、革命这样的词语，虽然字都是汉字，但是作为现代意义上的用法，却是从日本再传回来的。

## 【课堂讨论】

第三次讨论话题——说出家乡方言中以下词的说法：青蛙、蛤蟆、蚂蚁、蜻蜓、蚊子（见表 3-1）。

表 3-1　青蛙、蛤蟆、蚂蚁、蜻蜓、蚊子各地方言说法汇总表

| 地区 | 词语 | | | | |
|---|---|---|---|---|---|
| | 青蛙 | 蛤蟆 | 蚂蚁 | 蜻蜓 | 蚊子 |
| 黑龙江饶河 | 青蛙 | 蛤蟆 | 蚂蚁 | 蜻蜓 | 蚊子 |
| 辽宁沈阳 | 绿蛤蟆 | 癞蛤蟆 | 麻易[①] | 妈愣 | 蚊子 |
| 天津北辰区 | 蛤蟆 | 癞蛤蟆 | 蚂蚁 | 嘛另 / 老贺 | 蚊子 |
| 河北沧州 | 蛤蟆 | 蛤蟆 | mi ying | ma leng | 蚊子 |
| 河北定兴 | 蛤么 | 蛤么 | 别辅[②] | 马楞 | 蚊子 |
| 河北饶阳 | hē maor | hē maor | 米蛘 | mā lēng ga | wēn 子 |
| 河南信阳淮滨 | 青蛙 | 烂黑包子 | 蚂蚁 | 轻轻 | 蚊子 |
| 河南郑州 | 青蛙 | 烂肚子蛤蟆 | 蚂蚁 | 虰虰 | 蚊子 |
| 河南许昌 | qíng wā | hà ma | mà yi | qíng tìng | wèn zi |
| 河南鲁山 | 水鸡儿 / 蛤蟆 | 癞犊子蛤蟆 | 蚂蚁 | 虰虰 | 蚊子 |
| 山西晋城阳城八家口 | 么 jiōng 哇 | gē 麻 | 蚂蚁 | 蜻蜓 | wáng wáng |
| 山西子长 | 喝蚂 | 赖喝蚂 | 蚂 zi er | qǐng tíng | 猛子 |
| 山西忻州五台 | 蛤蟆（hē mā） | 疥蛤蟆（jiè hē mā） | 蚂蚍蜉（má pi fu） | 蜻蜻（qíng qīng） | 蚊了（wěng le） |

① 同音字写法，就是“蚂蚁”。

② “别辅”疑为“蚍蜉”。

续表

| 地区 | 词语 | | | | |
|---|---|---|---|---|---|
| | 青蛙 | 蛤蟆 | 蚂蚁 | 蜻蜓 | 蚊子 |
| 山西忻州繁峙话 | 青蛙<br>qieng wa | 疥蛤蟆<br>hea ma | 马边峰 | 蜻蜓 | 纳虻 |
| 山西朔州 | 青蛙 | 溅蛤蟆 | 马边玟 | 蜻蜓 | 蚊子 |
| 山东济南 | 蛤蟆 | 蛤蟆 | 蚂蚁、蚁蛘 | 蜻蜓 | 蚊（子） |
| 山东德州陵城 | 蛤蟆 | 癞蛤蟆 | 米样 | 花花蜓 | 蚊子 |
| 山东枣庄 | wai zi | lai ke du | ma yi | guang guang ting | wen zi |
| 山东济宁 | wai ba zi | jie ge du | 蚂蚁 | lao hu ting | 蚊子 |
| 陕西关中 | qǐng wǎ | há mà | mǎ yì | qǐng tíng | wén zì |
| 陕西府谷 | 蛤蟆 | jian ge pao | 蚂蚁儿 | 蜻蜓 | 蚊子 |
| 陕西咸阳彬县 | 界沟蛙 | 癞蛤蟆 | pi feng ma | 蜻蜓 | 蚊子 |
| 陕西榆林 | 青蛙 | 禾麻 | 蚂英儿 | 棒儿垂 | 虻子 |
| 陕西西安 | 蛤蚂 | 蹶八头 | 皮骂冯 | qìng 蜓 | wěn 子 |
| 甘肃陇西 | hé mā | lāi guā zi | mà ma pí fèng | 蜻蜓 | 蚊子 |
| 四川成都 | 叫鸡子 | 癞壳包 | 虫虫蚂蚁儿 | 丁丁猫 | 毒蚊子 /<br>花蚊子 /<br>么么蚊子 |
| 四川江油 | 青蛙 | 癞壳包 | 蚂蚁子 | yang ting ting | 猫蚊子 |
| 湖北荆州 | 壳吗 | 赖壳吗 | 蚂蚁 | 虰虰 | 蚊子 |
| 湖北武汉 | 青蛙 | kéi 蟆 | 蚂连子 | 蜻蜓 | 蚊子 |
| 湖南湘潭 | 蟆蝈<br>（魔寡） | 癞蛤蟆<br>（蛤蟆） | 蚂蚁子<br>（莫拟子） | 羊咩咩<br>（niong 蜜蜜） | 蚊子<br>（min 子） |
| 湖南长沙 | 青蛙 | 嘎吗 | 蚂蚁 | 洋咩咩 | 们子 |

续表

| 地区 | 词语 | | | | |
|---|---|---|---|---|---|
| | 青蛙 | 蛤蟆 | 蚂蚁 | 蜻蜓 | 蚊子 |
| 湖南攸县 | ge ma | ha ma | mi jun | pang ji | mei zi |
| 湖南桃源 | 绿壳蟆 | 壳蟆 | ma mi de | 虰虰 | ven de |
| 湖南邵阳 | 青拐嘛 | 蛤蟆 | 蚂䗥子 | 棠子 | 蒙子 |
| 江西赣州（客家话） | hai mà | hai ma | ma ni | non ni | meng zi |
| 江西抚州 | 青蛙 | 蛤蟆 | 蚂蚁 | 糠精 | 蚊子 |
| 江西宜春 | 青蛙 / 蛤蟆 | 蛤蟆 | 蚂蚁子 | bang gan | 蠓虫 |
| 安徽阜阳 | 青蛙 | 赖蟆猴子 | 蚂蚁 | 蜻蜓 | 花蚊子 |
| 安徽宿州 | 青蛙 | 花喝吗 | 麻蚁 | 花不挺 | 猛子 |
| 安徽宿州 | 蛤蟆 | 癞蛤蟆 | 蚂蚁 | lao guan 蜻蜓 | 蚊子 |
| 上海 | 田鸡 | 癞蛤巴 | 蚂蚁 | 蜻蜓 | 蠓子 |
| 江苏常州武进 | 青喔 | 拉伯高 | 抹以 | 蜻蜓 | 门子 |
| 江苏常州 | qing wu | ha ma | mu yi | qing ding | men ze |
| 江苏苏州 | qing wu | la tu'n | mu ni | qing ding | men zi |
| 江苏海门 | 田鸡 | 刺狗包 | 模拟 | 清廷 | 门子 |
| 江苏南通 | 田鸡 | 癞疤（là bo） | 蚂米 | xing lao er | 蚊子 |
| 浙江温州瑞安 | cen o | 蛤蟆 | fù má | cén dán | mén jiòng |
| 浙江丽水松阳 | wo mo | wo mo | ŋ a ŋ a | fou ŋao | meiŋ jiuŋ |
| 浙江义乌 | 田鸡 | ge meng | hu an | 青停 | men chong |
| 浙江丽水缙云 | 田鸡 | 蛤蟆 | ō nào | cān dān | mě zòng |
| 广东珠海（粤语） | 田鸡 | 夹拐 | 蚁 | 蜻蜓 | 蚊 |
| 广东潮州 | 水鸡 | 蛤婆 | 蚼 hia | 沙蜢 / 红阿姨 | 蠓仔 / 蝱 |
| 广东揭阳惠来 | 水鸡 | 鸽 bo | 狗 hia | 沙咩 | mong |
| 广东汕头 | zui2 goi1 | gab4 bo5 | hia6 | cen1 teng5 | mang2 |

续表

| 地区 | 词语 | | | | |
|---|---|---|---|---|---|
| | 青蛙 | 蛤蟆 | 蚂蚁 | 蜻蜓 | 蚊子 |
| 广东潮州客家话 | guai3 zi3 | sham1 shu1 po2 | 选嘞 | 有点像哎的音 | men1 |
| 广东信宜 | gwok3 naa5 | kam4 kam4 | maa5 ngai5 | tong4 lei2 | man4 zi2 |
| 广西玉林 | 鸽咩 | 乡 蝌 | 蚊子 | 鹏弼 | 蚊子 |
| 贵州遵义 | kei 嘛 | 赖 kei 宝 | 马叶子 | 点点猫 | 蚊子 |
| 福建泰宁 | niu wa | hā mā | ma yi | nang mi | 闷子 |
| 福建福州 | 安呸 | 呛啊 | 马也 | ma wu | 轰磨 |
| 壮话 | ou | ou ao | men | 蜻蜓 | min |

鉴于本次讨论是词语对照的形式，我们在这里做了一个表格，将有代表性的学生反馈列出。需要注意的是，学生所写的汉字五花八门，很多并非本字，也有不少错字，我们都原封不动地列出来，希望对读者有所启发。

# 第四章 方言与移民

- **三次大规模“北民南迁”的浪潮**
  - 永嘉南渡及其余波
  - 安史之乱后北民南迁
  - 靖康之乱后北民南迁
- **移民对方言演变的影响**
  - 移民方言“不变”
  - 移民方言“半变”
  - 移民方言“全变”
- **移民对方言地理分布的影响**
  - 大面积片状方言分布
  - 较大面积多区片方言分布
  - 较小面积单点状方言分布

# 第四章

# 方言与移民

古代中国，每个家族都会有祠堂和族谱，祠堂中供奉历代祖先，族谱中记载家族的历史、祖训和族人的名姓。我们常听到台湾、海南、福建、广东的人谈起祖先，很多都是山东或湖北、天津、东北人。他们也有回内陆修族谱的风俗。

祖籍是我们祖先长期生活的地方，后来因为各种原因，祖先们移民到其他地方生活，于是就有了移民。修族谱、考祖籍其实也是移民寻根的一种方式。移民来到新地，带来了原住地的文化与语言，对当地人和移民本身都有很大的影响。

试想，如果山东人移居广东，一方面要跟广东的当地人能够交流，一方面又要跟本族人交流，在双向交际的过程中，需要考虑哪些问题，又会造成什么样的变化或影响呢？

移民一方面造成文化的传播，另一方面又使不同地域的文化发生交流，交流产生融合，从而产生新的文化，推动文化向前发展。所以移民史在文化史上应占有重要的地位。

人口的迁徙在促使文化发展的同时，也使语言发生很大的变化。方言是语言逐渐分化的结果，而语言的分化往往是从移民开始的。北方汉语随着长达千年的移民运动一波一波地向南扩散，深刻地影响了南方汉语方言的形成和发展，最终奠定了南方六大方言与北方方言并存的汉语方言地理的格局。本章我们先回顾一下中国历史上三次大规模的“北民南迁”的史实，然后再看看这些移民对汉语方言的演变和分布造成的影响。

## 4.1 三次大规模“北民南迁”的浪潮

中国历史上有过三次大规模的北民南迁的浪潮：西晋永嘉之乱、唐中安史之乱及唐末农民大起义、靖康之乱北宋南迁。这三次大规模的移民运动，直接影响了南方的政治、经济与文化，影响了中国汉语方言地理分布的格局。

### 4.1.1 永嘉南渡及其余波

西晋永嘉年间，八王之乱、五胡乱华，导致整个北方战乱四起，民不聊生。在北方大族的带领下，中国历史上开始出现第一次大规模的北民南迁浪潮。

一、南迁批次

细数起来，此次南迁共有四次迁徙的高潮：

1. 永嘉初年

永嘉初年，匈奴公开反晋，今河北、山东、河南、山西等地成为主要战场，上述地区以及江苏、安徽淮北地区的地主、贵族、官僚和农民为避战火相继渡过淮河。311 年，汉军攻陷洛阳，引发了第一次难民潮。西晋灭亡后，东晋在建康立国，对北方士人南下产生了强大的吸引力。王导、谢安等北方大姓巨族均在东晋建国后渡江南下。

2. 东晋立国江南

东晋立国江南后，曾先后派桓温、祖逖率军北伐，收复了黄河以南地区，但是最后又退回到江南，但是晋军的军事行动对北方百姓的南渡提供了方便，不管是强制迁徙还是自愿迁徙，这一阶段的南迁移民不在少数。

3. 4 世纪中期

4 世纪中期，前赵、后赵、前秦等少数民族政权逐鹿中原，关中受破坏尤其严重，来自关中地区和今甘肃境内的秦、雍流民大多从樊、沔迁出，晋孝武帝在襄阳侨立雍州，并立侨郡县，部分移民进入四川盆地。

4. 南朝宋文帝元嘉年间

一度由宋武帝收复的中原地区重新失陷，淮北各州被北魏占领，大量中原流民再次渡过淮河南迁。在关中，氐人的战乱迫使关陇人民再度南迁汉水流域和四川北部地区。

二、移民来源

永嘉南渡的移民迁徙路线主要集中在东、中、西三路。

迁徙路线东路的移民来自山东和苏北的移民循邗沟和淮河流域东南向的支流，向东南迁入处于邗沟南端的今江苏扬州及长江南岸的镇江、常州一带。长江两岸集中了大量来自北方的流民，东晋建立的第一个侨县——怀德县，就在建康附近，目的是安置从琅琊南迁的近千户北方移民。河南的移民也大多向东南迁入安徽。

迁徙路线中路的移民部分来自关中地区和洛阳一带的居民沿汉水南下，进入今陕西汉中和湖北襄樊一带。

迁徙路线西路的移民主要是关中移民沿陆路从金牛道（南栈道）进入四川。

总的来说，这次移民主要来自今山东、河南、河北、山西、陕西、甘肃以及安徽、江苏二省的淮北地区，其中尤以山东和河南输出人口最多。为了弄清楚移民到南方后的具体分布情况，我们来看看东晋南朝侨郡的具体情况。

三、侨郡分布

大量的北方移民迁到南方后，为了方便管理，设立了大量的侨郡以便更好地管理和组织移民或就地落户生根，或进一步南迁他地。这些侨郡分布在现今江苏、安徽等 11 个省份（见表 4–1）。

表 4–1 东晋南朝侨州郡分布表[①]

| 地区 | 安徽 | 江苏 | 江西 | 湖北 | 湖南 | 河南 | 四川 | 陕西 | 山东 | 山西 | 甘肃 | 合计 |
|---|---|---|---|---|---|---|---|---|---|---|---|---|
| 侨郡州数 | 70 | 93 | 3 | 56 | 4 | 18 | 32 | 28 | 21 | 1 | 2 | 328 |

四、移民特点

从上表可以看出，接受移民最多的是今江苏省，主要分布在长江以南地区今南京、镇江、常州以及江北的扬州、淮阴一带。由于地缘关系，江苏移民 50% 来自山东、河南和安徽。陕西、山西、河北的移民也不少，这主要得益

① 详见葛剑雄：《中国移民史　第二卷》，福建人民出版社 1997 年版，第 391—398 页。

于东晋南朝立国建康所形成的巨大吸引力。

今安徽省接受移民数量居第二位，移民主要来自河南，河北、山东、山西以及淮北地区的移民也占了相当的比例。安徽的侨郡主要分布在长江以北、淮河以南的江淮之间，今芜湖附近也有少量北方移民。

移民在今湖北则主要分布在以襄阳为中心的汉水流域，即郧西、竹溪、钟祥等地区，移民大多数来自陕西、甘肃、河南、河北和山西。

江陵一带也接受了部分来自山西、陕西和甘肃的移民。成都东北以及川陕交通线附近地区也吸收了大量来自陕西、甘肃的移民，即所谓的秦、雍移民。

总体上来看，这次移民的分布大致以四川盆地中部、湖南北部、江西北部和浙江中部为限，此线以南地区只有少量分散的移民，此线以北却集中了大量移民。由于迁移路线的差别，移民在南方的分布也形成了两个明显的集中区，这就是长江下游、淮河流域为中心的东区和长江上游、汉水流域为中心的西区。东区的移民主要来自黄河中下游地区，西区的移民主要来自关中地区。

### 4.1.2 安史之乱后北民南迁

安史之乱、藩镇割据、唐末农民大起义造成中国历史上第二股移民大潮（见表 4–2）。受当时形势的影响，南迁移民主要来自黄河中下游和关中地区。

表 4–2 唐代后期至五代时期各阶段北方移民分布表[①]（单位：万人）

| | | 安史之乱时期 | 藩镇割据时期 | 唐末 | 五代 | 合计 |
|---|---|---|---|---|---|---|
| 江南 | 数量 | 47 | 11 | 46 | 34 | 138 |
| | 百分比 | 35 | 17 | 11 | 21 | 18 |
| 四川 | 数量 | 18 | 12 | 141 | 60 | 231 |
| | 百分比 | 14 | 18 | 35 | 38 | 30 |
| 淮南 | 数量 | 16 | 7 | 35 | 11 | 69 |
| | 百分比 | 12 | 11 | 9 | 7 | 9 |
| 江西 | 数量 | 25 | 8 | 23 | 12 | 68 |
| | 百分比 | 19 | 12 | 6 | 8 | 9 |

① 葛剑雄：《中国移民史　第三卷》，福建人民出版社 1997 年版，第 266 页。

续表

| | | 安史之乱时期 | 藩镇割据时期 | 唐末 | 五代 | 合计 |
|---|---|---|---|---|---|---|
| 福建 | 数量 | 2 | 11 | 92 | 22 | 127 |
| | 百分比 | 1 | 17 | 23 | 14 | 17 |
| 荆襄 | 数量 | 10 | 8 | 13 | 7 | 38 |
| | 百分比 | 8 | 12 | 3 | 4 | 5 |
| 湖南 | 数量 | 12 | 5 | 30 | 8 | 55 |
| | 百分比 | 9 | 8 | 7 | 5 | 7 |
| 岭南 | 数量 | 3 | 3 | 21 | 5 | 32 |
| | 百分比 | 2 | 5 | 5 | 3 | 4 |
| 合计 | 数量 | 133 | 65 | 401 | 159 | 758 |
| | 百分比 | 100 | 100 | 100 | 100 | 100 |

今河北、山东和河南北部地区是安史之乱和藩镇割据的主要战场，受战祸影响最深，南迁人口也最多。关中地区为唐朝政治中心所在，安史之乱、吐蕃东侵以及唐末农民大起义都把这一地区作为首要目标，战祸惨烈，外迁人口也很多，是仅次于华北平原的南迁人口的重要来源地。

此外，今甘肃、陕西西部地区也有部分汉人在吐蕃东侵的推动下进入四川和鄂西。

与第一次移民大潮相比，这一次人口入居区几乎覆盖了南方的全部。江南、四川、江西、福建是接受移民最多的地区，两湖地区也接受了相当数量的北方移民，淮南和荆襄地区作为南北交界地带，成为北方移民南迁的过渡地带，吸引的移民也很多。岭南地区首次接受了大批来自北方的战争难民。就迁徙的时间而言，由于唐末战争持续时间长、规模大，造成移民也多，相对而言，安史之乱和藩镇割据期间的战争由于持续时间较短，移民规模相对较小。具体来看：

1. 江南

江南包括今苏南、皖南和浙江地区，唐天宝年间属江南东道，当时泛称江南或江东、江外①。这一地区开发最早，又有大量早期移民迁入，所以

① 江东主要指以下区域：A. 长江在芜湖、南京间作西南南、东北北流向，隋唐以前，是南北往来主要渡口所在，习惯上称自此以下的长江南岸地区为江东。B. 三国时孙权建都于建康，故又称孙吴统治下的全部地区为江东。

成为北方移民南迁的首选之地。除了以南京为中心的沿江地区是移民的分布中心外，长江以南的皖南、钱塘江以南的越州地区也接受了大量的北方移民。

（1）润州—苏州区。润州（治今江苏镇江）位于大运河和长江汇合处，北方移民南下多沿运河而进，聚集此地，故该州接受移民最多。苏州是另一个移民聚集区，天宝时期苏州有 76000 户左右，其中移民占 2—3 万户，人口多达数十万。

（2）宣州—歙州区。长江以南的皖南地区是这一时期接受移民较多的地区。宣州（今安徽宣州）有水道通长江，北方移民渡江后即首先到达这里，所以安史之乱期间该地区人口暴涨。位于皖南山区的歙州（今安徽歙县）也接受了大批北方移民。

（3）越州。唐代越州今浙江绍兴，是钱塘江以南接受北方移民最多的地区。

2. 江西

今江西全省唐代天宝年间属江南西道。该区在唐后期也接受了大量北方移民，主要分布在鄱阳湖周围和赣水沿岸。值得一提的是，安史之乱后进入江西的北方移民在唐末发生了再次迁徙。唐末起义军从五岭北上，一路直指长安，一路进逼广陵（今扬州），转战江西北部诸州，原来聚集在此地的北方移民如惊弓之鸟，纷纷南迁，进入赣南、闽赣及粤赣山区。这部分移民逐渐走上了独立发展的道路，成为客家民系的先祖之一。①

3. 福建

今福建在唐天宝年间属江南东道，该区历史上原本为闽越人聚居地，长期以来汉人较少，唐代始有大批汉人移居福建。主要有三次高潮②：

第一次发生在初唐时期。唐高宗总章二年（669），今福建漳州地区“蛮僚”起兵反唐，光州固始（今河南固始）人陈政奉命帅将领 113 名、府兵 3600 名进入闽南平叛。后其母和兄弟又带 58 姓军校前来支援。平叛后，陈氏弟子及其部下皆定居在漳州一带，成为今漳州、潮州地区汉族居民的始祖。

---

① 详见《重纂福建通志》卷一二一，《陈元光传》。

② 吴松弟：《宋代东南沿海丘陵地区的经济开发》，载《历史地理》第 7 辑。

第二次发生在安史之乱后。大批北方移民从浙江金衢盆地翻过武夷山峡口进入闽西北。

第三次在唐末。885 年，为了避开河南军阀秦宗权，光州固始人王潮率兵渡过长江进入江西，然后溯赣江—汀江而上，进入福建汀州、漳州，有众数万。后王氏割据福建，部众皆留福建。唐末农民起义经过福建，北方人口也随之大量而至，农民军转战江西，使原来居住在江西东北部、东部地区的北方移民进一步往南迁徙，大量进入福建。唐末五代时期，福建人口增长居全国之首。这些移民主要从江西东部、浙江西部进入闽西，沿闽江流域而东，再向北、南方扩散，部分还进入浙江南部和广东东部的潮州地区。

4. 湖北

今湖北省在唐天宝年间分属山南东道及淮南道、江南西道。该区离唐两京长安、洛阳都较近，又是安史之乱后江汉漕路所经之地，为北方移民高度集中的地区，其中尤以襄阳、鄂州和荆州接受的移民数量最多。

5. 湖南

湖南接受移民最多的是湘西北地区靠近荆州的澧州（今湖南澧县境内）和朗州（今湖南常德），皆在洞庭湖以西。

6. 四川

安史之乱唐玄宗率文武百官逃入蜀中，平民百姓随之如蜀的也很多。虽然玄宗返回长安后有人随之回迁，但是定居下来的也不少。唐末黄巢起义军攻占长安后，唐僖宗率文武百官、文人士子逃难成都，他们当中相当一部分因中原战乱不愿还乡，或自己还乡而把子孙留在蜀中。中唐、唐末和五代是中原移民向蜀中迁徙的高峰时期。

7. 岭南

由于远离中原战火，又有灵渠水道、大庾岭陆路与湖南、江西相通，由海路则可从福建进入广东及广西南部，所以岭南地区成为这一时期北方移民避难的好去处之一。黄巢起义军转战广州、桂林等地也导致北方人口移居此地。北方移民在岭南分布较广，尤以广东韶州、潮州，越南北部以及广西钦廉地区分布较为集中，其中既有北军南戍，也有难民南迁。唐代戍守岭南的官军多来自北方。戍守广西的士卒多来源于湖北、安徽。安史之乱后，荆湖和徐泗地区汇集了大量北方移民，人口增长很快，成为唐代后期戍卒最主要的来源。因此，移居广西的戍卒实际上也包含了大量北方移民。《元一统志》称邕州“言语类荆襄，衣冠同中州”。

安史之乱后北民南迁的路线与永嘉移民潮的路线差异从东、西、中三个方向体现：

首先，由关中直接进入四川地区的移民数量大增，单独形成一条西线。其次，中路则由关中和华北平原西部进入今南阳、襄阳一带，而后再下江陵、鄂州，穿过湖南北部，进入湘中地区和岭南。最后，在东路，移民沿大运河、汴河、泗水等水路，从华北进入淮南、江南，而后经皖南进入江西。在此，移民又分为两支，一支向东越过武夷山进入福建，一支沿赣水翻过大庾岭进入广东北部。

### 4.1.3 靖康之乱后北民南迁

本次移民始于北宋末年金兵攻宋的战争，到靖康之乱时达到高峰，南宋建立后又持续了相当长的一段时间，到元代初年才告结束，前后长达 100 多年。

一、南迁批次

具体来看可以分为三个阶段：

1. 靖康之乱时期

所谓靖康之乱实际上应该从北宋宣和末年（1125）金军大举进攻宋开始，到南宋绍兴十一年（1141）宋金和议为止，时间长达 17 年。在此期间，金军灭宋的战争和南宋与金之间的战争持续不断，北方地区受到严重的破坏，人们流离失所，纷纷南迁。宋室南渡更带动了以官僚、贵族为主体的中原人口的大迁徙。

2. 宋金对峙时期

此段时期只有局部的人口迁移，而且持续时间不长，远不如靖康之乱时期的规模。主要发生在绍兴三十一年（1161），大量居住在秦岭、淮河一线以北的汉族居民纷纷南下，年底江淮之间的人们再次南下渡过长江。与此同时，迁入荆襄之地的西北归来之人甚众。

3. 南宋蒙元对峙时期

1234 年南宋联合蒙古灭金到蒙古灭宋 1279 年间双方战争十分惨烈，交战的主战场是荆州襄阳、江淮一带，由于蒙古军实行屠城政策，迫使当地居民大量南迁。1236 年，蒙古军攻入江淮，江淮难民自镇江上岸，向东流徙，从常州到苏州、湖州，从苏州、湖州又流徙到杭州、秀州。同年，京西南路各州丧失殆尽，当地居民迁入江陵和鄂州。蒙古灭南宋后，南宋政权从杭州迁徙至温州，从温州迁徙到福州，再到岭南，在此过程中，大量文武百官及其部属也随之进入浙东、福建以及广东地区。

二、移民特点

1. 北方移民迁出地有所变化

西晋末年、唐末时期的移民多来自关中和华北平原，而南宋时期的移民中则包括了大量荆襄地区和江淮地区的人口。

2. 移民迁居地也有所变化

前两次大移民主要分布在长江中下游的平原地区，如江东、湖北、赣北等地，而这次移民已大量迁往丘陵地区如今江西、福建、湖南、两广和海南地区，其中尤其以江西、福建两地接受移民最多。由于大量移民迁入，江西、福建人口迅速增长，人地矛盾开始突出，从宋代开始，江西、福建成为中国南方移民的主要输出地区，江西移民向湖南的迁徙、福建人口向两广及海外地区的迁移构成了元明清时期中国移民史的主要内容。

3. 规模空前绝后

这次南下移民数量之多，分布之广，都是空前绝后的，它对南方地区经济文化的发展产生了巨大的影响，加强了唐后期五代形成的全国人口分布和经济南重北轻的割据。江南、江西、福建等地吸收移民较多的地区发展成为全国经济文化水平较高的地区，人口数量跃居全国前三位，并成为后来人口输出的主要地区。

## 4.2 移民对方言演变的影响

方言演变既指移民方言的种种变异，又指当地方言所受到的种种影响。这些影响与移民本身的特征有着密切的关系。移民数量的多少、迁徙时间的长短、迁徙距离的远近、移民原居地方言与新居地方言的相似度高低等因素，都会影响双方方言的变化（见图 4-1）。历史上移民特征表现出各种复杂的面貌，它们引起方言发展演化出许多不同的形态。

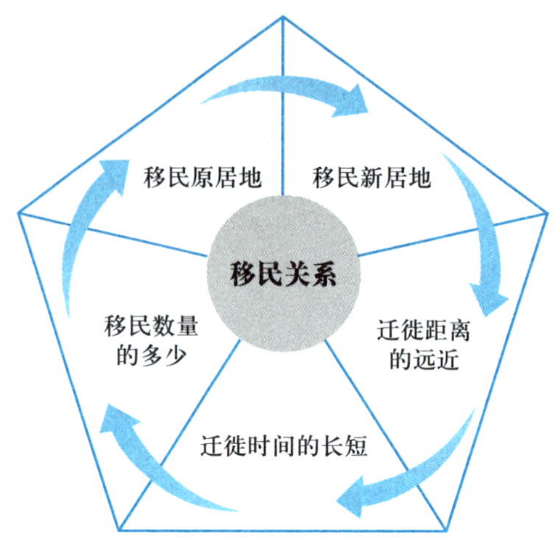


图 4-1 影响移民语言变化的因素示意图

从移民方言的变化来看，主要有三种基本变化类型：第一种是不变[①]，第二种是半变，第三种是全变。第一种是依然我故，第二种是你我参半，第三种则是化为乌有。但是这三种类型并不囊括方言演化的所有形式，还有若干其他类型介乎这三种类型之间。

### 4.2.1 移民方言不变

如果外地来的移民在人数上大大超过当地人数，并且又占有较优越的政治、经济、文化地位，同时迁徙时间集中，那么移民所带来的方言就有可能取代当地的方言。

一、移民语言取代江南宁镇地区原有的吴语

最典型的例子是西晋永嘉丧乱之后，北方移民的方言取代了江南宁镇地区原有的吴方言。西晋前宁镇地区是属于纯粹的吴语区。留传至今的南朝乐府民歌中有一类题名为“吴声歌曲”。“吴声”，是“吴语方音”的意思，吴声歌曲是当时用吴方言传唱的民歌，《吴声歌曲》里就保存了一个典型的吴语词汇“侬”。

① 我们所说的“移民方言不变”并非绝对的不发生变化。任何一种方言，只要跟移民有关，都处在变动之中。这里的意思是指移民语言与当地语言接触后，在融化吸收土著语言的情况下，依然保留自己的方言主体特征。

吴声歌曲起于建业（今南京）一带，东晋以前已经产生，东晋以后有了进一步的发展和流传。《世说新语》曾记载过一个有关“尔汝歌”的故事。当时晋武帝司马炎收服孙吴之后，吴国末代皇帝孙皓投降西晋。晋武帝任孙皓为归命侯。一日，晋武帝与孙皓喝酒，对孙皓说：“我听闻南方人作歌喜欢用尔、汝这样的字，能给作一首吗？”其实“尔、汝”两个字不是很尊敬人的称呼，于是孙皓用南方歌曲的方式乘机举着酒杯劝晋武帝喝酒，作了这首“尔汝歌”：“昔与汝为邻，今与汝为臣，上汝一杯酒，令汝万寿春。”。到了傍晚，晋武帝便觉得自己不应该让孙皓作这个诗。晋武帝司马炎以一个战胜者的国君身份，让一个亡国之君、阶下囚孙皓来作《尔汝歌》，无非是想以此来加以戏弄。没想到才思敏捷、不甘受辱的孙皓，出口成章，一连用了四个“汝”字来加以回敬，真所谓“圣人非所与熙也”，武帝自讨无趣，深以为悔。[①]

不过这个故事，也说明当时北方移民到南方之后，南方的歌曲在晋武帝时已流传到北方上层阶级。

二、移民远距离迁移依然保持原有的方言

移民远距离迁移保持原有方言的，主要体现在沿海地区，尤其是潮汕地区到东南亚、美洲、欧洲的华侨身上。他们背井离乡，在异国立足，抱团取暖，形成说粤语、客家话、闽语的特定社团，有些经历几代人，依然保留迁出地的方言。在中国境内，移民远距离迁移保持原有方言的，除了客家人近代迁徙形成的方言岛外，还有福建迁到台湾的移民，东北迁至新疆的锡伯族，以及海南岛的回族。

1. 陕南客家方言

我国陕南地区的客家方言岛也是一种远距离迁移之后，但仍保持固有方言的现象。“客家人”本是中原的居民，由于躲避战乱等原因，历史上曾有过几次大迁徙，主要在闽、粤、赣三省边缘地区定居下来。由于与中原地区的居民长期失去联系，于是在长期的历史过程中形成了一种特殊的方言就是我们所说的“客家方言”。这些客家人又在清朝前期，从广东、福建、江西地区迁徙至陕南商洛等地。客家人以及他们的后裔住在偏僻的秦巴大山之中，聚族而居，在“桃花源”般的生活环境下，仍然保留客家方言，于是形成了陕南的客家方言岛。商洛市的商州的黑龙口镇、三岔河镇、杨斜镇、砚池

① 见《世说新语·排调篇》：“晋武帝问孙皓，闻南人好作尔汝歌，颇能为否？皓正饭酒，因举觞劝帝而言曰：‘昔与汝为邻，今与汝为臣，上汝一杯酒，令汝万寿春。’夕帝悔之。”

河镇、北宽坪镇，柞水的红岩寺镇、杏坪镇、瓦房口镇和镇安的灵龙镇等地都是客家方言岛的分布地区。陕南的移民很多，方言也很复杂，除了客家话外，陕南地区还有赣方言岛、湘方言岛，也是这种远距离迁移保留的固有方言现象。

2. 台湾闽南话

台湾的闽南话是随着明末郑成功收复台湾后才大规模传入的。康熙以后更有大量闽南移民（主要来自漳州泉州一带）迁入台湾，在台湾岛生根约有三四百年。但是，从现代闽语的分区中，台湾闽南话属于“未变”或变化甚微的闽南话，仍属闽南区“泉漳片”。在台湾，闽南人始终居于多数。闽南话社区内部的凝聚力强，所以台湾闽南话的语音系统数百年来变化甚微。

3. 锡伯语

锡伯语在许多方面跟满语很接近。在满人入关之前，满语只使用于东北地区。锡伯人的故土本是东北的嫩江流域，今天在辽宁、吉林、黑龙江的一些地方也还有他们的同胞。锡伯族的祖先是室韦，满族的祖先是靺鞨，《唐会要》说：“室韦言语和靺鞨相通。”据《北史·室韦传》记载，酋长称为“莫弗”或“莫何弗”，在后来的满语中“老翁、长老”称为 mafa，音与“莫弗”相近。

清乾隆二十九年（1764）平定准噶尔及大小和卓木之乱之后，在伊犁建立了将军衙门，为了充实兵力，将锡伯族官兵，包括家属及跟随而来的闲散人员共五千多人迁到新疆。这些人在那儿屯田、繁衍，经过二百多年形成现代新疆锡伯族。他们居住的地方比较集中，邻近地区是其他少数民族聚居地，经济和文化与之彼此不相上下，所以他们的语言也就保留了下来。相反东北故土的锡伯族却不再用本族语而改说汉语了。其中的原因之一是居住地分散，二是跟人口、经济、文化明显占优势的汉人杂居，语言自然容易被取代。这种情形跟今天东北和全国各地的满族不再说本族语而改用汉语是相同的。

4. 回辉话

我国回族很多都已经使用汉语了，但是在海南岛的三亚羊栏镇，回族仍然保留着自己的语言，就是海南的“回辉话”。“回辉话”是从 10 世纪至 15 世纪间东南亚占城移民带来的一种占语。现今三亚羊栏镇（今改为凤凰镇）回辉村和回新村仍然使用占语，人口有五千多。我国各地的回族都早已放弃他们原来自己的语言而转用当地的大多数人的语言。唯独三亚羊栏镇的回族，一直保留他们自己的语言，这在国内是非常独特的。他们都信仰伊斯兰教，是虔诚的穆斯林，与国内其他地方的回族有着相同的宗教信仰和风俗习惯。

三、移民引起毗邻地区方言发生变化

移民引起毗邻地区方言发生不同程度的质变，换句话说，就是移民让某个方言周围的方言发生变化。甲、乙两个相邻的方言区，如果甲区的经济、文化较发达，而人口又几近饱和，乙区则相反，那么甲区就有可能向乙区移民。起初是占据边界地带，慢慢地深入到腹地。甲区的方言也因此扩散到乙区。

1. 湘东方言的赣语特征

汉代扬雄《方言》屡次将“南楚江湘”相提并论，“南楚江湘”的地域大致相当于今湖南全省。古代湖南应该是使用同一种方言——湘语的。但是到了现代湖南境内的方言却有好几种，这是历代以来受邻省方言侵蚀的结果，其中又以江西方言的影响最大。今天湘东的平江、浏阳、醴陵、衡山、攸县、茶陵、耒阳、常宁、桂东、汝城等县的方言具有明显的赣语特征，最显著的是古全浊声母今音不论平仄都读送气清音，例如“头”和“洞”两字，声母都是 / t /，如果用长沙话读，则是不送气的 / d /。尤其是平江话，赣语的特征更明显，甚至有的入声字保留塞音韵尾。赣语还有特点是，我们现在读 / l / 的声母，在跟 / i / 和 / v / 相拼时，读为 / n /，如“里”读为 / ni /，“缕”读为 / nü /，这种特征湖南平江话中也是如此，这两条特征与赣语相同，而为湖南其他地点的方言所无。

可见这些地区受赣语影响很明显。往西去，湖南中部腹地，赣语的特征相对减弱，再往西，湘西地区赣语的影响虽然还有，但是已很微弱。

湖南的赣语地区和赣语影响是历代大量接受江西移民的结果。江西移民所使用的方言，对湖南方言产生程度不等的冲击。两者之间发生取代、融合、混杂等变化，变化的情况跟移民的数量、年代和迁徙的路线有着密切的关系。

2. 官话对皖南铜陵、太平等地方言的影响

移民带来的方言有时并不完全取代新地方言，而是不同程度地冲刷、消磨新地方言的特征。这表现在两方面，一是旧地方言特征在地理分布上发生了萎缩，二是这些特点本身在程度上的减弱。

在两种方言交界地区，移民的方言冲淡新地方言是很常见的。例如皖南的铜陵和太平一带的方言原来完全是吴语系统的，就是到今天还保留全浊声母。但是由于近年来受移民带来的官话的影响，它的词汇却变成官话系统的了。

3. 闽语对浙南平阳蛮话的影响

浙南平阳蛮话的情况也是如此，它保留全浊声母这一个特点跟属于吴语的温州方言一样，但是它有许多闽语词汇。还有些语法特点也带闽语特征。如小称词尾用“囝”，不用“儿”。男孩是“丈夫囝”，女孩是“作母囝”。《集韵》说：“囝，闽人呼儿曰囝。”平阳蛮话中的闽语成分显然是入浙的福建移民带来的。

4. 官话对江苏溧水方言的影响

吴语和官话的分界线有一段是穿过江苏南部的溧水县（今溧水区）的。溧水县城在抗战时因为日军狂轰滥炸，人口剧减，其后有相当数量的讲江淮官话的居民移入，因此现在县城的方言几乎完全是江淮官话系统。县城东南的几个乡也由于官话居民的不断移入，冲淡了原有的吴语特征。

塞音虽然保持三级分法，但是全浊音的浊度跟苏护一带吴语比较，都有不同程度的减弱。有的字本来该读浊音的，甚至已经变读清音了。如“败”字不读 [be] 而读 [fe]，“步”字不读 [bu]，而读 [fu]。这些地方的居民一般喜欢听两种戏，一种是吴语系统的锡剧；一种是官话系统的黄梅戏。苏、沪、浙一带流行的越剧在当地并不受欢迎，从他们对戏曲的选择也可以从侧面看出当地人方言中的一些端倪。

5. 苏州话和宁波话对上海方言的影响

现代上海话也受到大量移民方言的影响。在大量的移民方言中，上海话受到最为接近的江、浙吴语特别是苏州话和宁波话的影响最大。

比如苏州、宁波等话里都没有缩气音，现在上海话的缩气音也被与苏州、宁波相同的 [p]，[t] 代替了。

又比如原来上海话中第一人称复数代词是“伲”或“我伲”，现在普遍用宁波话“阿拉”代之；原来上海话说“床浪”“天花板浪”，用“浪”“浪向”表示“上”“上面”的意思，现在青少年多用“高头”代“浪”，如说“床高头”“天花板高头”，也是受宁波话的影响。

再比如原来上海话的是非问句问话形武是“V伐”，如“侬晓得伐？”“伊上海话会讲伐?”，但后来上海话受苏州话影响，再加上受扩展出去的城区包括原太仓州所属的宝山县地域内的话的影响，“阿 V”的形式在 20 世纪初开始进入上海话。

### 4.2.2 移民方言“半变”

移民方言半变，主要是指彼此渗透融合的情况，有些变得多一些，有些变得少一些。大致有以下两种情况：

一、势均力敌彼此渗透

在移民和当地居民势均力敌的情况下，他们的语言有可能互相融合，而不是一个被另一个所取代。杭州话就是这方面的代表。①

在今天的吴语区北部有一个所谓“半官话”的小区域，它的四周被纯粹的吴语所包围。这个“半官话”就是杭州话。它的分布地域很有限，大致相当于杭州市区的范围，出了杭州市区就是吴语。杭州话在语音结构上，它可以说是地道的吴语：保留全浊声母，塞音和塞擦音有三级分法；声调有七个，保留入声，并且带喉塞尾；鼻韵尾只有一套，“因、音、英”三字同音；古咸、山两摄韵尾失落，等等。这些都是官话没有的特点。但是它却缺少文白异读系统。许多字在吴语中普遍有文白两读，如在苏州话中“人”字有两读，但是在杭州话中只有一读。这一点与吴语不同而与北方话一致。从词汇方面看，杭州话里有许多词跟官话一致，而跟周围的吴语完全不同。下表举例比较杭州、余杭（与杭州市区邻接的县）、宁波和上海词汇的异同（见表 4-3）。

表 4-3 杭州、余杭、上海词汇比较表

| 官话 | 你 | 他 | 我们 | 你们 | 他们 | 我的书 | 不说 |
|---|---|---|---|---|---|---|---|
| 杭州 | 你 | 他 | 我们 | 你们 | 他们 | 的 | 不 |
| 余杭 | 尔 [n] | 夷 | nɑ | 倷 | jiɑ | 个 | 勿 |
| 宁波 | 倍 [n] | 其、夷 | 阿拉 | 倷 | 其拉 | 个 | 勿 |
| 上海 | 侬 | 夷 | 阿拉 | 倷 | 夷拉 | 个 | 勿 |

① 周振鹤、游汝杰：《方言与中国文化》，上海人民出版社 1986 年，第 19—20 页。

杭州话的“半官话”性质显然跟历史上宋室南移时的大批北方移民有关。关于这些北方移民在人数上跟原有居民的比例，移民数远远超过当地居民。《建炎以来系年要录》说：“切见临安府（即北宋杭州）自累经兵火之后，户口所存，裁十二三，而西北人以驻跸之地，辐辏骈集，数倍土著。”由于临安成为南宋首都（正式名称虽然是行在所），所以北方居民集中此地，以至人口比原住居民多上几倍。这当然要使杭州原有语言发生变化，带上北方话的特点。北来移民主要只是集中在杭州城里，并不是分布在临安府的所有七个属县之中。如果府城以外地区也有许多移民，那么现代方言地理格局势必会类似于宁镇地区，即整个地区被北方话所取代。北来的移民虽然在政治、经济上占优势，但是在人口数量上，就整个府来说并不占优势，在这种情况下两种方言不可能产生一种被另一种替换或同化的现象，而只能产生互相融合的现象。

二、备受影响变化剧烈

受到当地居民语言影响而发生融合，移民语言产生剧烈变化的情形。闽语琼文区就是这方面的典型代表。从闽南人离开故土到海南岛落户的时间看，约有四五百年。经济、文化处于优势的闽南人移居海南岛后，与母语社会近乎隔绝，而与当地说不同语言或方言的人杂处交往，最终吸收了当地少数民族的发音习惯。使得旧的闽南话语音系统出现喉塞化的吸气音等变化，从而单独成为闽语里的一个方言区（琼文区）。

当然，移民的到来，也会极大地影响当地方言或语言发生剧烈变化，嘉戎语即是一个例子。嘉戎语是藏族使用的一种语言，主要分布在四川省阿坝藏族自治州和甘孜藏族自治州等地。嘉戎藏族人民早在汉唐时期就与汉族人民有所接触，随着藏汉人民往来的日益频繁，嘉戎语中逐步出现了汉语借词，到现在嘉戎语中的汉语借词已达 30% 以上。嘉戎语因受汉语借词的影响，增加了“f”“h”“ɚ”三个音位，过去“方”，念成［ hwag ］或［ hag ］，现在就念本音［ faŋ ］；过去“上海”，念成［ ʃaŋ hɐi ］，现在就念本音［ ʂaŋ hai ］，过去“幼儿园”，念成［ jo rə jɐn ］，现在就念本音［ jəu ɚ jyɐn ］。由于汉语借词的借入，新增了“高平 + 中平”声调模式，这是本语固有词所没有的，例如［ tsən55 luŋ33 ］蒸笼、［ tshəu55 mou33 ］草帽、［ pjɛn55 tan33 ］扁担。嘉戎语用声调区分词义的词不多，语法作用也不大，所以嘉戎语常归为无声调语言类中。过去嘉戎人是分不清楚“买”与“卖”的，现在年轻人是完全能区分，音越来越准，并且产生了本语中没有的声调模式。汉借词替代了一些藏借词，汉借词和本语固有词并用的词逐步增多。

### 4.2.3 移民方言“全变”

移民方言全变[①]的情况有两种，一种是移民放弃自己的方言，改用当地语言；另一种是移民方言长期与不同的当地方言的接触中产生出全新方言。

一、移民放弃自己的方言改用当地人语言

如果移民在政治、经济、文化方面的地位远逊于当地人，人口相对较少或分散而处于当地人的包围之中，那么他们就不得不放弃旧地的方言，逐渐改用新地的方言。在我国少数民族中完全不再使用本民族语言而改用汉语的，有回族、满族和土家族。此外，绝大多数畲族早已改说汉语的客家方言了。

1. 回族

当代回族通用汉语，不同地区持不同方言。在回族先民东迁初期，是阿拉伯语、波斯语和汉语同时使用的。由于长期和汉族杂居，特别是汉人成分在回族中日渐增多，在长期发展过程中，就逐渐习惯于以汉语作为本民族的共同语言，并保留了一些阿拉伯语和波斯语的词汇。元朝时期的“回回文”是指新波斯文、又称“普速蛮字”。当时元朝政府中设有回回译史、回回掾史、回回令史，就是用回回文起草文书、翻译文书的专职人员。同时元朝还有官办的回回国子学和回回国子监，教学主要内容是新波斯文。进入明代，尽管官方还有从事穆斯林语文教学、翻译工作的“回回馆”，而汉语作为回族的共同语言已经固定下来。明中叶，伴随经堂教育的兴起，出现了经堂语和小儿锦。

经堂语是中国伊斯兰教清真寺经堂教育中使用的一种专门语言，它是用汉语音译阿拉伯语或波斯语，或用汉语语汇意译波斯语和阿拉伯语，并吸收和改造了中国儒、道、佛各教经典用语和民间用语的成分。

小儿锦则是经师们在中国特定历史条件创造的一种拼音文字。它用阿拉

---

① 这里所说的“全变”指的是移民原本使用的语言失去了独立性，改用他族语言，或自己使用的语言演变成了新的方言。不管是何种情况，原初使用的语言造成的影响会持续存在。所以从根本上说，“全变”是不可能的。

伯字母拼写汉语而成，其中包含有阿拉伯文、波斯文语汇，偶尔夹杂个别汉字。不仅在经书写作时使用，有时也被运用在通信、记事等交际中。此外，与其他民族杂居的回族也会使用其他民族的语言文字，并受到他们文化的影响。如云南西双版纳的回族就还使用傣语、傣文，穿傣族服装，住傣族式的竹楼；云南洱源县的回族，穿白族服装，使用白族语；云南迪庆藏族自治州和西藏拉萨地区的回族，使用藏语文；和彝族杂居的四川凉山的回族，兼通彝语。此外，在内蒙古和新疆地区的回族，有不少人兼通蒙古语、维吾尔语或哈萨克语。

2. 满族

满语属阿尔泰语系满—通古斯语族满语支。满族文字创立于16世纪末。宋、金时代，女真人曾有过自己的文字，早期女真文字是从汉字脱胎出来的表词——音节文字，但久已失传。16世纪末，努尔哈赤统一东北各部后，以蒙古字母拼写满语读音，形成一种新的文字，称为“老满文”。皇太极时期又在借用的蒙文字母上加圈点，用来区分语音，称为有圈点满文或“新满文”。满文作为一种官方文字，在清代长期使用，一度成为在全国范围内广泛使用的文字，留下了大量档案资料，成为中华民族文化遗产宝库中的瑰宝。清中期以后，满语逐渐被放弃，满族基本上使用汉语北方方言，只有旗人内部和旗籍官员，在一些特定的场合仍然必须使用满语。到20世纪80年代，除了东北个别边远地区和新疆的锡伯族少数老人尚能使用满语外，满语已经消失了。但是，作为曾经广泛使用的语言，满语在许多地方的汉语方言中留下了深深的印记。今天东北各地和北京等地的汉语中，还保留有大量的满语语音和词汇。留居于全国各地的驻防旗人后裔，多操掺杂着当地语音的北方方言，形成一个个的“方言岛”。

3. 土家族

土家族的语言属于汉藏语系藏缅语族，接近彝语支，分为南部方言和北部方言。除湘西土家族苗族自治州泸溪县潭溪乡的土家族操南部方言外，其余土家族均操北部方言。土家族没有本民族文字，长期以来使用汉文。绝大多数土家人都通用汉语，部分人兼通苗语，目前只有酉水流域永顺、龙山、来凤等县的部分土家人会说土家话。

4. 畲族

畲族的语言属汉藏语系。畲语和汉语的客家方言很接近，但在广东的海丰、增城、惠阳、博罗等极少数畲族使用接近瑶族“布努”语（属苗语支）。畲族没有本民族文字，通用汉文。在日常生活中，各地畲族皆通晓当地的汉语方言。

二、移民放弃自己的语言而形成新的语言

唐宋时期，一批汉族军士由于战争的原因漂流到海南岛昌化江入口处一带定居，分布在东方市和昌江县靠近昌化江的地方。他们自称“村人”，人口约有十万。村人与当地居民融合后，放弃了原来的语言后逐渐形成的一种独特语言——村语。这种语言与黎语比较接近，也有汉语的特点，但独有的成分居多。最早的时候，说村话的人主体是汉族，由于通婚的关系，当地的语言逐渐取代了村人原来使用的汉语，发展而成为现今的村语。但是通过对比，村语里仍可发现掺有某些汉语方言的词语，有些是粤方言的，还有些是客家话或海南话的，说明他们曾经与这些方言区的人接触过。村人的风俗习惯有的与黎族相同，也有不少与汉族相同。村语的数词，从 1 至 6 是自己原来的词（与黎语同），从 7 至 10 以及百、千、万都为汉词。亲属称谓男子长辈的多为汉词，其他的多为原来的词。

三、移民方言与当地语言长期接触形成新的方言

移民的原有方言在新居地变成新方言，这种情形的产生是因为移民带来的方言在新地扎根，与原居地的方言隔离，演变较慢，留在原居地的方言反而发展较快，久而久之成为两种差异较大的方言。上面我们提到的客家方言就是这种情况。

客家方言与中古中原官话具有一致性。现代长江以南有一百个以上的县住有客家人。“客家”这个名词是 17 世纪才出现的，以前的地方志没有提到这个名词。在后来的文献中不仅出现“客家”，而且常常是“土客”并提。“客家”显然不是当地人，他们是历代从北方南下的移民。

客家南徙共分五期。其中只有前两期是直接从北方迁到南方的，即第一期于东晋至隋唐从山西和河南迁至长江南北岸；第二期于唐末至宋从河南、皖北渡江入赣，更徙闽南、粤北。后三期都是前二期已经在南方落户的客家再次向南方别地转移（见图 4–2）。

客家人迁到南方后，保持自己的社会、文化特征，并没有改说新地的方言，但是由于与原居的中州长期分隔，方言也变得跟中州大不相同，最终形成客家话。

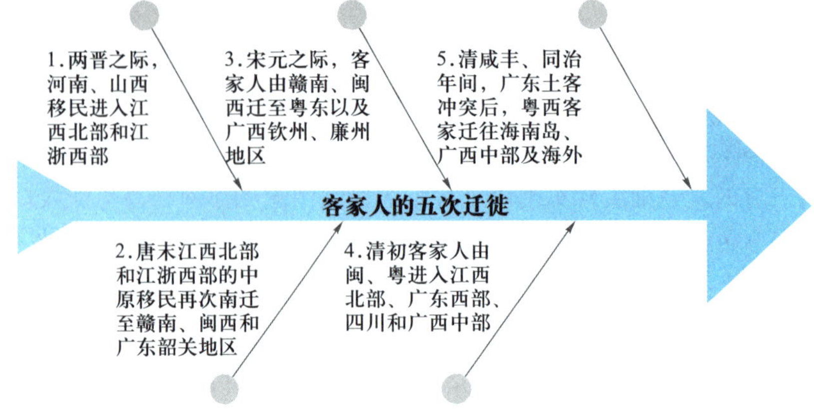


图 4-2 客家南徙示意图

## 4.3 移民对方言地理分布的影响

以上我们讨论了移民对方言演变的影响，回顾了中国历史上三次大规模的“北民南迁”浪潮。本节我们来看看移民的方式对方言地理分布的影响。

方言的分布，从地域上看，有的连成一片，有的较为分散，有的更是狭长一片。这些类型是历史上长期以来各方言互相取代、交融、渗透、影响而形成的，从上节我们可以看到，方言格局很大程度上受到移民的影响。

### 4.3.1 大面积片状方言分布

在汉语的七大方言中，官话是地域分布最广、使用人口最多，且内部结构最为统一的方言。从哈尔滨到昆明，从南京到酒泉，甚至远至乌鲁木齐和拉萨，各地汉族居民通话基本上不成问题。这在世界上都是十分罕见的。

东北方言跟以北方方言为基础的普通话颇为接近，但是内部也存在辽东和辽西的差异。辽东的一些特点跟隔海相望的胶东半岛相同，辽西的一些特点则跟毗邻的河北北部相近。辽东、辽西的这些不同特征正是由不同的移民历史带来的。

在清代之前移居东北的汉人还寥若晨星，只是在沈阳有些汉人从事贸易活动。满人入关之后，为巩固后方，改善东北地区（主要是辽东地区）由于明清战争以及迁都北京所导致的土地荒芜、人口流失的空虚局面，清廷于顺治元年至康熙七年（1644—1668），相继颁布了一系列奖励移民的法令。从康熙七年（1668）开始到之后的190多年时间内，为保全满洲根据地起见，清廷实行了越来越严厉的封禁政策，但由于自然灾害等原因，“封禁政策在制定与实施之间存在着一定的距离，也就是在严禁的情况下有弛禁的现象出现”①。因此，关内流民不断冲破封禁进入东北地区。据《清实录》记载，仅康熙末年，山东到关外垦地者已多至十几万人。到乾隆四十一年时（1776）时，奉天地区移民人口及后裔有90万人左右，吉林地区有30万人，黑龙江地区约有11万人，东北地区移民人数总计约有131万人。② 咸丰末年（1861），在太平天国运动与第二次鸦片战争的双重威胁下，清廷迫于形势，不得不废除禁垦令，逐步实行开禁政策。大体说来，从咸丰十年（1860）到光绪二十九年（1903）为局部开禁时期；光绪三十年（1904）至宣统三年（1911）清朝灭亡前为全面开放时期，此后出现了近代以来“闯关东”的第一次高潮。③

宁古塔是清朝流放犯人之处，黑龙江地区的呼兰河平原是东北最早开禁的地区，奉天是东北开禁前汉族移民迁入最早、聚集人口最多的地区，因此，在近代“闯关东”的第一次高潮到来之前，迁入东北的移民主要集中在宁古塔、呼兰和奉天等地。光绪三十年（1904），随着东北地区的全面开禁，关内向东北移民的数量骤然增加。据台湾学者赵中孚统计，1907年，东三省人口约为1440万，到了1930年时，人口为2995万，也就是说，从1907年到1930年的23年间，东三省增加了1500万人口。换言之，清末民初，随着关内移民大规模出关谋生，东北人口的民族构成发生了深刻的变化，汉族已成为东北人口的主体，1931年有人估计，“今日三千余万之东北人民，汉族实居百分之八十以上”。④28年中北满人口增长八倍，南满增长五倍。增长的人口，除少数属自然增殖外，绝大多数都是闯关东的关内移民。如果遇上灾年，闯关东的人更是成千上万蜂拥而来，如1928年山东灾民赴东三省者竟达百万人。

迁入东三省的移民绝大多数是山东、河北、河南人，其中又以山东最多。

---

① 高强：《清末东北边患与移民实边问题研究》，陕西人民出版社2009年版，第28页。
② 曹树基：《中国移民史》第6卷（《清 民国时期》），福建人民出版社1997年版，第481—483页。
③ 范立君：《闯关东历史与文化研究》，社会科学文献出版社2016年版，第39页。
④ 胡伯玄：《东北四省之建置历史与民族源流》，《新亚细亚》1932年第3卷第5期，第44页。

山东东部和东南部移民多从海路迁入，在大连和营口登陆，先到辽东半岛和辽河流域，再扩展到辽宁的东南部和东部及北满。山东西部、河北、河南、山西的移民则由陆路进去。河北和辽宁毗邻，边境地区的河北人大约清初以前就向锦州地区渗透。锦州是古代边境地区汉族移民的中心。

闯关东的山东人原先主要来自旧青州府、登州府和莱州府，到了 20 世纪 20 年代，"流亡东北的山东难民以沂州旧府属的人数最多。沂州难民到东北的又以费县、沂水、蒙阴几县的人为最多。"① 他们到达新地后往往是先立一窝棚，窝棚的集合则以同族同姓为基础，宗族制度也就从山东输入东北。因为他们是族居的，又是大批地占据大片土地，所以旧地的方言也容易保存下来。山东的移民基本都是务农的，河北的移民除了务农的以外，还有不少人是从事商业经营的，特别是在各地开设酒坊。至今东北还有当时的酒坊的名字保留在地名中，如伏隆泉、永盛泉等。顺康雍时期，来东北的移民主要聚集在奉天地区，以奉天府为中心。乾隆以后，移民的流向发生变化，吉林地区的移民迅速增多，一度成为东三省地区移民最多的地方。咸同以后，移民开始大量流入黑龙江地区。清末到民国时期，移民到达东北后，主要分布于吉林和黑龙江省。据载，"在长春聚集者，分布于吉省南部各地；其中一半经滨江赴黑省。在滨江聚集者，分布于吉省中部北部及黑龙江全省。"②

从山东的登、莱、青三府来的移民是以辽东半岛为基地的，所以今胶东话和辽南话相近，在官话这个大区中胶辽方言是可以自成一区的。在 20 世纪前 50 年，山东人和河北人占据了全部东北地区，所以今天的东北方言和华北方言在大面积的地域上有着一致性。

汉代以来，北方方言主要分布在长城以南、长江以北地区，六朝之后，随着北方移民南下占领江南地区大片土地，北方方言也大规模渡过长江，在长江以南沿岸地区扎根。除了上面说到的明清时代，山东、河北农民大量迁居关外之外，以湖广农民为主体的卫所移民也进入了西南地区，北方方言也随之扩展到东北和云贵大片地区。这些从北方大本营出发的移民在新居地的大面积定居大大扩展了北方方言的分布空间。

---

① 陈翰笙：《难民的东北流亡》，载冯和法：《中国农村经济论》，《民国丛书》第 2 编，第 35 册，上海书店 1990 年影印版，第 336 页。

② 朱偰：《满洲移民的历史和现状》，《东方杂志》1928 年第 25 卷第 12 号，第 17 页。

### 4.3.2 较大面积多区片方言分布

有的方言分布并不连续，未联成一片，中间被别的方言或语言隔开，方言的传布，好像打水漂似的前进，散落于一大块异方言之中，方言学界也称这种现象为蛙跳式方言传布。这种现象在广西、贵州、云南十分普遍。

一、广西的汉语方言

在广西的壮族聚居区内，较大的城市通用汉语，较小的县城通用汉语和壮语，只是在农村里通用壮语。广西的部分农村地区，北起灵川，南至凭祥，西至百色，东达灵山，还通行平话。南宁市区使用粤语，但是郊区居民就使用平话了。桂林市区说官话，郊区则是平话的天下。

有学者认为，平话的最早源头跟《宋史》所载狄青[①]南征平定侬智高[②]起义有关，事定后宋王朝把平南军留在广西屯驻。广西的平南县，这个地名和“平话”这个方言名称，都是“平南”战争留下的痕迹。屯驻的军人的原籍很可能大多是山东。有的说平话的村庄，一直到20世纪40年代，每隔数年还要派代表回山东祭扫祖坟。不过今天的平话跟北方话差异已很大，桂南平话甚至已经变得跟粤语近似。[③]

二、云贵地区的西南官话

云贵地区的西南官话也远不是遍布每个角落的，在城镇里和某些农村地区使用的汉语常常被少数民族语言分隔开。广西、云南、贵州自古以来是少数

---

① 狄青，北宋名将，字汉臣，汾州西河（今山西汾阳）人，生于北宋大中祥符元年（1008），卒于嘉祐二年（1057）。

② 侬智高（1025—？），北宋广源州壮族首领。他在傥犹州把州改为“大历国”，与交趾李朝相抗衡，后在安德州（今靖西县境）建立“南天国”，称仁惠皇帝，年号景瑞。多次击退交趾入侵，但再三请求归附宋朝未果。皇祐四年（1052）四月，侬智高举兵反宋，五月，破邕州，改国号为“大南国”，年号启历，立长子继封为太子，后为宋廷狄青等名将所败。

③ 此说当为附会之言。按《宋史·卷一百九十六　志第一百四十九·兵十·屯戍之制》载：“凡戍更有程……广南东路三年，广南西路二年”，由此知宋代军队屯戍某地有固定期限。其后又载：“（宋仁宗皇祐）五年，又诏：‘广西戍兵及二年而未得代者罢归，钤辖司以土兵岁一代之。’自侬智高之乱，戍兵逾二万四千，至是听还，而土兵代戍。”侬智高之乱起于皇祐四年，距此诏仅一年，则“平南军”戍兵广西不过一年即被当地土兵替代，是不足以影响当地方言。据此断定原文所言当属附会。另据乾隆《平南县志·卷三·沿革志》载：“贞观……七年……又分置南平、西平……乾元元年，复为龚州，后移龚州治于南平，改作平南。”则平南之名始于唐肃宗时。由此，所谓“广西的平南县，这个地名和‘平话’这个方言名称，都是‘平南’战争留下的痕迹”等言亦为附会之语。

民族聚居地。粤人进入桂西时代应该较早。大批北方汉族进入云贵和桂北还是明代的事。明王朝在平定云贵后，为了巩固统治，保卫边疆，就留驻守军并实行兵屯。除了守留一些城市外，还选择一些农村地区设置兵屯。这些官兵皆有家室，军籍也可世代相传。大批汉族就此安家落户，使用和传布他们带来的北方官话。

三、岭南的汉语方言

唐代以前汉族主要沿北江、西江水系交通线南下，并分布在河流沿岸及珠江三角洲部分高地，不但数量少，也相对集中，而周边仍是当地南越、西瓯居民的天下。在这种情况下，汉文化未能取代当地文化，只能影响它，并吸收它不少成分。

到宋代经南雄珠玑巷南下的汉族大量增加，并多定居于三角洲平原和沿海低地；当地居民经唐代汉化，剩下那部分退居山区，其原居地为新来的汉移民占领。当地文化一部分随其载体转移，一部分作为底层文化积淀下来，为汉移民吸收，加速了汉文化的变异。加上宋王朝大力推行强干弱枝政策，中央集权加强，地方势力有所削弱，使汉移民有可能更多地与剩下来的当地居民接触，并吸收他们的文化成分。大抵到宋代，广府系及其主要文化特色即粤方言已经形成，并由于吸收的当地文化成分甚为复杂，广府文化特色比其他民系文化也要复杂得多。

四、台湾的闽南话与客家话

今天的闽南话，除了使用于闽南和与之邻接的潮汕地区外，还使用于广东南部沿海、海南岛、浙南及沿海岛屿（还有海外的东南亚，暂不具论）。各板块移民方言除琼文话外，语音系统较接近。闽人大规模入台是南明永历十五年（1661）郑成功收复台湾以后的事，起初是以泉州人为多，后来闽南其他地区人也陆续渡海移居。至今他们所说的话仍然和大陆上的厦门话差不多。从大陆入台的移民以闽南人最多，其次是从粤东入海的客家人。今天的台湾，除桃园、新竹和苗栗外，其他地区是以闽南话占优势。客家人的语言与梅县一带客家话也还十分相似。客家话只是在新竹和苗栗两县占优势，在桃园则与闽南话平分秋色。

五、鳌江流域的闽南话

浙南在语言地理上本来是跟闽语的闽东片（以福州为代表）相接的，但是在现代平阳的鳌江流域以南却有闽南话的地盘。这是由历史上闽南人迁移造成的。浙南闽语主要集中在平阳县和新近从平阳县分置的苍南县，人口占平阳县一半（苍南县未分置以前）。平阳除了有闽南话之外，还有瓯语（即平阳通行的温州话）、蛮话、金乡话和畲语。据《平阳县志》称，这跟明代抗倭之扰和郑成功抗清造成浙闽沿海居民播迁有关。

六、洞头岛的闽南话

浙南一些海岛上还有闽南话的零星板块。最大的一块是洞头岛，总人口11万，说闽南话的占三分之二，其次是玉环岛。这些闽南话的小板块往北只到温岭的石塘为止，因为据说浙江沿海洋面的捕鱼作业区，舟山的渔民不过石塘以南，而闽南的渔民不过石塘以北。久而久之，闽南的渔民及其眷属就在石塘以南的海岛上落脚，并且世代繁衍，使闽南话在这里生根。

七、广东的闽南话

闽南话在广东的地盘除了有跟福建相邻接的潮州以外，还有三个不相连续的板块。第一块在电白至阳江沿海（不包括阳江县城）；第二块在雷州半岛东部（第一、二两块都称为雷州方言）；第三块在海南岛东北部（称为琼文话或海南话）。这三个闽南板块的历史成因尚不清楚。同治甲子年（1864）重刊的《广东通志》说："凉岛孤悬海外，音与潮同，杂以闽人。"又说"琼语有数种，曰东语，又曰客语，似闽音，有西江黎语，有土军语、地黎语。"光绪《琼州府志》引《黄通志》，所述更为详确，并称土军语和地黎语是本土音。可见闽南话入岛是在土军语之后。

电白至阳江一带的闽南话可能是明代开始出现的，光绪《电白县志》称："唐宋以前，獞（壮）猺（瑶）杂处，语多难辨。前明军卫留居电城，今城中人语曰，归时正海旁，声音近雷琼，曰海话，山中声音近潮嘉，曰山话（章志）。"而《阳江志》亦称："土音……惟西境儒垌等处接近电白，与电白、雷琼音通，与土音迥异，谓之海话。"

从地方志的有关记载和这些土话的当地名称，可以推测：第一，海南岛的闽语板块是从潮州一带转移而去的。第二，雷州和电白、阳江一带的两块可能是从海南移去的，所以称为"海话"。第三，闽南话在海南岛落脚比土军话晚些。所以当地人认为土军话是本地话，闽南话是客语。闽语传到海南的时间大约在明代中晚期。

### 4.3.3 较小面积单点状方言分布

移民到达新地之后聚居在一个较小的地域内，他们自成社区，跟外界的接触交流不太多，当地人一般也并不介入移民的社区。那么这些移民的方言就可能长期保留原有的基本面貌或某些特征，而与包围它的当地方言有明显的区别。它所流行的小块地域在包围它的大片当地方言区中正好像大海中的孤岛，也就是我们说的"方言岛"。

总的来说，方言岛上的移民从来源来看可以分为两大类，一是军队的驻防或屯垦，二是平民逃荒、逃难迁徙而来。我们通过以下几个方言岛的例子来具体了解一下相关内容。

一、八里罕方言岛

"八里罕方言岛"是指内蒙古自治区赤峰宁城县及其毗邻地区，包括喀喇沁旗东部乃林镇，西桥、宫家营子、楼子店、昌盛远等 4 个乡，元宝山区南部五家、平庄两个镇和辽宁建平县西部隔老哈河与宁城汐子相望的太平庄、三家两乡一带有 3 个单字声调的汉语方言，不包括宁城县境内西南端的北京官话，也不包括宁城县及其毗邻地区以外的有三个声调的其他官话方言。共辖 11 镇 23 乡，总面积 4 831.2 平方千米，人口 663 457 人。

二、崇左客家方言岛

崇左市江州区位于广西西南部，居左江中上游，该江州区客家人的祖辈多数于明、清两朝至民国初期从广东、福建和广西的钦州、陆川、博白、灵山县等地迁来。江州区的强势语言为壮语和粤方言，客家方言处于壮语的包围之中，是较典型的方言岛。江州区的客家方言主要分布在江州镇的保安村、板麦村、卜松村、板崇村、那么村的约 30 个自然屯，总人口约 3 万。

三、江苏丹阳河南方言岛

江苏丹阳的河南方言岛形成于 19 世纪中后期，该方言岛位于今丹阳市埤城镇西丰行政村（原白龙寺村）下属的荒田里、汪家湾、土库楼 3 个自然村，常住人口约 300 人，西丰村距埤城镇政府约 5 千米，距丹阳市中心约 40 千米。方言岛的源方言为河南省信阳地区的光山话，属中原官话；周边方言埤城话属江淮官话。

江苏丹阳的河南方言岛保留了很多源方言地区的文化特征和语言特征，这也是方言岛之所以存在的原因。语言是文化的代码。一个特定的社会或社团虽然解体了，但是只要文化特征或文化心理没有消亡，这种语言或它的某些成分可以依然存在。该方言岛方言的一个重要特征就是既有源方言河南光山话的影子，又有周边方言埤城话的影子。换句话说，就是方言岛的方言受到了周边方言的影响，带上了诸多周边方言的色彩，已经不是纯粹的“河南话”。方言岛居民大多能讲两种方言（河南话，埤城话），是方言岛方言的又一重要特征。

四、“军话”方言岛

“军声”也可称为“军话”“军家话”等。关于“军话”的定义，潘家懿指出，军话是我国南方某些地区的一种含有官话成分的混合型方言。由于流行范围小，使用人口少，而且都处在其他优势方言的包围之中，因此语言学界称它为“官话方言岛”或“军声方言岛”。丘学强提出军话是散布于粤、琼、桂、闽等地的具有“方言岛”性质的汉语方言，它们因与明代卫所里的军户关系密切而得名。黄晓东在潘文和丘文的基础上重新对“军话”进行定义：军话是历史上驻军或军屯而形成的汉语方言岛。三者定义虽不完全一致，但足以告诉我们：军话与历史上的驻军有关系，且时至今天均以方言岛的形式存在。

五、龙江郓城方言岛

龙江县位于黑龙江省西部，在方言分区上，属东北官话黑松片的嫩克小片。因饥荒等原因，1956 年至 1960 年，政府有组织地向龙江县安置山东移民 22566 人前来垦荒。根据当年的移民介绍，迁到龙江县的主要是山东省郓城县移民，另外还有来自成武、诸城等地的移民，政府在龙江县建立了 18 个新村，按照原属地郓城县当时的 18 个区分别将这些移民安置在不同的新村。这 18 个新村远离本土，处在东北官话的包围之中，呈点状分布，这里的居民，尤其是年纪较大的人使用的语言中语音和绝大部分词汇保留了郓城方言的特色，所以仍属于郓城方言，这 18 个新村形成了一个方言岛，按照游汝杰和庄初升对方言岛的地理类型分类，这个方言岛为“群岛型”方言岛，我们为其定名为“龙江县郓城方言岛”。

现代方言岛的方言跟出发地的方言只是接近而已，并不完全相同。原因是方言岛和出发地的方言长期隔绝，各自有所发展，到了今天面目当然不同；另外，方言岛即使是“岛”，它也无时无刻不在跟外界接触，因此也难免要吸收当地的语言成分。

## 【结语】

本章我们回顾了中国历史上三次大规模的北民南迁的历史，永嘉南渡、安史之乱及唐末农民起义、靖康之难北宋南迁对中国南北方言形成的影响巨大。移民的语言或替代当地语言，或与当地语言交融发生异变形成新的语言，在新居地落地生根，然后向外扩散。在这个扩散过程中，移民原初的语言与当地语言彼此碰撞，或形成大面积的片状分布，或形成小面积的块状分布，也有些呈现点状撒播，形成了当下汉语方言的地理格局。

## 【思考题】

1. 说说中国历史上三次大规模的北民南迁对汉语方言格局的影响。
2. 移民是如何影响方言的地理分布的？
3. 什么是方言岛？举例说明。
4. 移民在什么样的情况下会放弃自己的语言而使用当地语言？
5. 远距离移民在二代三代的语言选择上，您有什么好的建议？

## 【方言释词·赣语】

【作兴】“作”在南昌市井俚语里单独使用是指“乱搞”“作怪”的意思，“作”与“兴”组合在一起和分开用的意思却天壤之别，“作兴”含有赞赏、崇拜之意。形容某人办事特别利索，事事都能摆平。

【玩脑浆】指动脑筋、耍花招、用手段，它的意思有褒有贬，通常是暗示对方“此路不通时，也可以想想其他办法”，所以往往又和“得转”“不得转”连用，比如为追求女孩子的小伙子出主意“你就不晓得～，她不理你，你不知道找她妈妈‘造角’呀，不得转！”当然也有聪明过头的人，耍的小花招被对方一眼识破，例如：“你还在我面前～，也不看看，我年纪比你爸爸还大，什么事没见过，哼！”

【扎戏】南昌话中的“扎戏”意为抓紧时间、赶紧或快点，常用在人们心急催促某人之时，发出的命令式口吻。现在大多数南昌人在表达焦急催促意思的时候多用“快些”等。

【老坐】在南昌话中，“老坐”是个尊称，即“师傅”的意思。在现实生活中，对那些年级较大的老者，小辈还是会老老实实地称他一句“老坐”。例如：你以为你老坐着不动，我就当你是～呀！

【斗把】在南昌话中被引申为双方对着干，最后惹得大家都动了气、上了火。这个词在南昌话中出现的频率较高。

【猴子】指对方不够“高级”，还需“进化”才能达到“人”的水平。以前多用在从小地方到省城来的外地人身上，现在“猴子”多用于朋友间的玩笑。

【驮了搭子】就是落入了别人善意或恶意设下的陷阱、中了别人的公开或暗里实施的诡计，可大可小，视语境而意会。例如：“倒客诶，前几泥朋友叫我恰饭还叫我买单，黑昂驮杂斗大个搭子”。

【搭到了头】南昌话意指一件事本来很容易做成却把它弄得很复杂。

【打白话】南昌话，意指说谎。

## 【赣方言标本试听】

## 【赣方言趣事】

1. 才人

从前有个县官非常爱才，每到一个地方必要寻访有才学的人。一次，他被调到丰城县任知县，上任的第一天就找来衙门里的老听差，询问当地有没有“才人”。

县官："你们这里有才人吗？"

老听差是地道的丰城县三江口人，根本就听不懂官腔，以为县太爷是个喜好穿戴的人，操着当地口音回答："有哦，有哦，我们这里有好多'裁缝'哦！（官话"才人"与丰城话"裁缝（缝纫师傅）"谐音）"

县官："那就快快去给我找个'才人'来，我要当面考考他。"

县大人开了口，哪有不听之理，听差诺诺连声："好、好、好！我这就去，我这就去。"

没多久，听差就找来一位当地很有名气的缝纫师傅。县官一看是位年长者，心想，此人年纪一大把，文质彬彬的，一定很有学问，于是将其奉为座上宾。

县官："请问您是'才人'吗？"

缝纫师傅："是哦，是哦，我是'裁缝'哦！"

县官："您知道'三纲五常'吗？"

缝纫师傅一听，拍拍大腿，高兴地说："晓得！晓得！三丈五尺长啊，做得二褂一裤哦！（意思是：三丈五尺长的布可以做两件褂子一条裤子）"

县官生气了，呵斥道："混账！"

缝纫师傅以为问他做一个帐子够不够，赶忙回答："做帐子？差得多哦！"

县官满脸不悦，吩咐下人将缝纫师傅逐出县衙，还把老听差训了一顿。

2. 就是不嫁给你

我家是江西的，方言和普通话有时候有点差距，而那时候我们特别喜欢混合起来说，经常闹笑话。有一天上物理课，前排的同学（男的）转过头来向我的同桌（女的）借橡皮："××，借你的橡皮用用？"她不加思索就说："不嫁（借），就是不嫁（借）给你。"全班向其看齐，死静5秒，然后爆笑。

3. 话说第一次来江西搞工程，听不懂当地方言。来了好久了，一直都听到当地政府，当地村民在说老表。然后我就在想，这个姓表的是谁呀，怎么哪里都有他！是当官的还是地方一霸？后来才知道，老表就是老乡的意思啊！

4. 寝室有江西，湖南，广西三位室友，江西那位感慨道："这天气好乐啊！"湖南那位绝了："这天气灰常热啊！"更绝的是广西那位，说道："你们能不能讲话别带方言，请说斧（普）通话！"全寝爆笑。

## 【延伸阅读】

1. 范玉春:《移民与中国文化》，广西师范大学出版社 2005 年版。

2. 葛剑雄主编:《中国移民史》，福建人民出版社 1997 年版。

3. 邱桓兴:《客家人与客家文化》，商务印书馆 1998 年版。

4. 司徒尚纪:《岭南历史人文地理：广府、客家、福佬民系比较研究》，中山大学出版社 2001 年版。

5. 桥本万太郎:《语言地理类型学》，余志鸿译，北京大学出版社 1985 年版。

## 【论坛撷英】

1.ReeRay_ 雷力（：

【语料收集】方言写作书目

大家好，不知道大家会不会觉得用方言写作的文学作品特别有味道，对于本身懂这个方言的人来说是很熟悉、很亲切的感觉，而对于不懂这门方言的人来说，或许又爱又恨吧！方言写作本来应该用国际音标来写才能原汁原味把语音记录下来，可是那么一来又失去了汉字的美感。希望大家可以一起分享一下你知道的方言写作书目，为了规范后面的统计，希望大家回复的时候以：

《书名》+ 作者 + 年代（如清楚知道）+ 所用方言 + 引用文中的方言（一句话即可，附翻译）的格式发布，谢谢！

例如:《海上花列传》，韩邦庆，1894，吴语，“价末费神耐替我跑一埭，阿好?”（“那么费神你替我跑一趟，好不好?”张爱玲译）

大家尽量选方言运用得多的，构成所谓的方言写作的，然而并没有绝对的标准。如果难以判断，不妨发上来，让大家一起品鉴。

谢谢各位!

2. yaozai juan12：

如果你在漂，如何让自己保持说一口纯正的方言的能力?

现在大家很多人都离开自己的家乡去学习或工作，多多少少会受普通话或其他地方特色影响而不能保持自己原有的方言特色，对于这个我不知道是不是一种方言的丢失。举例，我生长在四川，求学在成都，后来工作去了北京，现在在东北，在东北别人听我说话觉得我是外地人，回到四川别人也觉得我不是四川人，原因在于我四川话已经讲得不是很好了。所以有种困惑，像我这种在外面漂的人怎样让自己保持能说一口纯正方言的能力？你们是不是也有同感呢？

3. m18443100588：

您看这算方言吗？

对我而言，我生活在延边自治州（我是汉族人，祖父辈的都来自关中不同地区，小的时候随他们的父母闯关东来到延边）。我爷爷他们那辈都会一点朝鲜语。而我妈妈嘛，有一个特别好玩的一点，她不会用朝鲜语沟通，但是他在和朝鲜族人用汉语沟通时，会自然地向朝鲜族人一样，用带有朝鲜族腔调的倒装句说话。这种现象在我小的时候很普遍，近几年，随着朝族人的外迁，以及汉语教学水平的提升，这种现象越来越少。但是我妈妈还是扳不过来，在和朝鲜族老阿妈说话的时候，还是用带有朝鲜族腔调的倒装句说。

4. Agness：

关于“天津卫”地名的来由和天津方言

看了本周的课程，我们知道了“卫”字地名源于明朝的卫所制度。看到已经有同学分享了天津卫的来由，就是明朝时朱棣率领官兵来天津一带驻守，设立“天津卫”。

这里我想说一说现在的天津市区方言与军事移民的关系。

现在的天津市区方言与周围郊区的方言完全不同，是一个方言孤岛。原因就是明初大批的安徽官兵驻扎在天津，同时也带来了他们家乡的方言。周围的百姓要与他们交流，做买卖，贫穷人家的孩子要去军屯里的学校上学，久而久之，这种外来的方言就压倒了原来的方言，占据了这片地区。所以现在的天津话与安徽宿州一带的方言不仅听感相似，有些词汇俗语也一样。

大家有兴趣可以搜一搜“天津方言岛”。这个学说的创立者是已故的李世瑜先生。

5. 挂面的鱼 _ 霙：

方言不应该消失～～～

刚刚在录音的时候，悲哀地发现对着文字材料，嘴里蹦出来的居然是普·通·话!

除了零零星星几个方言词汇，什么都没有！上大学了，只有用普通话，天南地北的同学才可以更清楚的了解对方，明白来意。

但如果只因为这个实用性，放弃了多样性，我想得不偿失！

## 【课堂讨论】

第四次讨论话题：漫谈我家的移民历史

人一辈子其实就在做两件事，一件事是“识己”，一件事是“识他”。中国历代移民的历史，实际上是一段辛酸、充满艰辛的历史。请根据您自身的经历，讲述您自己、您的家庭、您的家族或周围其他人的移民历史。也以此了解自己的祖先是从哪里搬迁而来。

提示：(1) 翻看地方志，了解属于家乡的人物事件、风土传奇。(2) 趁着假期，多与家中、族中长辈攀谈，了解家族的历史。

■ Amy93：我的老家是湖南资兴。今天特意去查了一下资兴的历史，发现资兴虽然没有和江西直接毗邻，但是因为靠近汝城和桂东，从唐宋到清朝都有江西人迁入。李志藩在《资兴方言》里面提到资兴话还保留了一些赣语的特征，但是也受到了湘语和当地方言的影响。

至于我们家族的历史，我爸爸的祖籍在耒阳，但是他们家并没有族谱什么流传下来，所以我对我爸爸这边的家族历史不太了解。至于我妈妈那边，我妈妈姓李，大概七八年前李家修订过一次族谱，当时粗略地翻看过，隐约记得我妈妈这一族最早可以追溯到唐朝的李光弼。唐代之后渐渐没落并且南迁到了江西（具体什么时间忘了），在清朝末年的时候李家又从江西迁到了资兴。

■ @whx75858：说说我的外祖母吧。外祖母的搬迁充满着很多无奈和辛酸，几乎可以写成一部小说。外祖母出生于20世纪初的上海，当时正值战争时期，外祖母貌美，去照相馆照相，照片都作为照相馆的广告。当时与一军官自由恋爱，两情相悦，家里也默许两人相恋。因军官出去参战，很长一段时间没有音讯，外祖母担心，听说军官随军去了浙江，便只身前往浙江。历经磨难到达浙江龙泉，却怎么也找不到心爱之人。一个美貌年轻女子，在外地，又钱财用光，于是由人牵线，嫁给了当地的一个大户人家。外祖父家当时在农村算是殷实人家，有田有地有房有码头有商户。后来日本人入侵，码头和商户被夺；土改时，田地被收。之后又遭遇荒灾，浙江地少，没法养活众多人口。大家听说江西是鱼米之乡，有饭吃。于是，外祖父带着外祖母和孩子，又辗转迁移到江西南昌。母亲刚来江西时，因说浙江方言，被当地孩子取笑了好一阵子。因为来江西时，母亲也就十岁不到，后因为外祖父早逝，母亲也就未再回家乡，到后来，老家方言竟也不太记得了。后来，母亲嫁给了生于赣长于赣的父亲。而到了我这一代，又回到了上海。看外祖母的迁移过程，与现在人们说走就走的情况不一样，感觉旧日的移民往往是很无奈的事，一般而言，如果不是特殊事件，是不会轻易离开自己的家乡的。

■ @shellymooc15：我出生在黑龙江，但爸爸妈妈的祖籍都是山东。妈妈的姥姥、姥爷是闯关东来到的黑龙江，爸爸不是，是 20 世纪 80 年代投亲来的东北。我的姓申是一个小姓，爸爸说我们的祖籍其实在山西。我们祖上最有名的一个人是明朝的一位高官，但是后来出了一些事情，被免官。他的八个儿子，把一口锅摔碎，每个人拿了一块，作为以后相认的信物。所以，我们申姓又被叫作破锅申。我一直很好奇这个人是谁，直到一次读文言文的时候偶然看到一个和我同姓的人，我推测可能是他，我准备好好研究研究他。

一百多年前，我们申姓祖先来到山东也是投亲，投奔的人是嫁到山东的老姑奶奶，我们所住的村子里只有两个姓，一个是申，一个是焦。焦姓就是老姑奶奶的婆家。

有朝一日，我希望自己能来一个寻根之旅，回到山东和山西探寻一下我们家族的历史。

■ 青龙山人 1971...

我的家族现居湖北省鄂西地区，少数民族自治州，咸丰县忠堡镇。我查证 18 世纪初，我的祖上是从湖南湘西慈利移民过来的，有墓碑“康熙甲午 1714 年，卒于 1786 年”。墓碑上有“生于湖南澧水慈利县第八都……”字样。他多半生于湖南慈利，老家族谱还有他和四子的姓名，卒于湖北省咸丰县。不知是兵荒还是由于自然灾害，反正听说是逃难而来的。查湖南慈利族谱，来湖南大约是在南宋还是北宋时期，大约是一三几几年，是兄弟两，从江西南昌附近，一个是任慈利知州，还有一个任知县。后扎下根来繁衍成从“一甲”到“十甲”很大的族群。听了老师的课程，看来江西的移民已经到了湘西地区了。

■ 狼行天下 2017...

我是安徽淮南的，每年春节时候家乡都会去给祖先上坟（扫墓），我发现祖先的坟墓最早只能找到前高祖那一代的。再往上就找不到了。好奇的驱动下我问了长辈们，为什么旁边那个姓的能上到前 600 年的坟（有祠堂为证），可我们这姓只能上到高祖那一辈的？他们一个个问才知道，当地我这个姓原来是从河南迁过来的，那时候闹大旱灾，当地实在没吃的了，就四处流散乞讨了，我这一支就到了安徽的淮南。据说在江苏那里还有我们的远门亲戚。

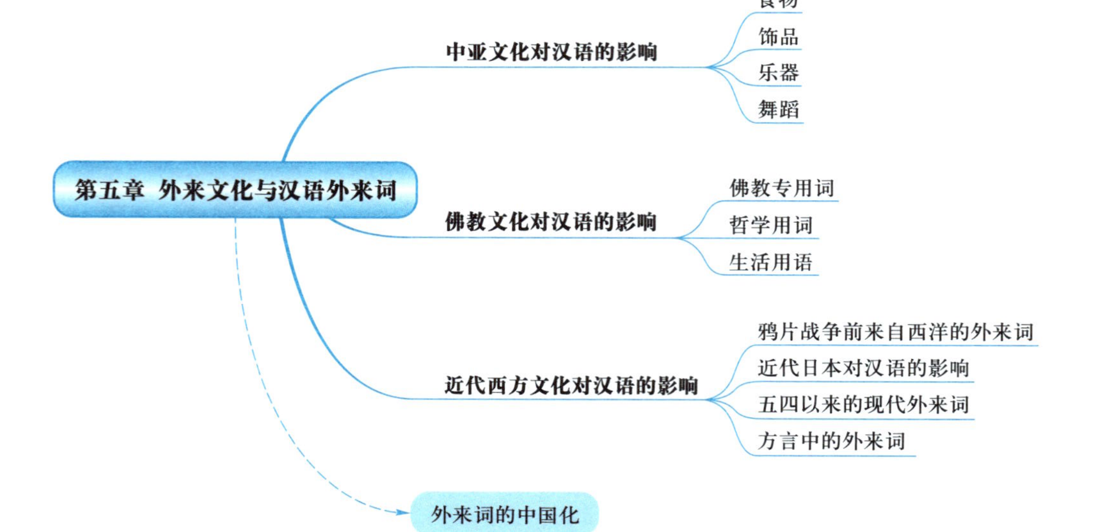
第五章 外来文化与汉语外来词
中亚文化对汉语的影响
食物
饰品
乐器
舞蹈
佛教文化对汉语的影响
佛教专用词
哲学用词
生活用语
近代西方文化对汉语的影响
鸦片战争前来自西洋的外来词
近代日本对汉语的影响
五四以来的现代外来词
方言中的外来词
外来词的中国化

# 第五章 外来文化与汉语外来词

世界上各个民族绝不是孤立地存在于世界之上的，各民族间总是处于彼此接触和相互交流之中。两种文化或多种文化的互相影响，互相渗透，突出地反映在语言上，就是外来词现象。也就是说，一种语言不管口语也好，书面语也好，它总是在各种交流中，吸收其他语言的词汇，并加以改造，使其适应本民族的语言特点。就拿英语来说，它既吸收了拉丁语的一些词汇，同时也吸收了法语的一些词汇，逐渐丰富和发展起来。

中国是一个多民族的国家，也是一个历史悠久的古国。在中华民族与其他民族长期相处之中，伴随着文化交流，汉语也吸收了大量的外来词。

历史上对中国文化产生过重大影响的外来文化有中亚文化、印度佛教文化和近代欧美、日本文化。不同文化的交流，都给汉语带来了为数众多的外来词。

## 5.1 中亚文化对汉语的影响

公元前2世纪，汉武帝派张骞两次出使西域。据史料记载，张骞曾到达西域地区的大宛、大月氏、大夏、康居等国。张骞通西域在历史上产生了极为深远的影响，他开辟了中国汉朝与西域各国的经济、文化交流。他不仅把中国的丝绸、布帛等物品带到了这些地方，而且从西域各国带回了蔬菜和水果，从此以后，西域各国的使节和商人也纷纷来到中国，彼此建立了友好交往。

汉人所谓“西域”有几重不同的含义。狭义的西域指今新疆天山以南，昆仑山以北，葱岭（帕米尔高原）以东，玉门关以西的城郭诸国（如龟兹、楼兰、于阗、焉耆等）；广义的是指西域都护的辖区，在上述城郭诸国以外，更北越天山，西逾葱岭，囊括乌孙（令伊犁河流域）、大宛等国。更广义的西域则是《汉书·西域传》所述的范围，包括不属都护管辖的近邻外国，大致如现在所说的中亚地区。

中亚处于这样的地理位置，正是汉人与西亚、欧洲以及印度交通的枢纽。所以这里所说的中亚文化其实并不限于中亚的土产，有时也包括经中亚而来的其他外国文化。

当这些新的物品从西域传进中国时，人们便面临着一个汉语翻译问题，也就是如何给这些新事物定名。最初，汉语也像其他语言一样，采用了直接翻译的方法，即用一些与此物原音相同或相近的汉字进行对译，于是出现了目宿、莆陶、流离、虎魄、师子、橐驼、批把等词语。这种直接音译法，固然反映了这些事物本来的名称，但不符合汉语的表述习惯。因为汉字本身既表音又表意，如果单取其音，弃其意不顾，不容易被大众接受。于是人们在汉字上动了脑筋，利用汉字偏旁部首表示事物种类的特点，把它们写成了苜蓿、葡萄、琉璃、琥珀、狮子、骆驼、琵琶等。这样，从这些字的偏旁中，便可清楚地判断它们的属性。这种方法也被后来汉语吸收外来词时所采用，其中比较突出的例子，就是对门捷列夫元素周期表的翻译。这些元素对当时的人们来说是完全陌生的，于是用这种音意结合的造字方法，轻松地解决了对元素类别和属性的认识。属于金属类的，就写成金字旁；属于气体类的，就写成气字头；属于矿石类的，就写成石字旁。于是，这些外来词便很顺利地转化成了汉语词汇。

下面我们从食物、饰品、乐器和舞蹈四个方面介绍从中亚翻译过来的一些词语。

### 5.1.1 食物

一、苜蓿

“苜蓿”两字汉语古音拟作 muksuk，在伊朗语里是 buksuk（或 buxsux、buxsuk）。苜蓿是大宛天马的饲料，汉武帝好天马，爱屋及乌，离宫别院旁种满了苜蓿和葡萄。后来苜蓿逐渐传至民间，唐人颜师古注《汉书》说："今北道诸州，旧安定北地之境往往有目蓿者，皆汉时所种也。"据《西京杂记》说，"苜蓿"另有"怀风""光风"等的别名。这是对苜蓿因风而动熠熠有光彩的形象描述，但是汉人创造的这两个新名字终究没有流行开来，而"苜蓿"这两个汉字作为外来词沿用至今两千年一直未改。

苜蓿的原产地并不在中原地区，它是在汉代由西域传入中原地区的。西汉的张骞分别在公元前138年和公元前119年两次出使"西域"，加强了内地同"西域"之间的经济文化交流。苜蓿就是在这个时候开始传入中原地区的。金花菜的原名就是苜蓿，属豆科植物。见载于陶景宏《名医别录》。各地有野生，亦有栽培。江苏苏州等地将其嫩苗腌作菜蔬，叫金花菜。

二、葡萄

葡萄这个词来源于古大宛语，相当于伊朗语的budawa，其中buda是词根，wa或awa是词尾。budawa本来被音译作蒲陶或蒲桃。近年来出土的唐代吐鲁番文书都写作蒲桃，甚至简称为桃。南宋刊刻的《全芳备祖》写作蒲萄。后来改写作葡萄，这最早也是元代以后的事了。几经转写易使人产生是中国固有名称的感觉，所以连明代大医学家李时珍也误解"葡萄"为"人慵之则陶"，一点都不知道它是外来词了。

《史记》和《汉书》记载：大宛左右以葡萄为酒，富人藏酒至万余石，久者数时发不败。在2003年进行的新疆吐鲁番鄯善县洋海墓地的考古发掘中，考古人员从约2500年前的一座墓穴中发掘出一株葡萄标本，属于圆果紫葡萄的植株。其实物为葡萄藤，全长1.15米、每节长11厘米、扁宽2.3厘米。这是新疆考古中发现最早的有关葡萄种植的实物标本。

明代李时珍在《本草纲目·果五·葡萄》中说道："葡萄，汉书作蒲桃，可以造酒入酺，饮人则陶然而醉，故有是名。其圆者名草龙珠，长者名马乳葡萄，白者名水晶葡萄，黑者名紫葡萄。汉书言张骞使西域还，始得此种。而《神龙本草经》已有葡萄，则汉前陇西旧有，但未入关耳。"

三、石榴

石榴在我国民俗中长期以来作为多子的象征，似乎是国粹，其实也是舶来品。石榴原名安石榴。《全芳备祖》引晋陆机《与弟云书》说："张骞为汉使外国十八年，得涂林安石榴种。"安石榴可能从中亚的安息国传来，安息即帕提亚古国，在今波斯（伊朗），其地自古产石榴。帕提亚王朝名为Arshak，正是“安石”的对音。安石榴传入中土的时代不明，不过当然不见得是张骞带回来的。后人把从中亚输入植物都归功之张骞一人，显然只是因为他的西域之行标志着整整一个新时代的开始而已。但是据上文所引文献记载，至迟在西晋以前就有安石榴是可以肯定的。

晋代以后，石榴的种植已很普遍，甚至及于南方。《宋书》载：晋安帝时武陵临沅献安石榴，一蒂六实。安石榴后来省称为石榴，在民间成为多子多福的象征。《北史》记载：北齐文宣帝的儿子安德王取李祖收之女为妃，李妃之母献两颗石榴在文宣帝座前，文宣帝不解其意。太子太傅魏收在一旁解释道：“石榴房中多子，王新婚，妃母欲子孙众多。”到了唐宋时代，互赠石榴祝愿多子多福的民俗就更盛行了。直至今日这一风俗还在一些地区保留着。

石榴的另外几个古称是：涂林、丹若、若（楉）榴、天浆。涂林已见于上引陆机《与弟云书》，很可能是地名 Darin 的转写，是安息国的地名。“若榴”则可能是“石榴”的方言读音，在今天吴方言区的许多地方，“石、若”也是同音的。日语称石榴为 Zakuro，正是“若榴”的对译，大约日本的石榴是由我国的吴语地传去的。

四、手抓饭

胡食自汉魏以来已行于中土，到唐代则盛极一时，不但贵人御馔供胡食，就是长安街上也有胡食店，以飨平民。有一种著名的胡食在长安方言里叫“饆饠”（或作毕罗），就是今天依然盛行于新疆和一些北方城市的“抓饭”。唐代长安的东市和长兴里都设有专卖“毕罗”的店铺。毕罗是外来词，吃的时候用手抓，后来才意译为“手抓饭”。

五、菠菜

菠菜于 7 世纪左右由尼泊尔传入中国，古代称“波稜菜”“颇棱菜”（相传来自“颇棱国”，但“颇棱国”一词可能来自尼泊尔语的“蔬菜”/ pālaka /，并非国名）；在闽南与潮汕地区，因“菠薐”音近“飞龙”而被讹“飞龙菜”。现已是一道家常菜。菠菜常用来煲汤，凉拌，单炒，和配荤菜合炒或火锅垫盘。

六、西瓜

我国是世界上最大的西瓜产地，但西瓜并非源于中国。西瓜的原生地在非洲，它原是葫芦科的野生植物，后经人工培植成为食用西瓜。

早在四千年前，埃及人就种植西瓜，后来逐渐北移，最初由地中海沿岸传至北欧，而后南下进入中东、印度等地，四五世纪时，由西域传入我国，所以称之为“西瓜”。据明代科学家徐光启《农政全书》记载：“西瓜，种出西域，故之名。”明李时珍在《本草纲目》中记载：“按胡娇于回纥得瓜种，名曰西瓜。则西瓜自五代时始入中国；今南北皆有。”这说明西瓜在我国的栽培已有悠久的历史。

### 5.1.2 饰品

一、祖母绿

还有不少新奇的中亚出产的矿物受到汉人的青睐，其中有祖母绿、琥珀等。祖母绿又写作助木剌、砠（jū）�碌，俗称绿宝石，实即翡翠，原是萨珊王朝的宝石。《魏书》《周书》《北史》和《隋书》都把它列为波斯和康国所产的宝石之一。

祖母绿英文为 emerald，源自波斯语 zumurud（绿宝石），后演化成拉丁语 smaragdus，又讹传为 esmeraude、emeraude，而后成为英文拼写形式。汉语为音译。陶宗仪在其《辍耕录》中音译为“助木剌”。我国旧时尚有“子母绿”“助水绿”等叫法。香港特别行政区亦称其“吕宋绿”。

二、琥珀

琥珀这个词追踪溯源，在中国的文献记载中，最早见于汉代，写作“虎魄”，西汉之初陆贾所著《新语·基道》中谈到了琥珀：“犀象瑇瑁，琥珀珊瑚，翠羽珠玉，山生水藏，择地而居。”源于突厥语；一说来自叙利亚语；又一说来自中古波斯语。

“琥珀”还有其他的名字。先秦《山海经·南山经》中记载：“其中多育沛，佩之无瘕疾。”这里的“育沛”，就是“琥珀”。而且，西汉刘向《别录》中，“琥珀”被称为“江珠”，东汉王充《论衡》中“琥珀”被称为“顿牟”，西汉史游《急就章》中“琥珀”则被称为“虎魄”。

“琥”在古音中发 h 声，“珀”为 p 声，这与希腊文称琥珀为 harpax，发音十分接近，而 harpax 则有可能来自古波斯语 kahrupai 的更古同源形式，这与中国古代琥珀最早来自古希腊和古罗马，通过丝绸之路从西向东而来恰恰相印证，所以，“琥珀”应该来自古代西方，是个舶来词。

中国古代称琥珀为“瑿”或“遗玉”，传说是老虎的魂魄，所以又称为“虎魄”。琥珀自古就被视为珍贵的宝物，因为琥珀来自松树脂，而松树在中国又象征长寿。但琥珀并不是老虎的魂魄。除“琥”[①]字古已有之外，“珀、苩、蓿”都是专门为此发明的。后来，但凡松柏树脂的化石都叫“珀”，如“腊珀、金珀、明珀、水珀、花珀”，只有红的才叫“琥珀”。

三、胭脂

古来妇女化妆日用莫过“胭脂”，这却是个汉代匈奴语借词。《史记·匈奴列传》正义引《西河故事》记匈奴民歌“失我祁连山，使我六畜不蕃息；失我焉支山，使我妇女无颜色”。晋崔豹《古今注》：“燕支叶似蓟，花似蒲公，出西方，土人以染，名为燕支。中国亦谓为红蓝，以染粉为妇人色，谓为燕支粉”。习凿齿与谢侍中书：“此有红蓝，足下先知之否？北方人采其花染绯黄，挼其上英鲜者作燕支。妇人妆时，用作颊色……匈奴名妻阏氏，可爱如烟支也。阏字音烟，氏字音支，想足下先亦作此读汉书也。”

此词有“焉支、燕支、烟支”等写法（《集韵》、李时珍《本草纲目》又把煙支改为加“赤”旁）。其下字皆为“支”，但唐后期出现下字为“脂”的写法：杜甫《曲江对雨》“林花着雨胭脂湿，水荇牵风翠带长。”《敦煌曲子词》“故着胭脂轻轻染，淡施檀色注歌唇”。

### 5.1.3 乐器

一、唢呐

还有一个“洋芋变土豆”的例子是唢呐。唢呐在一般人心目中要算土得掉渣的乐器，地地道道的“国乐”或“民乐”，却原来也和胡琴一样，是从西域来的。

最初的唢呐是流传于波斯、阿拉伯一带的乐器，就连唢呐这个名称，也是古代波斯诺 Surnā 的音译。唢呐大约公元 3 世纪在中国出现，新疆拜城克孜尔石窟第 38 窟中的伎乐壁画已有吹奏唢呐形象。在 700 多年前的金、元时代，传到中国中原地区，曾译作“锁呐”“销呐”“苏尔奈”“锁奈”“唆哪”等名。

---

① 琥是古代的一种礼器，即琥璜；或信物，即虎符。

明代王圻《三才图会》载："锁奈，其制如喇叭，七孔，首尾以铜为之，管则用木。""当军中之乐也，今民间多用之。"

清代唢呐在宫廷被列入回部乐，也用于大驾卤簿。因两端都用铜制，又称"金口角"。后衍生出大唢呐、中唢呐和小唢呐等形制。

各民族，各地区的双簧类乐器的形体大小不一，名称也各异。形体相对较小的称"海笛"。自缅甸传入的较大的称"聂兜姜"。西藏佛教所用唢呐，也称"得梨"。

唢呐音量较大，音色高亢，富有穿透力，适于表现热烈欢快的音乐风格，但不少民间艺人也能用双唇压紧哨片，控制气息，吹出柔润的弱音（也称"箫音"）来表现抒情或悲哀的情绪。

二、琵琶

琵琶又称"批把"，最早见于史载的是汉代刘熙《释名·释乐器》："批把本出于胡中，马上所鼓也。推手前曰批，引手却曰把，象其鼓时，因以为名也。"意即批把是骑在马上弹奏的乐器，向前弹出称作批，向后挑进称作把；根据它演奏的特点而命名为"批把"。在古代，敲、击、弹、奏都称为鼓。当时的游牧人骑在马上好弹琵琶，因此为"马上所鼓也"。大约在魏晋时期，正式称为"琵琶"。

南北朝时，又有曲颈琵琶传入。曲颈琵琶源于乌特，是一种阿拉伯乐器，也流行于土耳其、伊朗、苏丹、摩洛哥，阿拉伯文叫 ud。它传入欧洲，就变成了琉特，盛行于文艺复兴时期。传入中国，则变成了琵琶，隋唐年间盛极一时，有龟兹琵琶、五弦、忽雷（忽雷又分大忽雷、小忽雷）等多种，大约也还在马上弹奏。李白诗"葡萄美酒夜光杯，欲饮琵琶马上催"，西域情调是很浓的。

三、胡琴

琵琶、五弦、忽雷、火不思，都是西域拨弦乐器，当时统称胡琴。

火不思是乌特的一种，突厥语叫 qobuz，译名也五花八门，什么和必斯、虎拨思、琥珀词、吴拨四，比较好玩的则有胡不思和浑不似两种。火不思后来变成了拉弦乐器，也就是二胡。二胡是典型的"中外合资"产品。北方的马尾、松香，南方的蛇皮、竹子，中西合璧，"北人南相"，表现力极强，也就在民乐演奏中唱起了主角。

### 5.1.4 舞蹈

中亚文化和汉文化的交流到唐代形成了一个新的高潮。唐代国力强盛，民族自信心增强，对于西来文化采取极其开放的政策。首都长安是当时世界上最大的国际都会，也是一个中外文化融合的熔炉。长安人口中胡人占了相当大的一部分，天宝乱后留居长安的回鹘人就有上千人之多。当时长安城里的服饰、饮食、宫室、乐舞、绘画、游艺等无不受西域文化的深刻影响。所谓“开元以来，太常之乐尚胡曲，贵人之御撰悉供胡食，士女皆竞衣胡服”，就是这种影响的最好写照。如果说，汉代输入的中亚文化主要是侧重于物质方面，则到唐代，在精神文化方面，也有了大规模的引进。

一、柘枝舞

唐代盛行的一种胡舞，传自西域石国，石国又名柘枝，在今中亚江布林一带。“柘枝舞”是一种健舞，特征是矫捷婀娜、变化丰富、腰柔体轻、热烈明快，后来还出现了专门的柘枝舞伎。不过，后来的《柘枝舞》开始向软舞转变。今闽南方言中“柘枝”还保留着古读音。

二、胡旋舞

“胡旋舞”来自西域的康居国，舞女是在天宝末年献给唐皇的。据说这种舞蹈节拍鲜明、奔腾欢快，而且多旋转蹬踏，故名胡旋。唐《通典·卷一四六》曰：“舞急转如风，俗谓之胡旋。”

胡旋舞的伴奏乐器以鼓为主。在弦鼓声响起的同时，胡旋女双袖举起迅速起舞，“回雪飘摇转蓬舞，左旋右转不知疲，千匝万周无已时。”此时“人间物类无可比，奔车轮缓旋风迟”，亦即连飞奔的车轮都觉得比她慢，连急速的旋风也稍加逊色。在飞旋的舞蹈中，观众已经是“万过其谁辨始终，四座安能分背面”，连观者也眼花缭乱，分不清楚胡旋女的脸和背了。

在新疆龟兹和敦煌的石窟壁画中，有大量的旋转舞女形象，她们两脚足尖交叉、左手叉腰、右手擎起。全身彩带飘逸，裙摆旋为弧形，十分美丽。

胡旋舞从西域传入中原后，成为当时最受人们喜爱的舞蹈之一，大约 50 年的时间盛行不衰。

胡旋舞男女都可以跳，有独舞，也有三四人舞。不过，唐朝汉人女子能跳胡旋舞，汉人男子中有身份的人一般不跳胡旋。

三、胡腾舞

“胡腾舞”完全是男性舞蹈，它体现了男子豪放、粗犷的性格。以急促多变的腾踏舞步为主，故名“胡腾”。胡腾舞的动作主要在腿部。古代西域舞蹈强调使用的舞步种类繁多，如移步、蹉步、碎步、踏步、跺步以及各种跳跃步等。

四、狮子舞

狮子舞，是一种以模仿狮子俯仰驯押之态的舞蹈，来自西域，在唐代已被引入宫廷，成为“燕乐”的一个重要组成部分，在《新唐书·音乐志》《通典》《乐府杂录》等文献中均有记载。狮子舞分为两类：文狮、武狮。文狮子一般是戏耍性的，擅长表演各种风趣喜人的动作，如挠痒痒、舔毛、抓耳挠腮、打滚、跳跃、戏球等。武狮子则重在耍弄技巧，最普通的是踩球、过跷跷板，难的甚至要做武功性的表演，如走梅花桩这样的高难动作。狮子舞通常有一个引舞的人，叫“狮子郎”，其称呼在不同方言里带有浓重的外来特色，如有的叫胡人，有的叫回回（湖南），有的叫达摩（广东）。

## 5.2 佛教文化对汉语的影响

从西土来的，不光是葡萄、石榴、唢呐、琵琶、胡豆、胡椒、胡萝卜，还有佛。

佛也是“舶来品”。中国本土传说有鬼，有神，有仙，没有佛。中国民间传说认为，鬼神都是死去的人，一个普通人死了，就变成鬼；如果死的是一个了不起的人，一个于国于民有大功劳的人，比如夏禹什么的，就变成神。鬼之与神，不过是灵魂的两种不同待遇，或两种不同存在方式。鬼投胎，神附体；鬼作祟，神降福。至于仙，则是活人，只因为得了道术，或服了丹药，变得长生不老，或者可以肉体飞升，平步青云，也就成了仙。

佛教最初传入中国一般认为在东汉明帝时期。南北朝时，由于统治者的信奉和大力扶植，佛教文化的传播更加迅速，据《魏书·释老志》记载，从北魏永明年间到魏末短短半个多世纪时间，北方的寺院从 7000 多所猛增到 3 万有余，僧尼人数也由 7 万多激增至 200 万。到了唐代、中国的佛教文化达到顶峰形成独立的体系，并开始产生国际影响力。

佛教文化的流播必然带来佛经翻译的繁荣。印度佛教初起时，佛经仅凭口授相传，因此早期的译经都是靠译者背诵后再笔录成汉文的，他们需要精通各种中外语言文字，著名的有：支谦[①]，月支人，通六种语言文字；安世高[②]，安息人；鸠摩罗什[③]，其父天竺人，其母龟兹人，九岁随母游印度；竺法护[④]，原籍月支，通三十六国文字；实叉难陀[⑤]，于阗人；玄奘，大唐人，游学天竺17年，归国译经达1300卷。这些佛经翻译大家在翻译实践中，创造了大量佛教用词，这些佛教术语、佛教偈语、佛教典故等随着宗教文化的渗透而进入了我们的社会生活，在不知不觉中影响人们的语言表达方式。至今，我们日常流行的许多用语，如世界、如实、口头禅、实际、平等、圆满、现行、刹那、清规戒律、相对、绝对等都是佛教用语。如果真要彻底摒弃佛教文化的话，恐怕我们连话都说不周全了。

随佛教文化进入汉语的外来词大致可分为三类：① 见于佛经未进入全民语言，多为专业术语和使用范围较窄的专用器物类词，如阿含（小乘教）、俱罗钵底（居士）、泥梨（地狱）、般若（智慧）、舍利（遗身）；天盖（伞）、净瓶、锡杖、拂子等。② 在某一历史时期曾作为全民语言使用，后废弃不用。如北朝时代各种僧职等名称：沙门统、州统、都维那、维那等称呼都是当时人们所

---

① 支谦（生卒年不详），字恭明，生于中国，原籍月氏。受业于同族支亮，支亮受业于支谶，三人均闻名于世，有“天下博知，不出三支”之说。译有《大明度无极经》《大阿弥陀经》等八十八部、一百一十八卷，创作了《赞菩萨连句梵呗》三契，其翻译以大乘“般若性空”为重点。他虽不是僧人，但对佛教的贡献却十分巨大。

② 安世高（生卒年不详），著名僧人。原为安息国太子，于东汉建和元年（147）来到洛阳。所译经典共35种，41卷，现存22种，26卷。其《大安般守意经》所述数、随、止、观、还、净六种法门，为后来天台宗教授的止观法门所兼容。东汉灵帝建宁年间（168—172）后，安世高开始游历江西、浙江等地，晚年踪迹不详。

③ 鸠摩罗什（344—413），著名僧人。祖籍印度，公元344年生于龟兹。译有《大品般若经》《小品般若经》《妙法莲华经》《金刚经》《维摩经》《阿弥陀佛经》《首楞严三昧经》《十住毗婆沙论》《中论》《百论》《十二门论》《大智度论》等经论。

④ 竺护法（228—306），祖籍大月氏，译有《光赞般若经》《正法华经》《渐备一切智经》《弥勒成佛经》《普曜经》等150多部佛经。

⑤ 实叉难陀（652—710），唐代译经三藏，于阗（新疆和阗）人。善大、小二乘，旁通异学。证圣元年（695）到达洛阳，住在内廷大遍空寺，与菩提流志、义净等，于东都大内大遍空寺重译《华严》，是即新译华严经八十卷。难陀后来又在洛阳三阳宫、佛授记寺、长安清禅寺等处续译诸经。长安四年（704），他以母亲年迈，请求归省，朝廷特派御史霍嗣光送他回归于阗。唐中宗即位，再度邀请他到长安，住大荐福寺。未遑翻译，即患病，于睿宗景云元年（710）十月圆寂。其舍利由他的门人悲智和唐使哥舒道元护归原籍。

共知的。③ 佛教词语融入汉语词汇被广泛运用于口语和书面语中。我们主要介绍第三种情况。

### 5.2.1 佛教专用词

佛教词语融入汉语词汇的一种情况是专门术语的吸收。比如佛教教义理论，有“四谛”，包括“苦谛、集谛、灭谛、道谛”。其中“苦谛”，宣扬的是人生八苦，生、老、病、死、爱别离、怨憎会、求不得、五阴炽盛。“五阴”就是“五蕴”，包括“色蕴、受蕴、想蕴、行蕴、识蕴”。再比如佛教礼仪的词汇，有“烧香”“拜佛”“诵经”“打坐”“参禅”“修行”等。这些词虽然宗教色彩依然浓重，但丰富了汉语的内容。而且由于翻译与不同认识等原因，不少术语被赋予了新的意义。例如：

佛，梵文作 Buddha，全译是佛陀，省译作“佛”，因为中国原本没有佛这个概念，佛教刚传入中国时翻译也是五花八门。早期译为没驮、勃驮、浮屠、浮图、佛图，意为觉者。大乘佛教称自觉、觉他、觉行圆满三项果位俱全者为佛陀，小乘佛教则用它尊称始祖释迦牟尼。

佛这个字用得非常妙。既是人（有单人旁），又不是人（弗人），正好用来表示那悟得了无上正等正觉的非凡的人。而且跟汉语已有的词语鬼、神、仙并列，也很整齐。所以，用佛来译，称得上“神译”。

尼姑：原本根据梵文音译为“比丘尼”，即出家后受足戒的女性佛教徒，其中“尼”表示女性，以别“比丘”（男信徒）。到汉语中，“尼”就是“比丘尼”的省略音，“姑”来自汉语，也是女性的意思。后来人们就用“尼姑”代替“比丘尼”使用。

菩萨：省略自“菩提萨埵”，也是音译。意思为“觉有情”，指未曾成佛，但已解脱烦恼的智者，亦泛指一切修习大乘佛教之人。汉语中本没有“萨”字，是新造的字。

“浮屠”：梵语 Stupa 的略音，正译为窣堵波，即塔、佛塔，俗称宝塔。佛塔的层次一般为单数，如五、七、九、十三级等，而以七级最为常见，故有“七级浮屠”之称。塔原来是用来埋葬圣贤的身骨或藏佛经的，造塔的功德很大。然而，为死去的人造塔，毕竟不如“救人一命”的功德更大。

其他诸如轮回、涅槃、般若、三昧、瑜伽、佛陀、和尚、僧伽、阿修罗等许多词汇，也是汉语本来并没有的佛教专用语。

### 5.2.2 哲学用词

和中国一样，印度有着高度的古代文明，在哲学上印度较中国有着更严谨的概念。佛教中许多哲学词汇是汉语中本身没有的。来源于佛教的哲学词汇已成为中国古代哲学以及现代哲学不可缺少的组成部分。如：

世界：原意为日月照临的范围，即宇宙。“世”即时间，“界”即空间。《楞严经》云：“何名为众生世界？世为迁流，界为方位”，过去、现在、未来称“世”，上下八方称“界”。中国本无明确的时空观念，“天下”亦仅指古人可以到达的地方而止，直至佛教传入中国才有比较抽象的宇宙观。

唯心：《华严经》：“三界所有，唯是一心。”《大乘入楞伽经》卷上：“因有故成无，因无故成有。微尘分析事，不起色分别。唯心所安立，恶见者不信。”佛教主张诸法均由心起，有“三界唯心”之说。唯心主义是中国古代哲学中早有的思想，“唯心”一词却源自佛教，用在哲学上指思想、意识第一性，物质第二性。

实际：“实”，最高的“真如”“法性”境界；“际”，境界的边缘。《大乘义章》卷一：“实际者，理体不虚，目之为实，实之畔之，故称为际。”现在把客观存在的现实叫作实际，与“理论”相对。

平等：源于梵语 upeksa，意译为“舍”，意为“舍去一切差别相”。佛教认为，一切事物在性体（即本质、共相、空性、心真如性等）上没有任何差别。在时间上，称为“三世平等”；在空间上，称为“大小平等”。现在“平等”多指人们在社会、政治、经济、法律等方面具有相等地位，享有相等待遇。

其他如相对、绝对、意识、因果、悲观、此岸和彼岸、平等等常用的哲学词汇也是来自佛教。

### 5.2.3 生活用语

佛教词语融入汉语词汇的另一种表现则是淡化了佛教色彩并增加了社会含义的常用语的加入，诸如现在、过去、未来、刹那、瞬间、须臾、圆满、念书、缘分、姻缘、生老病死、不可思议、一丝不挂、回头是岸、恍然大悟之类的有近五百条之多。这类词语与老百姓生活密切相连，使用频率高到习焉不察的程度。归纳起来，有以下四类：

① 佛教词语直接发展成为汉语基本词。如“世界”“平等”“圆满”“有缘”“智慧”“真理”等。② 佛教词语作为根词与汉语合体产生新词。像“禅”“佛”“僧”“魔”等词语，具有极强的构词能力。如与“佛”相关的词有“佛教”“佛像”“佛经”“佛寺”“佛祖”“佛门”“佛法”“佛眼”等词语至少有上百个；与“魔”相关的词也有“魔鬼”“魔法”“魔障”“魔窟”“魔爪”“魔心”“魔力”“魔功”“魔门”“心魔”“妖魔”等好几十个。③ 佛教词语形成的各类民俗用语或生活用语。如“拜佛”“念经”“吃斋”“因果”“轮回”“解脱”“觉悟”“正宗”“法宝”“阴司”“阎王”“超度”“火化”“供养”“礼拜”“烧香”“还愿”“行善”“放生”“化缘”等。④ 佛教语词凝固成相关的成语、谚语及歇后语等熟语。如“大千世界”“昙花一现”“醍醐灌顶”“大彻大悟”“三生有幸”“皆大欢喜”“不看僧面看佛面”“无事不登三宝殿”“和尚打伞，无发（法）无天”等。又如数字式的成语有一尘不染、二佛涅槃、三生有幸、四大皆空、五体投地、六根清净、七情六欲、十恶不赦等。

以下我们就佛教词语形成的成语、谚语、歇后语作大致列举：

一、佛教成语

“生老病死”最早由佛教提出。佛教认为这是人生所必须经历的四种痛苦，也称四相。《法华经》言：生老病死，四苦也。《百喻经》言：世间之人，亦复如是。为生老病死之所侵恼，欲求长生不死之处。现今，生老病死指生育、养老、医疗、殡葬等人生大事。

“痴心妄想”来源于佛教，痴是佛教所说的三毒之一，三毒指贪、嗔、痴。痴又作无明讲，指心性迷暗，愚昧无知。佛教认为，正因为有痴心、妄心、贪心，所以众生才会有痛苦产生。现形容一个人不切实际的想法。

“醍醐灌顶”出自佛教。“醍醐”是从牛乳中提炼的精华，比喻佛法的最高境界；“灌顶”是佛教密宗的一种形式，《大日经疏》言：以甘露法水灌佛子之顶，令佛种永不断故。现比喻恍然大悟，茅塞顿开之愉悦。

“不离不即”出自《圆觉经》，“不离不即，无缚无脱，始知众生本来是佛。”真相与妄相有区别，即不即；但妄相乃真相显现，即不离。后指若合若离，即不接近也不疏远，也做若即若离。

“当头棒喝”源于禅宗的一种修行方法。临济的喝，德山的棒，棒喝是禅宗师家接待初学者的手段之一，对于其所问的问题，师家往往不用语言来答复，或者使用棒锋击打其头部，或者冲其大喝，看其反应能力，断定学生悟解能力。现比喻促人醒悟的打击或警告。

“天花乱坠”源于佛教传说，梁武帝时云光法师讲经，感动上天，天花纷纷撒下。现用来比喻不切实际或过分的夸张。

“降龙卧虎”源于佛教故事。一些高僧有神通，能用法力制服老虎。现形容力量强大，能够战胜一切困难。

“一尘不染”佛家指佛教徒修行，掘除欲念，保持心地纯净。现形容环境的清洁，或比喻人品的纯洁。

“出生入死”出自《无量义经》“若有众生，得闻是语，虽有烦恼，如无烦恼，出生入死，无怖畏想。”

“空中楼阁”出自《百喻经·三重楼阁》。说的是，过去有一个富翁，要想盖一座三层高的楼阁。木匠依照他的吩咐，开始在地面上打地基。富翁说，我不要下面的两层，只要第三层。木匠说不造下面的两层就无法盖第三层。但是富翁仍然执迷不悟，结果引来了众人的嘲笑。佛法中用这个典故说明了修行要打好根基和循序渐进的道理。现用来比喻虚幻的事物或空想。

由此可见，佛教汉化不仅为汉民族语言的发展起了很大的作用，也反映了汉化佛教的智慧和影响，这些成语不但丰富了我们的生活，还提高了思想境界。

二、佛教俗谚语

“生公说话，顽石点头”源于佛教故事。“生公”指晋初高僧竺道生，他是鸠摩罗什的高徒，悟性非凡。传说他曾聚石为徒，讲《涅槃经》，说到断绝善根的人也有佛性时，群石为之点头。比喻说理透彻，使悟性全无的人也信服。

“无事不登三宝殿”是典型的佛教成语，三宝殿是指代表佛法僧的殿堂，原意是只有遇到事情时，才会想起到寺院寻求帮助。后来比喻登门求人办事。

“不看僧面看佛面”，僧、佛都是世人敬仰的对象，二者的阶次有高下，“佛”是佛教的信仰目标，而“僧”是佛教的信仰徒众，所以汉地有“不看僧面看佛面”的说法，用来比喻请看在第三者的情面上，帮助或宽恕某一个人。

“救人一命，胜造七级浮屠”，浮屠是来自梵语的音译词，即塔（上文已提及）。佛塔的层次一般为单数，而以七级为常见，故有“七级浮屠”之称。塔原是用来埋葬圣贤的身骨或藏佛经的，造塔的功德很大。然而，为死去的人造塔，毕竟不如“救人一命”的功德大，故俗语云：“救人一命，胜造七级浮屠”，意在鼓励人们奋不顾身，去援救面临死亡威胁的人。后来也比喻坏人停止作恶，也会变成好人。

“平时不烧香，急来抱佛脚”，这句是民间谚语。烧香礼佛本是佛门的早晚常课，是平时积德修行的具体表现之一。如果平时恣意妄为，一旦到生死关头或大难临头，匆忙求佛，自然难以解脱了。现在用这句谚语比喻平时不做准备，事到临头，才想办法。

这样的谚语还有很多，如“阎王催命不催食”“和尚无儿孝子多”“远来的和尚好念经”“苦海无边，回头是岸”“做一天和尚撞一天钟”“人争一口气，佛争一炉香”“早知今日，悔不当初”“百尺竿头，更进一步”“与人方便，自己方便”“不因一事，不长一智”等。

三、佛教歇后语

这类歇后语主要借用跟佛教相关的器物、活动、事件等，实现形象的表达。一种文化能够深入到语言的歇后语、俚语层面，可见其与当地人们的生活密切程度。如“冬瓜撞木鱼——响也不响”“庙里的钟——鸣（名）声好肚里空”“和尚头上的虱子——好捉”“虎坐莲台——冒充善人”“小和尚念经——有口无心”“阎王爷贴告示——鬼话连篇”“和尚打伞——无发（法）无天”“泥菩萨过河——自身难保”“屠夫念经——假慈悲”“丈二金刚——摸不着头脑”等。

## 5.3 近代西方文化对汉语的影响

明清以来，随着西方文化的大量涌入，反映这一文化内涵的外来词也如洪流一般注入汉语词汇库，体现在精神文化和物质文化的各个方面。其传播途径，一方面通过书面的翻译输入，另一类由口耳相传流播，有的在近现代书报可以看到，且进入通语的词汇之中，如扑克、巧克力、激光、爱克斯光、凡士林、俱乐部、基督教等；有的则保留在方言的口语当中继续被人使用，如宁波方言的司必灵（spring）、上海话的阿飞（fly）、广州话的芝士（cheese）等。

### 5.3.1 鸦片战争前来自西洋的外来词

中国在汉唐两代就曾和大秦、波斯等西方国家发生过联系。到了元代，蒙古人曾建立地跨欧亚两大洲的大帝国，直接建立了中国和西洋的往来。尤其是明代郑和下西洋后，以利玛窦为代表的西方传教士和大量商人来到中国，把大航海时代后世界各地的文化带到中国。当时“齿轮”“滑车”“风扇”“螺丝”“机车”“起重机”“自行车”“轮盘”“地球”“重心”“地平线”“水库”“比例”“载重”“关系”“特殊”“灵魂”“测量”等词已经出现在汉语之中。与我们今天的食物紧密相关的玉米、土豆、辣椒等，也从南美洲辗转流传进入中国。

一、玉米

玉米学名玉蜀黍，原产南美洲。传入中国有两条路线：一条是先由葡萄牙人带到爪哇，再从爪哇辗转而来；另一条则是阿拉伯人从麦加、中亚带入中国。玉蜀黍在各地方言中的别名也五花八门。有叫玉麦（南宁）的，有叫黍麦（温州）的，有叫红须麦（巍山）的，还有叫番大麦（厦门）的，最早的官方称谓则是“御麦”。可见玉蜀黍刚进入中国时，被看作一种“麦”。“御”和“玉”同音，玉蜀黍也更像是米而不是麦，因此便改叫“玉米”（玉一样晶莹的米）。既然是米，当然也是谷，所以又叫“苞谷”（叶子包着的谷，西南官话）。又因为这“包谷”是棒槌状，故而也叫“苞谷棒子”，或干脆简称“棒子”。

二、土豆

土豆学名马铃薯，也是原产南美洲，传入中国比甘薯还晚，所以叫洋番薯（温州）、番仔、番薯（厦门），也有叫荷兰薯（广州、潮州、梅县），红毛芋艿，洋芋艿（宁波）的，更普遍的叫法则是洋芋（西南地区）。

三、辣椒

辣椒原产南美洲热带地区，据德康道尔的《农艺植物考源》考证，直到 17 世纪才传入中国。中国土生土长的椒只有一种，即花椒。虽然辣椒不姓“胡”，看不出是从国外进口的，但方言中还是留下了其漂洋过海的蛛丝马迹。

比如温州、厦门便管辣椒叫“番姜”，福建许多地方（如建阳、建瓯、崇安、光泽）则管辣椒叫“番椒”，中药药典上也叫“番椒”。大约辣椒传入中国以前，国人的辛辣佐料主要是生姜和花椒，这才把辣椒称为“外国生姜”（番姜）和“外国花椒”（番椒）。之所以不冠以“胡”，则是因为已另有“胡椒”。但生姜之味主要是辛，花椒之味主要是麻，辣椒之味才真正是辣，这才因味得名，叫作辣椒。

辣椒被叫作番椒或番姜（四川人则称之为海椒），是一点也不奇怪的。大凡从国外引进的植物，往往会被冠以胡、番、西、洋等字眼，以示其来历，比如西红柿也叫番茄，还叫洋柿子。

四、番薯

番薯学名甘薯，也叫白薯、红薯、红苕、山芋、地瓜，南昌、广州、阳江、梅县、潮州、厦门、福州、温州都叫番薯。

它是在哥伦布发现新大陆以后，由西班牙人从南美洲带到菲律宾的。明代万历年间，福建遭受台风，总督金学派人到菲律宾寻找可以救灾的农作物，甘薯便漂洋过海，来到中国，所以甘薯又叫金薯，也就是为了纪念金学的功劳。不过要想什么事都能做到饮水思源，是不容易的。极易生长的甘薯在全国推广后，便不再叫金薯或番薯，反而变成了“地瓜”。

### 5.3.2 近代日本对汉语的影响

日本在明治维新之前，接受西方文化是通过中国为转接站的，宇田川精横翻译的《万国地学和解》里头的中国名、地名都遵循《瀛涯志略》《地理全志》的体例，使用明清以来中国人或西洋人惯用的纯粹汉字的字音来翻译，如欧罗巴、英吉利、华盛顿、伦敦、彼得等。明治维新后，日本吸收西洋文化的速度远远超过中国，尤其是中日甲午战争中国失败后，强烈地刺激了中国的知识分子，促使他们大批东渡日本学习西方文化，寻求救国之道。

这些留日学生阅读大量西方文化的日文译本，对其中以汉字表达的西方语源的外来词并不觉得陌生，于是直接将它们介绍到中国。于是大量表达西方文化的日语汉字词涌入中国。由于这些词都以汉字出现，在中国人看来就好像是本族固有的词汇一样。在今天，我们几乎很少有人能够意识到，诸如“文化”“书记”“博士”“处女作”“辩证法”“共产主义”“宗教”“权威”“派出所”这些耳熟能详的词语，都是来自日语。

归纳起来，汉语中来自日语的外来词有三种类型：

第一种类型，日语原来就有的而非翻译自欧美的词汇，被吸收到汉语词汇当中。如场合、场面、场所、道具、舞台、解决、经验、权威、希望、勤务、个别、交换、克服、故障、交通、目标、方针、表现、例外、认可、联想、执行、市场、症状、集团、宗教、出席、想象、体验、退却、特别、取缔、打消等。

这类词有的已经萎缩，如“走合”现在已很少用，已被“试运行”或“试运转”所代替。不过在20世纪80年代上海的街头还可以看见有的卡车上挂着“走合车”的牌子。又如“破门”是“开除师门”的意思，旧时导师对受业弟子言行不满，可声明“破门”，断绝一切关系。今天已经没有这种做法，“破门”一词的这种用法随之消失了。

第二种类型，日语中用古代汉语中的词去意译欧美的词汇，被吸收到汉语词汇当中。如文学、文化、文明、文法、分析、铅笔、学士、博士、艺术、保险、法律、自由、意味、住所、会计、阶级、改造、革命、课程、经济、经理、检讨、机会、机关、抗议、故意等。

第三种类型，日语中用汉字组合去意译或者音译欧美的词汇，后被吸收到汉语词汇当中。如美学、美术、美化、微积分、物质、直觉、调整、超短波、仲裁、代理、代表、断交、谈判、瓦斯、电流、电车、动员、导火线、概括、学位、学期、剧场、议会、军事、背景、迫害、破产、反对、偏见、批评等。

日语外来词在构词能力、构词方式上大大影响了汉语。日语词汇以双音节复合词为主，辅以多音节复合词。当时汉语正处在由文言文向白话文转变的过程，而日语外来词的这一特点正好符合了白话文的需求，因此日语外来词也促进了白话文的改革。可以说，现代汉语以双音节词为主正是受了日语外来词的一部分影响。

### 5.3.3 五四以来的现代外来词

鸦片战争后，中国为了吸收外国文化以图富强，翻译事业广泛开展起来。1862年到1902年北京设立的同文馆，1870年到1907年上海江南制造局的翻译馆都是专门做翻译工作的。另外，天津的北洋学堂、上海的南洋公学、海军衙门、总税务司，还有时务报、广学社、墨海书馆等都有翻译的业务。这些机构翻译出来的译著包括文法理工农医等各个领域，创造了大量的外来词。五四运动前后，随着社会上译书办报越来越普遍，外来词更是大量涌入，使用外来词成为当时文化生活的一种需要，也成一时时尚。由于新的技术、思想、观念大多引进自欧美西方国家，这一时期的外来词在来源上表现出丰富性的一面。例如“芭蕾舞”借自法语，“伏特加”借自俄语，“纳粹”借自德语，“木乃伊”借自阿拉伯语。我们从这些外来词的形式来看，可以分为纯音译词、半音译半意译词、音意兼译、外文字母词等。

一、纯音译词

不少外来词在刚引入的时候，由于其表达的概念在汉语中没有合适的对应物，更没有合适的对应词，人们往往采用纯音译的方法将其翻译出来。纯音译在操作上相对方便，且这样的词带有异国情调，初期引进的时候，很受欢迎。但是就汉语外来词的历史来看，纯音译词因为有无法克服的弊端而存活率不高。汉语有自己的韵律特征和表意功能，纯音译的词，大多不易上口，又常使人望文生义产生误解，所以经过一段时间后，往往被新创造的意译词所替代。

例如，20 世纪初传入中国的电话，最早叫“德律风”，是从英语 telephone 音译过来的，曾流行过一段时间，后来逐渐改用意译词“电话”。类似还有“梵婀玲”（小提琴）、“德先生”（民主）、“盘尼西林”（青霉素）等。又如，英语的 face 音译下来，写成“费丝”“肺四”“沸肆”“狒司”“痱寺”“吠私”“废似”好像都不妥当。虽然音译词只跟词的语音有关，与词的意义毫无关系，但是汉字大多是表意的，因此，我们在翻译的时候，选择合适的汉字也实在不能忽略。

纯音译的方式在人名、地名、商标等专名方面，依然有其用武之地，如品脱（pint）、迈（mile）、加仑（gallon）、逻辑（logic）、西西（c.c.）等。有些跟生活紧密相关，使用频率很高的音译词，虽然不是专名，但最后也直接留在了汉语之中，如“的士”“巴士”“沙发”“布丁”“扑克”“夹克”“咖啡”“巧克力”“白兰地”“汉堡”等。

二、半音译半意译词

对一些音译词加以改造，在原音译词的后面加一个指示事物类别的名词，也就是指明了事物的属性，形成了音译加意译的造字方法，如啤（beer）酒、卡（card）片、酒吧（bar）、卡（car）车、坦克（tank）车、巧克力（chocolate）

糖、沙丁（sardine）鱼、高尔夫（golf）球、桑拿（sauna）浴、芭蕾（ballet）舞、吉普（jeep）车、香槟（champagne）酒、雪茄（cigar）烟等。

三、音意兼译词

在引入中国所没有的新生事物或概念时，汉语中无法找到对应词，只好借助音译或意译。改革开放以来，人们在学习西方科学技术和进行各种交流中，更是吸收了大量的外来词，像Bye-bye、Goodbye、OK、Cool等词，在汉语中大量出现。这些词不仅在城市知识阶层，就是在农村也不感到陌生。另外，近年来人们在吸收外来词时，也努力追求像“可口可乐”那样把音与意巧妙结合的方式，因此出现了百事可乐（Pepsi-Cola）、雪碧（Sprite）、香波（shampoo）、麦当劳（McDonald's）等词语。还有一些外文词加汉字或外文缩略词也直接进入汉语之中，如B超、T恤、AA制家庭、IP卡、MP3、卡拉OK、WTO、DVD等。

在汉语音译的外来词中，有些用方言音译的外来词也逐渐被其他地方所接受，如“的士”是Taxi的粤语音译，现在北京人也在使用。“的士”不仅成为汉语中的一个词，而且由此又产生了一些新词语，如坐出租车叫“打的”，出租车司机叫“的哥”，为出租车司机提供的快餐叫“的士快餐”，优秀出租车司机叫“的士明星”等。另外还有一个字：“吧”，它是由bar翻译而来，多被译做“酒吧”，可近年来又出现了各种各样的“吧”，像“玻璃吧”“玩具吧”“氧吧”“布吧”“陶吧”“书吧”“网吧”等。总之，人们愿意把一些休闲娱乐的场所叫作“吧”。

### 5.3.4 方言中的外来词

近代以来上海和广州是中国向外部世界开放的两个最大门户，有许多外来词是首先在这两个地点的方言中流行开来，然后进入全民语言的。比较某些外来词和相应的外语原词的读音，就会发现它们先是在哪一方言里流行定型的。

一、上海话

上海话里的外语在五十年代前也曾风行一时，如“嗲”来自英语“dear”，意为亲爱的、可爱的，引申为娇柔的、撒娇的。用法如“发嗲”，会发嗲，就是会撒娇。“肮三”来自英语“on sale”，原意为廉价品甩卖，其货品的质量差，所以在上海话中引申为促狭、差劲的意思。“接翎子”是领会暗示的意思，与英语“leads”有关，“leads”意为提示、暗示、线索。除此之外，还有“老虎窗”（roof，屋顶上的窗子）、“嘎三壶”（gossip，闲谈、吹牛）、“差头”（charter，出租车）、“老克勒”（classic，有层次、会享受的上流绅士）等。有些说法现在则多半不用了，比如生司（cents 硬币）、派司（pass 通行证）、切司（cheese 乳酪）、沙司（sauce 番茄汁）、配司（paste 番茄酱）、水门汀（cement 混凝土）。要用，范围也不大。比如“罗宋汤”，西餐菜谱上还有。有些词，新上海人宁愿直接说英语，比如暂停说 stop，而不再说“史到婆”。有些词，则和全国统一，比如 bar（酒吧）不再叫“排”，而叫“吧”。

有两个被认为极为地道的上海话词语，一个是“瘪三”，一个是“阿飞”，这两个词其实也是外来词。英语把乞丐叫 beg，把乞讨叫 beg for，中外夹杂则称作 beg say，写成汉字就是“瘪三”。瘪，指容貌枯黄干瘪；三，指衣食住三者全无。如果这人还买了件旧西装人模狗样地穿在身上装阔气，便会被骂作“洋装瘪三”。

“阿飞”则从英语 fly 来。美国人把 20 世纪 20 年代后出现的城市不良青年叫 fly，而 fly 的本义和常用意义是“飞”。吴语喜用“阿”字，如阿哥、阿姐、阿公、阿婆、阿猫、阿狗、阿木林，就连那些印度锡克族警员都被称作“红头阿三”[①]，根据语言类推规则，fly 也就说成“阿飞”了。

再如，“沙发”“太妃糖”“加拿大”这三个外来词也是由上海话进入共同语词汇的。“沙发”英语原词是 sofa，上海话的“沙”字读如 / suo /；太妃糖，英语方言作 toffee 或 taffy，上海话的“太”读如 / ta /；“加拿大”，英语作 Canada，上海话“加”字读如 / ga /。这三个外来词的读音只能用上海话念才能跟外语原词对得起来。

洋泾浜[②]现象是所有不同文化接触频繁区域会出现的一种特殊语言现象，是一种语言夹杂的表达方式，这种现象在 20 世纪 40 年代的上海曾经风靡一时。上海延安东路一带曾是外国的租界，华洋交错，语言十分混杂。洋行帮、

① 英国人招呼警员常以 I say 开头，这些人又都头缠红布，所以叫“红头阿三”。

② 洋泾浜语：混合语的一种。原文为 Pidgin English，“事物英语”的意思，也叫“洋泾浜英语”。1949 年以前，在我国几个通商的口岸——主要是上海流行，是汉语和英语经过长期接触、混杂而产生的一种混合语。这种混合语的词是英语的，发音和语法是汉语的，如“飞洋伞”（英语 Fiancee—未婚妻），“那摩温”（英语 Number One—领班儿），“拉司卡”（英语 Last car—最后的一班车）等。在汉语中这种“洋泾浜语”只在方言中尚有残留。

生意帮、白相帮、码头帮各色人等，都在租界讨生活。这些人英语都不怎么地道，说话经常中外夹杂。当时曾有一首洋泾浜歌谣，非常形象地表现了上海方言与外语夹杂的现象：

来是康姆（come）去是谷（go），
廿四洋钿吞的福（twenty-four）。
是叫也司（yes）勿叫诺（no），
如此如此沙咸鱼沙（so and so）。
真薪实货佛立谷（fully-good），
靴叫蒲脱（boot）鞋叫靴（shoe）。
洋行买办江摆渡（comprador），
小火轮叫司汀巴（steamer）。
翘梯（tea）翘梯请吃茶，
雪堂（sit down）雪堂请侬坐。
烘山芋叫扑铁秃（potato），
东洋车子力克靴（rickshaw）。
打屁股叫班蒲曲（bamboo chop），
混账王八蛋风炉（daffylow）。
那摩温（number one）先生是阿大，
跑街先生杀老夫（shroff）。
麦克麦克（mark mark）钞票多，
毕的生司（empty cents）当票多。
红头阿三开泼度（keep door），
自家兄弟勃拉茶（brother）。
爷叫发茶（father）娘卖茶（mother），
丈人阿爸发音落（father-in-law）。

二、宁波话

宁波作为最早的对外通商口岸之一，方言中也吸纳了不少的外来词。宁波人指第一名或某件事情非常好，叫“一等拿摩温”，来自英文“number one”。宁波话中把穷得一无所有、品行恶劣、好吃懒做又十分难缠的人叫“瘟生”，这个词来自英文“One Cent”，本义是“一文不值”。此外，弹簧锁被称为“司必灵”，跟英文“Spring”脱不开关系。

宁波话中的外来词，除了大部分来自英语外，也有来自其他语言的。如宁波人早期把味精叫“味之素”，这个词是从日语“味の素”来的；那种可以折起又可以拉下掩住下巴的绒帽子叫罗宋帽，是从俄语来的；甚至也有印度带来的“豪躁点”（Ausodi，快点）。其他外来词还有电线插头叫“插扑灯头”（plug）、日光灯启辉器叫“斯带脱”（starter）、拐杖叫“司的克”（stick）、水泥地叫“水门汀”（Cement）、暖气装置叫“暖水汀”（Heating）、一种咸味的饼干叫“苏打饼干”（Soda）、面包片上抹一层肉糜后油炸而成的面饼叫“吐司”（Toast）、奶油叫“白脱”（Butter）、米尺叫“米达尺”（Meters）、汽笛叫“回生”（Whistle）、摩托车叫“马达克”（Motorcycle）等。

其他带“洋”的词，宁波方言中也有不少，诸如洋火、洋蜡烛、西洋镜、出洋相、东洋人等词汇都体现了近代以来宁波跟西洋、日本等的交流痕迹。

三、粤方言

粤语也是接收外语较多的方言。在粤语中，有关食物的词汇里有非常多外来词，如“忌廉”（cream，奶油）、“沙律”（salad）、“多士”（toast）、“奄列”（omelette，煎蛋卷）。此外，粤语还将球类称作“波”（ball），以前粤语将乒乓球拍称作“波板”，如今已经没有多少人这么说了，用了普通话的“球拍”，然而，形状如乒乓球拍的棒棒糖，粤语称“波板糖”，则沿用至今。其他的外来词还有“士担”（stamp，邮票）、“卡士”（cast，演员阵容）、“菲林”（film，胶卷）、“沙纸”（certificate，毕业证书）等。

四、闽方言

在闽方言里的现当代英语外来词，大都与日常活动、商品物产、科技通讯以及文体活动密切相关。在日常活动方面，“禀”来自“pin”，意为别上、系住，并派生了名词“禀针”（别针）、“禀仔”（发卡）等。与商品物产有关的外来词有“唛头”（mark，商标）、“拾八”（spanner，扳手）、“恤衫”（shirt，衬衫）、“烛龟蜡”（chocolate，巧克力），跟科技通讯相关的则有“泊车”（park，停车）、“呼机”（call，传呼机）等。在文体活动方面，“一局比赛”中的“局”叫作“锦”（game），出界、犯规则叫作“奥赛”（outside）。

了解一种方言的词汇，就是了解使用该方言人们的历史。一个语言中的词汇，多是社会发展各个方面的反映，尤其是非基本词、外来词，更是社会发展、政治经济文化交流的见证，它们都能从侧面反映近代以来上海、宁波、广东、福建等地与欧洲、日本的接触历史。

## 5.4 外来词的中国化

汉文化的包容性很强，具有非常强的消融能力，极善于吸收外来文化使其成为自身文化的一部分。就语言来说，外来词在汉文化这块土地上一旦落地生根，就会跟当地语言文化融合，衍生出新的词义和词语来。汉语中有很多佛教用词，表现得最为典型。

比如，“魔”是梵文 Mara 的音译，也译为魔罗，主要指扰乱身心、破坏好事、障碍善法者。它最早写作“磨”，后来才改为“魔”，由此衍生出一系列跟“魔”相关的词语：魔鬼、魔女、魔王、魔音、魔术、魔窟、魔爪、魔道、魔杖、魔气、魔力、魔方、魔宫、心魔、入魔、妖魔、着魔、疯魔等，完全成了一个汉语本土词。

又如，汉语中原本没有“天堂”“地狱”这样的表述法，“地狱”是梵文 Naraka 的意译，“天堂”则引自基督教。佛教不说“天堂”，只说“净土”（Sukhavati）或极乐世界。其中属于阿弥陀佛的叫西方净土，也叫西天。所以佛教称功德圆满者，能够往生西方极乐世界，也叫“上西天”，是大幸事。但是“上西天”这个词在民间使用后，慢慢地本土化，变成“去世”的同义词了。

在世界的各种语言中，外来词都占词汇总量的相当大的一部分，如英语中的外来词占百分之八十，日语中的外来词也占很大的比重。汉语外来词的总数至今没有精确的统计，其数量与其他语言相比，要少得多，意译和本土化恐怕是主要原因。

意译的方式，一是按照原意直译，如 oxford 译为“牛津”（将单词拆成两个词素，分两段意译）、honey moon 译为“蜜月”；二是创造新词语，如“居士”“地狱”这样的翻译词。三是拿中土原有的事物作比拟，在原有的汉语上附加表示外来意义的词素，如番茄、胡葱、洋灰、西红柿之类。对于实在很难意译的外来词，才不得不音译，只要还有一点可能就宁可一半译音一半译意，如剑桥、啤酒等。

即使是全部音译的词，也要照汉字的造字方式逐步改造，使之定型，以至表面看来似乎是汉语的固有词，而不是外来词。例如“蒲陶”到唐代写作

“蒲桃”，南宋写作“蒲萄”，到明代写作“葡萄”。又如玛瑙，《魏书·西域传》尚作“马脑”。《隋书》作码碯，在《旧唐书》则为“玛瑙”。玻瓈（玻璃），从“玉”一看而知是玉石类的东西。

这一种形式的外来词在汉语词汇中占有不少的数量，如珊瑚、玳瑁、苜蓿、箜篌、筚篥、唢呐、饆饠[①]等。这类外来词体现了形声字的优点之一，即字的一部分表示音，而偏旁部首则表示类属。尽管不知饆饠为何物，也能大略知其为外来食物之一种。

汉语对外语词的这种消融力古今一贯，从未衰退。现代的 cement 初入中土的时候被译成“士敏土”，但是这个词流传不久就被意译词“混凝土”代替了（上海方言则译为水门汀，至今仍在使用）。

近年来科技发展迅猛，许多新概念很难意译，也很难改造，才不得不直接音译，如基因、雷达等。但意译词仍有出现，如激光、电视、电脑等。

## 【结语】

语言本身是一个处于不断变化之中的符号系统，它具有自我调整的能力，在不同语言相互接触的过程中，它们之间会相互借鉴，彼此促进。本章从底层词出发，讨论了汉代西域、唐代印度、近代西方文化对汉语的影响，着重从外来词的视角考察了汉语是如何吸收融化外来文化为己所用的。

本章希望读者了解到，汉语本身是个来源极广的系统，了解词的历史，就是了解汉语发展接触的历史，了解汉语接触的历史，就是了解中国文化与外界交流的历史。

佛教用词和近代以来的西方外来词实际上在方言中占有一定比例，这些都是我们以往所忽略的。了解外来词如何进入方言，最后又是如何转化为司空见惯的用词，方言如何将这些外来词又输送给共同语，都是值得我们思考的问题。

## 【思考题】

1. 什么是底层词？什么是底层文化？
2. 外来词是如何中国化的？

① 饆饠：手抓饭。古代的一种食品，是波斯文 pilaw 的音译，类似现在的八宝饭。后亦指饼类。

3. 试述中亚文化、佛教文化和近代西方文化对汉语的影响。

4. “苜蓿”一词是中亚外来词，汉人创“怀风”“光风”的别名却没有流传下来，而“苜蓿”沿用至今，为何？

5. 从你的家乡方言中各找出 5 个佛教用词和西方外来词，并观察它们的意思和用法有何变化。

## 【方言释词 · 客家话】

【喽鸡嬷爱一把米】喽：引诱。诱鸡不能心疼一把米，比喻凡事有付出才有收获。告诫妄图不劳而获的人。

【老鼠唔留隔夜粮】老鼠不留隔日粮，比喻有多少吃多少，毫无积蓄。常用来形容贪吃之人。

【养子唔读书，不如养条猪】养孩子不读书，还不如养头猪。客家人用来告诫家长要重视子孙发奋读书。

【猪撑大，狗撑坏，人撑猴精怪】猪吃得多长得壮，狗吃得多变得闹，人吃得多反而长不好。比喻贪吃过量反而像瘦猴一样，有碍健康。

【拐有拐窿，蛇有蛇路】拐：青蛙。拐窿：青蛙洞。比喻搞歪门邪道各有办法。

【滚水唔响，响水唔滚】烧开了的水，是有响声的，若水还在响则说明还没有烧开。在生活中，用此话告诫人们要注重内在的品质修养，不要浮夸。

【细细学偷鸡，大嘞学偷猪】小时候学会偷鸡，长大就会偷猪。比喻人要从小养成洁身自好的好习惯对日常的小错误要有充分的认识，以免一错再错，酿成大罪。

【挖芋头要老，掘番薯要早】芋头要等它长老了再挖，番薯要趁早挖食。说明客家人对粮食作物也颇有讲究。

## 【客家话标本试听】

## 【客家话趣事】

1. 兴宁拐里梅县蛇

有一所学校，校医院有两位医生：一位姓叶，梅县人；一位姓罗，兴宁人。他们是好朋友，时常一起开玩笑。有一天快要下班了，叶医生问罗医生："你怎么没有肚脐啊？"罗医生感到奇怪，赶忙把内衣掀起来说："你看，我怎么会没肚脐啊？"叶医生笑着说："拐里（青蛙）有肚脐吗？"罗医生这才恍然大悟，原来是笑我兴宁拐里，真是岂有此理！

过了没多久，医院组织员工到肇庆去旅游，午餐时上了一大碗蛇羹。罗医生一看有了机会，对着大伙儿高声道："今天吃的是梅县蛇做的蛇羹。"叶医生反问道："有没有搞错啊，这里哪来的梅县蛇？"罗医生抢白说："你们梅县人开口闭口总是'厓兜侪''佢兜侪''奈侪'，客家话'侪''蛇'同音，那不就是梅县蛇了？"叶医生听了，笑着说："这么说，我这梅县蛇就来捉你那只兴宁拐里。"接着就做出了捉青蛙的动作，引得大伙儿捧腹大笑！①

2. 懒妇

懒尸妇道，讲起好笑。半昼起床，喊三四到。日高半天，冷锅死灶。水也懒挑，地也懒扫。发披髻秃，过家去嫐。讲三道四，呵呵大笑。田又唔耕，又偷谷粜。家务不管，养猪成猫。上圩出入，一日三到。煎堆扎粽，样样都好。冇钱来买，偷米去教。老公打倨，开声大叫。去投妹家，目汁象尿。妹家伯叔，又骂又教。爷骂无用，哀骂不肖。转不敢转，嫐不敢嫐。送回男家，人人耻笑。假话投塘，瓜棚下嫐。当年娶她，用银用轿。早知如此，贴钱唔爱。

3. 鸡头一叫天下白

乡下学校，黄老师准备给学生分析毛主席诗句"雄鸡一唱天下白"。讲课

---

① 兴宁人多地少，做小生易，走江湖的很多，自古有"无兴不成圩"之说。由于常年在外与人打交道，自然见多识广。出门在外为了求生存，其中跳跶之人跳跶之事必然很多，不足为怪。也正因有这帮跳跶之人跳跶之事出现，故外县人引申比喻兴宁人像"拐里"（青蛙，本字待考），剥得皮都晓跳。此外兴宁以塘、陂为地名的也不少，如新陂、坜陂、泥陂、叶塘、大塘、甘塘等。陂塘是"拐里"生存之地，故外县人也讲兴宁是拐里的故乡。

前，黄老师首先从讲台底下拿出一只公鸡来，问学生："这是什么?"学生亚夫答："生鸡头！"黄老师启发学生："生鸡头又叫雄鸡，知道没有?"学生们回答："知道啦！"黄老师又问："那么，毛主席的诗歌雄鸡一唱怎么样?"学生亚夫又大声回答："追鸡嫲（母鸡）！"……

4. 夜壶做那么漂亮

到正月头捱东狮头去拜年。行到一座新屋介屋侧角，捱话系大户人家！作力尽打！俺久都冇人出来，捱行落抵背去一看。到出来乱骂：打靶鬼，屎缸做老暗靓！（正月初我舞狮去拜年，走到一新房子旁边，我认为是大户人家，就拼命舞，很久都没人出来，我走进里面去一看。就有人出来乱骂：打靶鬼，夜壶做那么漂亮！）

## 【延伸阅读】

1. 陈保亚：《论语言接触与语言联盟——汉越（侗台）语源关系的解释》，语文出版社 1996 年版。

2. 邓晓华：《人类文化语言学》，厦门大学出版社 1993 年版。

3. 李葆嘉：《汉语起源与演化模式研究》，黑龙江教育出版社 2002 年版。

4. Claude Hagege，*On the Death and Life of Language*，Yale University Press，New Haven and Londonm，Editions Odile Jacob，Paris，2009.

## 【论坛撷英】

1. 为什么北方人和南方人的语音不同，据说南方人的舌头不如北方人的卷曲。还有别的原因吗？和环境有关吗?

■ 语音差异跟地理环境、生活习惯以及气候等都有关系。北方气候干燥、天气寒冷，语音偏浊重，南方小桥流水、雨水濛濛，所以显得婉转温文。不过这种描述只是大致的，并不绝对。

2. 老师您好，您讲到，人一出生，就存在语言，两岁半到四岁人的语言机制迅速激活，学习语言可以快速掌握，那么，现在的孩子在上幼儿园，小学时，不但要学习汉语，学校还要求学习英语，但是有的人就认为孩子太小，还在学习初期，成长阶段，不应该有这么大的学习负担，还有多加一门英语，可能会影响汉语的学习的，对于这个问题，老师，你是怎么看的？

■ 小学甚至幼儿园阶段学习英语，我觉得是可以的。但是有一点要注意，幼儿期学习外语，需要外教直接来教，那样才能奠定好的基础，而且也不会影响汉语的学习。但是目前小学阶段的英语，还是以中国人教英语为主，还是有不少反作用。这个问题需要看英语老师本身的情况而定，不能一概而论。

3. 我感觉，方言单从语音角度来说，感觉是以地域分布而产生变化，比如两省相邻的县城，方言也相差不多。从时间纵向来看，越是交通不便，如有大山，江河阻隔的相近区域，语音差异会比较大。不知道我的看法是否正确？

■ 语音的变化与地理位置有关系。山川河流的分布，会影响方言。闭塞的地方，方言与外界接触少，更容易保持古老的形式。平原地区，方言变异要大得多。地理环境的不同也造成语音上的差异。中国方言，北方高亢，南方温婉，跟北方大漠风沙，南方小桥流水、雨水绵绵，有着密切关系。

## 【课堂讨论】

第五次课堂讨论：请从以下几个方面，说说您家乡方言的现状。

1. 家乡 60 岁以上的人平时一般用什么话交流？ 40 岁左右的人主要用什么话交流？ 20 岁左右的人主要用什么话交流？ 10 岁以下的小孩主要说什么话？

2. 你对家乡方言的前景有何判断？

**迟迟 cl_ 陈灵：**

■ 我是福建省南平市建阳区漳墩镇康屯村人，我们家乡 60 岁以上的老人都讲地方方言，40 岁左右的在家讲家乡方言，20 岁左右基本是与老乡用家乡方言，在外用普通话，10 岁以下，主要讲普通话，爷爷奶奶教方言，会听得懂不会说。我觉得这是一种方言危机，我们这一代掌握的方言词汇基本不到 40%。我觉得方言挺重要的，有些地方的方言词汇保留古汉语的特色，学习了解方言能逼近地方古代人生活的真相，不仅如此，方言能让讲同一方言的人有老乡归属感。

**160113133 袁 ...：**

■ 我是河南省信阳市光山县文殊乡杜槐村的人，我们那儿 60 岁以上的人和40岁左右的人一般都讲家乡方言，20岁左右的人讲话时方言与普通话掺着讲，10岁以下的小朋友讲普通话的比较多。我对家乡方言的发展前景还是不太担忧的，因为多数人回到家乡后还是会讲方言的，因为讲普通话会感觉很别扭。

丁 **05_ECN：

■ 我是浙江省余姚市人。家乡60岁以上的人平时一般用余姚话交流。40岁左右的人一些正式场合中使用普通话，亲朋好友间谈话聊天多用方言。20岁左右的人同龄人之间主要是普通话，偶尔会掺方言。与老年人说话时会提高使用方言的比率。10岁以下的小孩主要说普通话，偶尔会夹杂一些不怎么纯正的方言词句。

我觉得我家乡的方言余姚话前景不会太糟，我们的年轻一代中许多孩子还是会说方言愿意学方言的。有时候方言比普通话更接地气，更能表达我们的感受，更使我们感到亲切。而且这几年社会对于方言的使用、传承方面的活动也不少，我觉得家乡方言的前景应该会越来越好，值得期待。

一家之煮 _ 许 ...：

■ 我是香港特别行政区人（粤语），祖籍广东省潮阳市。家中60岁以上的，家人见面如当中有长辈还是会用潮州话交谈，否则都是说粤语。40岁的人不论与家人、同乡，一般情况会用香港粤语沟通。20岁年轻人只会说香港粤语。10岁以下的只懂香港粤语。香港百数十年来都通行粤语。近年来才有在学校开始教授普通话，但也是作为第二语言进行。相信香港粤语是不会被普通话取代，只有当遇到工作有需要时才会用普通话。

青枝 mooc1_ 江 ...：

■ 我是福建省龙岩市永定区高头乡高北村人。家乡60岁以上的人平时一般用客家话交流，40岁左右的人主要用客家话交流，20岁左右的人主要用客家话交流，10岁以下的小孩主要说普通话。正在逐步消亡，随着经济的发展，人们的社交圈不再局限于乡镇，客家话不再那么实用了，现在的小孩子基本都不会说客家话，虽然能听懂一些，将来如果家乡发展起来的话客家话还是能很好地保存下来的吧。

vickichu_ 初 ...：

■ 我是辽宁省抚顺市望花区人。在我的家乡，别说60岁老者到10岁孩童了，几乎所有人都在日常生活中使用家乡话，即东北方言。我认为东北方言的传承力量非常雄厚，喜欢东北话的年轻人也非常多，前景很好。

**穿夹板在武汉 ...：**

■ 我是湖南省岳阳市岳阳楼区人。家乡 60 岁以上的人平时一般用方言交流；40 岁左右的人主要用方言交流；20 岁左右的人主要用普通话交流；10 岁以下的小孩主要说普通话。我觉得现在家乡方言算是比较危在旦夕的了，我家这附近的小孩儿 00 后基本都是说普通话，爸妈觉得方言很粗鄙，就连我同学里有 90 后有部分也是不会说方言。我觉得今后方言很有可能就会逐渐消失，很希望呼吁大家一起做些什么来保护我们的方言。

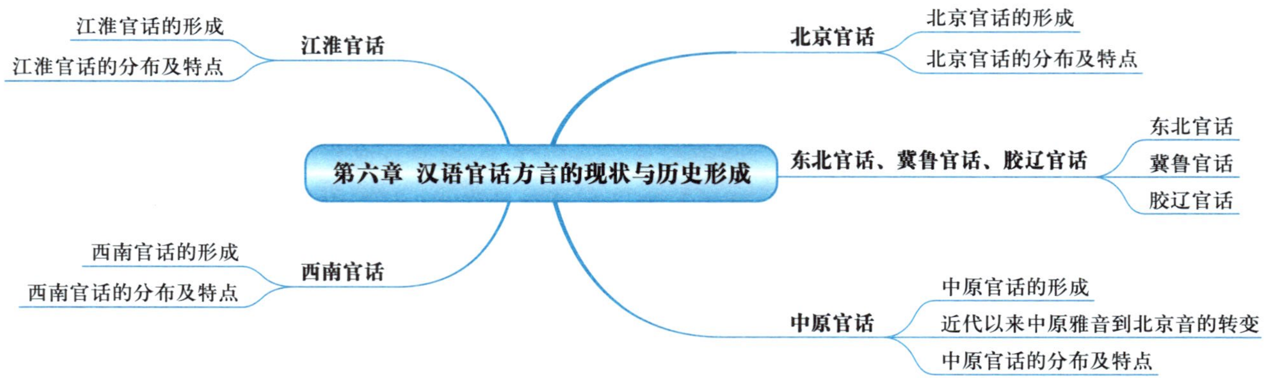

# 第六章 汉语官话方言的现状与历史形成

- **北京官话**
  - 北京官话的形成
  - 北京官话的分布及特点
- **东北官话、冀鲁官话、胶辽官话**
  - 东北官话
  - 冀鲁官话
  - 胶辽官话
- **中原官话**
  - 中原官话的形成
  - 近代以来中原雅音到北京音的转变
  - 中原官话的分布及特点
- **江淮官话**
  - 江淮官话的形成
  - 江淮官话的分布及特点
- **西南官话**
  - 西南官话的形成
  - 西南官话的分布及特点

# 第六章 汉语官话方言的现状与历史形成

官话是中国古代对汉语官方标准语的称呼，官方使用的汉语在周朝称“雅言”，明清时称“官话”，1909年改称“国语”，1956年中国大陆开始称“普通话”，台湾地区则继续称“国语”，在新加坡、马来西亚等地，官话也被称为“华文”。作为学术含义上的“官话”则是指“汉语官话方言”，也叫“北方话”，现在中国约70%的人口使用官话方言，分布在中国北方和南方的西南地区、江苏中部、安徽中部、广西北部、湖南西部和北部、江西沿江等地区。

官话方言内部又可细分为八个次方言：东北官话、胶辽官话、北京官话、冀鲁官话、中原官话、江淮官话、兰银官话、西南官话，其中以西南官话为母语的人口最多，约有2亿人。

官话方言的主要特点是大多数无入声；新增轻声；中古汉语中的六个辅音韵尾演化保留 / -n /、/ -ng /，原本连接 / i /、/ ü / 韵母的 / z、c、s / 声母颚化成 / j、q、x /，即尖团合流。

## 6.1 北京官话

### 6.1.1 北京官话的形成

黄帝之前，北京居民操阿尔泰语系蒙古语族东胡语支。黄帝部族到蓟这个地方（今北京西城区广安门），北京开始操天水的陇中方言（黄帝语言）；西周建立后，分封宗室于燕（今北京房山区琉璃河），驱逐东胡部族，北京开始操宝鸡的关中方言（周族语言，与炎帝语言类似）。但是长期以来，北京一直是汉族、蒙古语诸民族（乌桓、鲜卑、契丹）杂居，于是北京官话的东胡烙印十分明显，关中色彩反而不是太重。

辽金元时期历代的开发，与阿尔泰语系接触紧密，与中原隔绝，并加强了与东北官话的联系。处于开放环境中的北京官话发展迅速，成为方言内部分歧最小，语音结构最简单、保留古音最少的汉语方言，时称元大都话，成为现代北京官话的源头。

明朝收复北京后，移民一百三十多万各地的汉族人到残破的北京，由于当时汉族来源不一，移居的汉族都使用已占少数地位的北京汉族当地居民所使用的元大都话作为通用语言，元大都话逐渐成为人们的通用语（见图 6-1）。

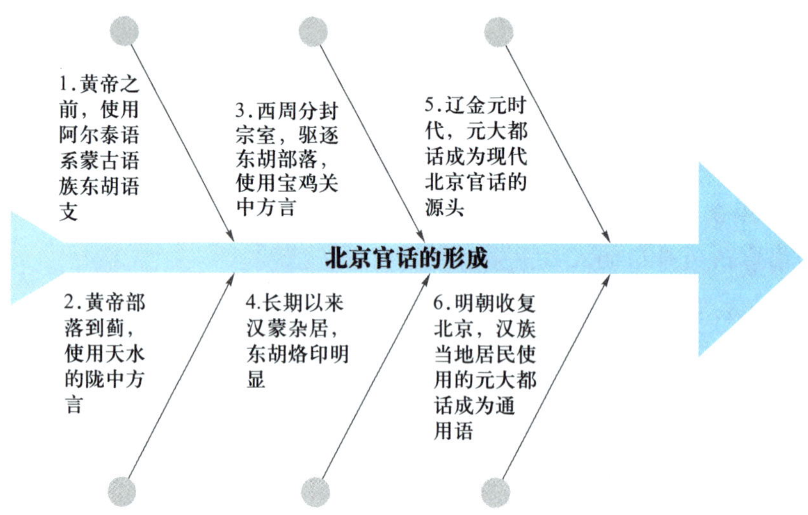


图 6-1 北京官话形成示意图

清代满人入关，很长一段时间，紫禁城里的语言是满、汉双语制的。北京话进一步受到来自满语的影响，而且也吸收了不少满语的因素，民国以来，我们定北京音为共同语的标准音，进一步确立了北京话在整个汉语方言中的一个地位。

### 6.1.2 北京官话的分布及特点

一、北京官话的分布

北京官话分布在北京市及其郊县和邻近的河北、辽宁、内蒙古的部分地区以及新疆北部，可分为京师片、怀承片、朝峰片、石克片四片，包括北京市及昌平，怀柔、武清、承德、多伦，朝阳、赤峰、克什克腾，克拉玛依、石河子、布尔津等地。属于北京官话区的河北省承德市滦平县是全国普通话标准音采集地。

北京官话的形成方式和其他方言的形成方式显然不同，它是北方少数民族语言和东南西北汉语方言区的人们迁入北京，外来人口和本地人口语言长期交流的结果，其他方言是远古华夏、东夷等的语言向四周扩散并与当地汉语方言或少数民族语言交融的结果。

二、北京官话的特点

北京官话的语音是普通话的标准音。与其他官话的区别主要是古清声母入声字今分别归入阴平、阳平、上声、去声。我们这里主要来谈谈北京话的文读音和白读音。

文读音是读书人在读书的时候使用的一种读音，白读音是日常口语交际的时候使用的一套语音。北京的文读音基本上来自明清时期的官话音（南京官话），白读音是幽燕一带的发音。当然现代普通话取消了很多文白读，统一了很多发音，吸收了很多北方方言的语音，并不是百分之百以北京音为准。我们总结了一部分北京音的文白读情况，供大家判断北京口音之用。

雀：文读（que 或者 qio），白读（qiao）。如“家雀儿”。

学：文读（xue 或者 xio），白读（xiao）。如“学舌”。

鹤：文读（he 或者 ho），白读（hao）。

岳：文读（yue 或者 yo），白读（yao）。

贼：文读（ze），白读（zei）。

白：文读（bo），白读（bai）。普通话审音的时候采纳的是白读音。

脉：文读（mo），白读（mai）。

药：文读（yue 或者 yo），白读（yao）。普通话审音的时候采纳的是白读音。

跃：文读（yue 或者 yo），白读（yao）。

绿：文读（lu），白读（lv）。普通话审音的时候采纳的是白读音。

泪：文读（lui），白读（lei）。普通话审音的时候采纳的是白读音。

谁：文读（shui），白读（shei）。

拍：文读（pò），白读（pai）。普通话审音的时候采纳的是白读音。

类：文读（lui），白读（lei）。普通话审音的时候采纳的是白读音。

街：文读（jiai），白读（jie）。普通话审音的时候采纳的是白读音。

隔：文读（ge），白读（jie）。

北：文读（bo），白读（bei）。普通话审音的时候采纳的是白读音。

勺：文读（shuo），白读（shao）。

削：文读（xue 或者 xio），白读（xiao）。

肉：文读（ru），白读（rou）。普通话审音的时候采纳的是白读音。

角：文读（jue 或者 jio），白读（jiao）。

内：文读（nui），白读（nei）。普通话审音的时候采纳的是白读音。

百：文读（bo），白读（bai）。普通话审音的时候采纳的是白读音。

黑：文读（he），白读（hei）。普通话审音的时候采纳的是白读音。

宅：文读（zhe），白读（zhai）。普通话审音的时候采纳的是白读音。

恋：文读（lvan），白读（lian）。

京剧或者昆曲的上口字，与文读音同出一源。京剧的发音也是当时的文读系统（中州韵），只不过京剧后来又融入了湖广韵。另外，明代和清代严格地说读书人或者上层社会还是奉行以旧南京官话为标准的官话音，虽然雍正时期开始推广北京话，但是以南京官话为读书吟诗作对的习惯或者规则一直到民国以后才逐步销声匿迹而逐步被北京音替代。

## 6.2 东北官话、冀鲁官话、胶辽官话

### 6.2.1 东北官话

一、东北官话的形成

黑龙江、吉林、辽宁三省和内蒙古跟这三省毗连的地区，是一个多民族

聚居的地区。在远古时期这里便有汉族移民，但在相当长的历史时期内，汉族人口一直很少。从唐代契丹、靺鞨经金元两代女真直到明末形成的满族，历代在这一地区占统治地位的民族所使用的语言都属于阿尔泰语系。从辽代开始，才有大批汉族人从内地移居东北。这些汉族人大都是契丹建立辽国后，从幽燕地区被掠夺到东北的。随着时间的推移和与少数民族的交往，他们所说的幽燕方言的影响逐渐扩大。

到 12 世纪中叶金女真统治者迁都燕京时，已大都使用或会使用汉语了。金灭辽后，继续强迫大批关内汉族移居东北。他们和早期来的汉族移民加在一起，数量相当可观。汉族文化高，人口多，汉语在东北各族语言中自然占了优势。这种汉语就是以燕京话为中心的幽燕方言在和东北少数民族语言密切接触过程中形成的早期东北官话。

二、东北官话的分布及特点

东北官话分布在黑龙江、吉林、辽宁以及内蒙古与这三省毗邻的地区，分为吉沈、哈阜、黑松三个片，包括吉林、沈阳、延吉，哈尔滨、长春，黑河、佳木斯、齐齐哈尔等 172 个市县旗。

东北官话与北京官话比较接近，要判断一个人是否是东北人，一般可以从以下几个方面入手：

① 阴平 33，与北京音 55 不太一样，这让“东北话”听起来调值低。

② 像“塌、削、割”，“福、革、国”，“百、铁、脚”，“腹、粟、客”等字在哈尔滨、长春、沈阳等地统一念 214。

③ 东北官话大多没有 / r / 声母，北京话 / r / 声母字被读作零声母，如哈尔滨、长春等地读“如、人、柔、软”等于“鱼、银、油、远”。

④ 平翘舌不分也是东北官话的一个特点，这种不分并非没有翘舌音，而是很多在北京音里发平舌音的，东北人习惯发翘舌音，如“姜丝”常常被读为 / jiāng shī /。

⑤ 个别字保留较古的读音如“街”读成 /gāi/。

⑥ 东北话有不少来自满语、蒙古语、俄语的借词。来自满语的借词主要有嘎拉哈（动物的膝盖骨）、哈拉巴（肩胛骨）、拉忽（马虎）、咋呼（聒噪）、秃噜（食言）等；源自蒙语的借词主要有呼啦盖（贼，小偷）；源自俄语的借词主要有列巴（俄式面包）、格瓦斯（面包发酵饮料）、布拉吉（裙

子）、马神（机器）、魏德罗（桶）、哈拉少（好）、笆篱子（警察局，也指监狱）等。

三、东北方言趣谈

东北方言中有一些比较有趣的词语，跟动植物名称同形，却有丰富的引申义，很有东北方言的“冲劲儿”。

如“他这人贼虎”中，“贼”是东北方言中比较特殊的程度副词，意思是“十分、特别”，“虎”则意为“傻”“鲁莽”，是个形容词，不是表示动物名称的名词了。

再如“土鳖”本是昆虫名，地鳖的通称。东北方言却有很多很形象的引申义：① 小气。如“要请客就大方儿点儿，别让人说咱土鳖”。② 窝囊。如“这人真土鳖，谁都能熊住他”。③ 窝囊的人。如“你想拿我土鳖啊？没门儿！”

“熊”也是一个非常常用的词，既可以作形容词用，指“软弱、无能”，如“你也太熊了”；也可作动词，指“训斥”“欺负”，“熊人”即指欺负人。东北有句歇后语叫“黑瞎子敲门——熊到家了”，意思则是“窝囊极了”。不过事实上，“熊”只是一个同音字，这个本字大概是北京话里的“㞞（sóng）”，之所以读 / xióng /，大概是语音讹变的结果。

此外，用与动植物名称同形的语素来组成词语或构成短语的用法在东北方言中也较为常见，多数是一些表示状态的形容词或短语。如：

狼哇的：那孩子哭得狼哇的。（形容拼命哭喊。）

老蟑爬的：字儿能不能好好写？跟老蟑爬的似的。（像蟑螂爬过一样，形容字迹潦草。）

猴儿精：老张家那小子，猴儿精！（形容人很精明。）

虎绰儿的：你怎么总虎绰儿的呢？（形容鲁莽或没有心机。）

猴头儿八相儿：他长得猴头八相儿的。（形容长得瘦小难看。）

瘪茄子：这回瘪茄子了吧？看你还嘚瑟不！（形容因做事不顺利而无精打采，泄劲。）

紫茄子色儿：被人家一损，他羞了个紫茄子色儿。（形容脸色红得发紫，也比喻狼狈不堪的样子。）

显大瓣儿蒜：你少在我面前显大瓣儿蒜。（比喻令人生厌地显示自己。）

### 6.2.2 冀鲁官话

一、冀鲁官话的形成

夏朝时期，今华北平原西部为华夏族、东部为诸多华夏化很深的东夷。商朝时期，商完全华夏化，诸多东夷华夏化程度也加深。西周时期，齐国和鲁国的东夷被华夏化，分别操齐方言—鲁方言（周族方言与东夷语言的融合），华北平原西部的华夏部落操赵方言—燕方言（黄帝语言），但这些方言的差异就如同福州话—闽南话、赣语—客语之间的差别一样大。

战国时期，诸侯混战，齐、鲁、赵、燕方言受了中原官话河南方言（雅言）和秦晋方言的影响逐渐趋于统一，秦朝时齐鲁方言已完全融合趋同。黄巾之乱、永嘉南渡，华北内部人口流动频繁，齐鲁方言、赵方言、燕东南方言也越来越混化。

北宋定都开封，汴洛音独得天下之正。此时的齐鲁、赵、燕东南都正好处于京都边缘地区，共同的地理形势和经济状况为华北平原的方言提供了融合的机会，冀鲁官话形成。

至于北京官话独立于冀鲁官话，那完全是与北京一直是东胡、汉族杂居，并作为首都在辽金两代受长期统治相关。元明时期，冀鲁人向天津、北京市平谷区、唐山、秦皇岛移民，扩大了冀鲁官话分布面积。

二、冀鲁官话的分布与特点

冀鲁官话分布在河北省大部、天津部分地区（除武清区及市区、塘沽、东郊、西郊、南郊部分外全部地区）、山东省西北部以及北京市平谷区、山西省广灵县和内蒙古宁城县，大致可分为保唐、石济、沧惠三个片，包括阜平、保定、天津、唐山、昌黎、抚宁，石家庄、邢台、济南，沧州、惠民、日照等164个市县。

冀鲁官话的主要特点是古清音声母入声字今读阴平，或大多读阴平。下面我们以天津话为例来看看如何判断冀鲁官话的一些特点。

①“永、勇、泳、涌……”等凡是读作 / yǒng / 音的，天津话都是 / rǒng /，声母变，声调不变，如：永远（/ rǒng yuǎn /）活在我们心中。

② 把“怎么”念成“恁么”，常常还加上“那么”（读如“嫩么”），如“你恁么那么腻歪人呢？”（你怎么这么讨厌呢？）

③ 把“这”常常念成 / jiè /，如“介是嘛？”(这是什么？)

④ 有些经典的当地用词，如“二八八”，指一般水平或中等偏下的，大概和“二把刀”差不多，“那么窄的道，也就您这老司机能过去，要换个二八八的，准卡那”(“卡”字在天津读作 qiǎ)。

### 6.2.3 胶辽官话

一、胶辽官话的形成

西周初期，山东半岛存在没有丝毫华夏化的东夷，语言是通古斯与百越语言的融合，而与当时的汉语齐方言风马牛不相及。胶辽官话的前身是胶东方言，就是《孟子》中所说的“齐东野人之语也”。

西部与齐鲁大地连接，但是方言之间存在不少差异，所以扬雄《方言》单独举到“东齐”或“东齐之间”就有 30 次之多。

胶辽官话的形成是胶东方言通过移民向辽东一带扩散的结果。清代早期和中期，山东登州府和莱州府的大量人口向东北移民，奠定了大连、丹东、营口方言的基础。

二、胶辽官话的分布与特点

胶辽官话分布在山东省的胶州半岛和辽宁省的辽东半岛，内部分为登连、青州（青莱）和盖桓（营通）三片，包括青岛、潍坊，文登、大连，盖州、桓仁等 44 个市县。胶辽官话的主要特点是古清音声母入声字今读上声。下面我们以胶东话为例，说说该方言片在语音和词汇上的一些特点。

① 胶东人一般不卷舌，但是外地人在听感上，常常会觉得胶东人说话是大舌头。在一些音上，常把“吃”读“七”，“是”读“四”，“山”读“三”，“十”读“西”，“猪”读“聚”，“让”读“样”，“丑、抽、仇、臭、酬”钧读“qiu”，“只、志、止、芝、至”等字一般都读“zi”音，但是“值、知、直、织、汁、治、侄”等字又发“ji”音。

胶东有个顺口溜，体现了当地发音的一些特殊之处：“锅上一个坌（盆），坌里一个标（瓢），标里有两毛间（钱），拿间上贼（街），去买几块当（糖），浆浆（尝尝）点（甜）不点（甜）。”

② 从词汇上看，胶东人称曾祖父为老太爷，曾祖母为老太，叫伯伯为大爷，叔叔为须、大须、小须等；儿子叫儿郎，女儿叫闺娘；走路叫走道；邀请

他人到家里来玩，说成“上俺家站站”等。

几种农作物的叫法也颇有特点，土豆叫地蛋子、地豆子，红薯叫地瓜，西红柿叫洋柿子，玉米叫棒米。

## 6.3 中原官话

### 6.3.1 中原官话的形成

黄帝打败炎帝，二者联合击败了东夷，华北平原西部、汾河渭河平原的炎黄后裔逐渐融合成华夏族。

商族语言最初是华夏化很深的东夷语，流行于中原东部（今鲁西南—冀南—豫北—皖北—徐州），商朝统治中原几百年后，逐渐与中原的夏族语言融化成今日中原官话的雏形——华夏语。

以洛阳为标准音的华夏语后来成为东周通用全国的雅言，《诗经》的语言就是雅言，孔子讲学用的就是雅言，而不是鲁国方言。魏晋南北朝时，以洛阳语音为标准的“通语”从中原传向北方和江左一带。南朝宋、齐、梁、陈都建都于金陵（今南京），当时的金陵话是洛阳话的沿用。

隋炀帝杨广以洛阳为首都，把数万户富商大贾从全国各地迁徙到洛阳，推广以洛阳为代表的正音和正语。唐朝时，洛阳话仍然被看作汉民族共同语的基础。北宋时期中原之音基本定型，与今日河南方言几乎完全一样。今日北方官话之所以与河南方言大同小异，是历史上北方官话区长期以河南方言为标准来规范自己的语汇和语法系统而形成的。

金人迁都北京后，河南方言的影响扩大到金人统治的大部分地区。元朝时出现了中原之音（河南方言）广泛传播的“四海同音”的局面。元人周德清的《中原音韵》就是“以中原为则”“取四海同音”而编写的。[①] 从明初的《洪武正韵》到清中叶以前，教授标准音的学者都是以中原雅音为依据。

---

① 元人周德清依据当时戏曲用韵编纂而成的一本韵书，共 19 个韵部，每个韵部下又依平声阴、平声阳、上声、去声归字，凡声韵调相同的字，都用圆圈隔开，共收 5 876 字。

### 6.3.2 近代以来中原雅音到北京音的转变

元明清三代随着政治、经济的集中，大量古白话文学作品如元杂剧、《三国演义》、《水浒传》、《西游记》、《儒林外史》、《红楼梦》等的产生和流传，使北京语音逐步上升到标准音的地位。元末明初的供朝鲜人学汉语的课本《老乞大》和《朴通事》就是以当时的北京话为标准音而编写的。清政府曾发布过政令要求各级官员和举人、生员、贡监、童生皆学习以北京语音为标准音的官话。

北京语音取代中原雅音的标准音地位，是在清中叶以后。清朝学者陈冲庆曾经说，国朝建都于燕，天下语音首尚京音。于是乎，汉民族共同语经发展演变，在标准音方面实现了从中原雅音到北京语音的转变，为现代汉民族共同语（普通话）的诞生奠定了基础。

### 6.3.3 中原官话的分布及特点

中原官话分布在河南、河北、陕西、山西、山东、江苏、安徽、甘肃、宁夏、青海、新疆 11 个省区，以河南省、陕西省关中、山东省西南部为中心。内部又分为郑开片、洛嵩片、南鲁片、漯项片、商阜片、信蚌片、兖荷片、徐淮片、汾河片、关中片、秦陇片、陇中片、河州片、南疆片 14 片，包括郑州、大名、临沂、淮北、睢宁，上蔡、曲阜、颍上，洛阳、成武、徐州、砀山，信阳、蚌埠，汾西、新绛、河津、灵宝，西安、宁县、泾源，汉中、陇西、固原、西宁，天水、海原、民和，库尔勒、吐鲁番、伊宁等 390 个市县。

中原官话的主要特点是古清音声母入声字今读阴平，古次浊入声字也读阴平。下面我们以洛阳话为例来说说中原官话在语音和词汇上的一些特点。

① 在声调上虽然也是 4 个，但是具体调值与北京话有别，阴平 33，阳平 31，上声 53，去声 412。

② 分尖团音是中原官话的一个特点（除了部分地区）。比如“箭”读成 / zian /，但是“剑”则依然读 / jian /。类似的还有“小 / siao /—晓 / xiao /”、

“酒 / ziu /— 久 / jiu /”、“亲 / cin /— 钦 / qin /”、“心 / sin /— 欣 / xin /”、“积 / zi /—鸡 / ji /”、“先 / sian /—掀 / xian /”、“千 / cian /—牵 / qian /” 等。

③ 中原官话有些用字带有浓厚的古汉语色彩。如：

聒 / guo /，声音吵闹、噪声太大使人厌烦。如恁俩别嗷嗷了，聒耳朵。邻居吵架声可大，聒嘞人睡不成觉。

哕 / yuo /，呕吐。干哕，指要吐而吐不出东西来。如《西游记》中有例句：你们快去烧些盐白汤，等我灌下肚去，把他哕出来。

繚 / liao /，用针、粗线缝缀衣服。如繚贴边。给这件衣裳袖繚上几针。

馏 / liu /，把凉了的熟食品再蒸热。“蒸”与“馏”不同，“蒸”是把生食加热到熟。如把馍馏一馏再吃。

搦 / nuo /，用力按压，也指握、持、拿着。如搦管（笔）；搦手；搦家伙；搦紧喽，别松手！

谝 / pian /，炫耀、夸耀或骄傲地显示。如谝能；他又谝嘞；能家不谝，谝家不能。有些地方也指唠嗑、闲谈、乱谈。如谝闲传（聊天）。

嗍 / suo /，用唇舌裹食，吮吸。一般多指吮柱状物，或者物体的突起部分。如嗍民髓（吮吸民髓）；拿根冰棍慢慢嗍；小孩子生下来就会嗍奶。

楔 / sie /，填充器物的空隙使其牢固的木橛、木片等。

## 6.4 西 南 官 话

### 6.4.1 西南官话的形成

西南官话俗称上江官话，是官话里分布范围最广，使用人口最多的方言区。

商周秦汉时期，洞庭湖还属于原始汉语与藏缅语、苗瑶语、融合而形成的楚语。永嘉乱后，迁入湖北的秦雍流人（陕西甘肃以及山西一部分）有六万余，出现了西南官话的雏形。

安史之乱后，十倍于当地的北方移民人洞庭湖北部，冲击、融合并最终取代了当地的楚语，奠定了西南官话的基础。

明代初期为经营西南，平定西南后向云贵两省大量移民直接改变了云贵地区的社会结构，奠定了以汉族为主体的人口格局，西南官话也随之形成并延续下来。

从历史上看，湖北、湖南和广西的西南官话分别是以江陵、江夏（今武昌）和桂林为中心发展形成的，由于千百年来商旅往来而与以四川话为中心的西南官话逐渐趋同，明清两代的大移民又使云、贵、川、鄂、湘、桂六省的方言更趋一致，以至我们今天已可以把这几个省区的西南官话看作一种一致性相当高的方言了。

### 6.4.2 西南官话的分布及特点

西南官话主要分布在四川、重庆、云南、贵州四省市及湖北、湖南、广西、陕西、甘肃、江西等省区的部分地区，内部分为川黔、川西、西蜀、湖广、云南、桂柳6片22小片，包括成都、重庆、宜昌、汉阴、大庸，大理、维西、瑞丽，遵义、威信、怀化，昆明、贵州，灌县、赤水、泸州、内江、雅安、剑川，襄樊、十堰、随州、钟祥，武汉、天门、临湘，岑巩、台江、靖县，都匀、贵定，郴州、零陵，南宁、柳州，常德、鹤峰等544个市县。

另外，西南官话在缅甸掸邦第一特区（果敢）、缅甸掸邦第二特区（佤邦）具有官方地位，是少数具有官方地位的方言之一①。此外江西赣州章贡区城区和信丰县城以及两地周边地区存在西南官话方言岛，广东、福建、海南、广西的军话有时也被视为西南官话的一支。

从语音上看，西南官话的语音系统在官话中是最简单的，除了官话的共同特点外，西南官话多数平翘舌不分、/h/和/f/不分、/n/和/l/不分、/ing/和/in/不分、/eng/和/en/不分，多数入声字派入阳平，是一种带有过渡性质的南方官话。

① 其他具有官方地位的方言还有粤语（中国香港特别行政区和中国澳门特别行政区）、客家话（中国台湾地区和苏里南共和国）。

西南官话有不少颇富特色的用词，我们以四川话为例，枚举若干。①

吃十（石）碗：因喂猪、狗的食槽多用石头做成，“十碗”是谐“石碗”的音，故“吃十碗”有骂人是猪狗的意思。

变狗（狗）、装狗（狗）：指“小孩生病”。四川俗语云：叫得开，免了灾。这是因为迷信的人认为，有一种专门残害小孩的鬼。如果谁家的孩子老是夭折或生病，就认为这种鬼在作祟。小孩本身抵抗力就很弱，生病后，鬼邪更容易接近并残害之，而四川方言中有“鸡犬叫，鬼邪逃”，因而把“小孩生病”叫作“变狗（狗）、装狗（狗）”，从心理上觉得有利于小孩痊愈。

猪脑壳：四川宣汉、黔江，湖北恩施等地的方言把媒人称为“猪脑壳”，把想给别人保媒说成是“想吃脑壳”，是因为酬谢媒人的礼物中一定要有猪头。《宣汉县志・风俗》：“谢媒必以猪头财物，视嫁奁为差。故相谑者呼媒人曰猪脑壳。谚云：媒人是只猪，这边呼了那边呼。媒人是根杵路棒，过河丢在干坎上。”结婚当天送走送亲的客人后，要备礼物感谢媒人。一般是在堂屋的桌子上放一个猪头以及糖、酒、钱等礼物。媒人边收谢媒礼，边说四言八句：“一张桌子四个脚，中间放的猪脑壳。一张桌子四角方，猪脑壳用背篼装。桌上放有两瓶酒，媒人把它提起走。桌上放了两封糖，媒人吃了寿缘长。公婆新人都重贤，做媒辛苦有喜钱。”往往是还未等媒人说完，就有性急的小伙子用糖或面粉之类的东西撒在媒人身上，叫“鲊猪脑壳”。

笋子熬肉：又称笋子炒肉、笋子熬坐膪儿肉。这是一道名菜，即用嫩竹笋和猪臀部的肉加调料精心制作而成，香味四溢，令人垂涎。四川人在外地待久了，最想吃的就是这道菜。后引申出“用竹篾片打小孩屁股”及“体罚”之义。蜀中小儿一听大人说“我请你吃笋子熬肉（或笋子熬坐膪儿肉）”，便知“今夜有暴风骤雨”。

摆龙门阵：三五人相聚或两人一起同行、玩耍、做活时讲故事、聊天、闲谈等聚会活动。四川人摆龙门阵，无边无际，无拘无束，天上人间，一切自然现象，社会现象，都是摆龙门阵的谈资。人们聚散来自偶合，交谈出于兴会，胸无预谋，心无顾虑，侃侃而谈，畅所欲言。人们在摆龙门阵中，增长许多知

① “吃十碗、变狗、猪脑壳、笋子熬肉”这四个词，引用自黄尚军：《四川话民俗词语举例》，载于《方言》1998 年第 4 期，第 304—306 页。

识，传播若干信息，打开几许心窍，得到不少教益，还能结识到志同道合的朋友。

其他诸如“瓜娃子”“锤子”“雄起”“软炽炽”“老子”等使用也十分普遍，在此不一一细说。

## 6.5 江淮官话

### 6.5.1 江淮官话的形成

一、江淮官话脱胎于吴语

江淮方言区自古位于中国南北两大语言文化区的中间，至今该区居民仍有这种居中心理，称无入声的北方诸方言为“侉”，称吴语区等南方地区的方言为“蛮”。较为稳固而定型的江淮方言区形成较晚，因为这一带居民的流动非常复杂和频繁。江淮方言是在这一带原先的南方方言（主要是吴语）和不断南下的历代北方人的方言长期融合之下形成的。

两汉时期，江淮方言情况可以通过西汉扬雄《方言》的记载来了解。《方言》记载词汇的流行区域，总是江淮并举，其中多次与楚国中心地区的郢相联系，表明楚是一个大方言区，并且随着势力向东扩张，楚语也向东发展，此后逐步扩大到长江下游以北地区。吴方言区则多吴越并举，吴扬并举。吴是包括江北的。扬州地域广大，与江淮、荆楚、陈、青、徐都有并举，可见当时在下江江东广大地区已形成一种大体相近的华夏语方言区，即后来的吴方言。

魏晋南北朝时期，全国处于分裂状态，战争频仍，加之北方游牧民族南侵，中原士民为避乱纷纷南迁，江淮和江南地区受到中原汉语的冲击，尤以长江两岸为重，江淮间是主要战场，作为战争手段，军事家往往采取迁民或屯垦的措施。江南镇江以上则是南来难民的主要停留地区，聚居甚众。

所有这些情况都是最能引起语言变化的因素。自此以后，江淮之间逐步演变为江淮方言，甚至扩大到南京镇江一带。后来宋朝南渡，历史重演，北人再度南迁，江淮之间为要冲，战争和人口变动促使语言发展，致使江淮方言与吴方言拉开距离。

二、建康话来源于洛阳

在江淮语言史上，通语和方言的消长，随着帝王都邑的转移和经济文化的发展，曾有两次大变动，六朝时期的建康话和明代的南京话都曾上升为全国性的通语。

4 世纪初，东晋政权在建康建立，北方大批南逃之人渡江集结于建康，并进而成为都城的主人。这些从以旧都洛阳为中心南来的人带来洛阳话，因他们在政治和文化方面居于主导地位，这种外来语逐步成为建康的官话，士民在公共场合都说洛阳话。

原本建康的土话是吴方言，自从中原来的洛阳话入主以后，经过长期的融合，建康土语逐步被吸收，到南北朝时已基本演变为中原通语。南北朝时的语言学者颜之推曾言："自兹（按指三国魏）厥后，音韵蜂出，各有风土，递相非笑，指马之喻，未知孰是。共以帝王都邑，参校方俗，考核古今，为之折衷。榷而量之，独金陵与洛下耳。"（《颜氏家训 · 音辞》）

金陵话与洛阳话相提并论，其实金陵话来自洛阳话，当时南北两大都邑的话是基本相同的，都是高于方言的通语，是在一定程度上可以通行全国的共同语。

建康方言自来被称为南方官话，是在东晋南朝时期奠定基础的。但是当时南来的人以过江为安，所以大量集中在沿江南岸。江北地区，特别沿江北岸扬州、泰州、如皋一带，吴语并没有很快蜕变，直到隋炀帝游江都时，吴语依然在四周存在并发挥着作用。

三、明初南京话的通语地位

明代初期建都南京，南京又成为帝王都邑，全国的政治经济文化中心，是当时全世界最大的城市，南京话也就因之取得官话的地位，也就是全国性的通语。

官吏、商人和知识分子必须学会官话，才能较好地到外地进行语言交际，这是势所必然的。加之明初官修《洪武正韵》，颁行全国，作为读音用韵的标准，在当时享有很高的权威。此书的语言基础当是以南京话为主体，走"参校方俗，考核古今，为之折衷"的老路子，这就加强了南京话作为通语的地位。

此外，南京在地理上和语言系统上都接近中原话，比观《洪武正韵》和《中原音韵》的异同可知，中原汉语自古为全国通语，这是南京话可以作为全国通语的重要条件。这时的中原话和北京话都已失去四声中的入声。我们知道四声是汉语的重要特征，北方官话大区的再分区就是以入声调的分派为分水岭的。南京话带有北方官话的特点，又保存了传统汉语的入声，使得她在当时顺理成章地成为通行全国的共同语。

明末西方传教士来到中国，如利玛窦、金尼阁等，他们看到中国的方言分歧，同时也发现有官话的存在，学会官话对于在各地传教最为方便。他们认为当时南京话就是官话。利玛窦和金尼阁都在南京学过汉语，并分别著《西字奇迹》和《西儒耳目资》，用他们的拉丁字母拼音方案拼写汉字，采用汉语传统的阴平、阳平、上声、去声、入声五个声调，是符合当时南京话的，直到清末鸦片战争前后，传教士还认为南京话是汉语的代表。虽然明清以来，北京是政治经济文化中心，官话的语音以北京话为标准，成为普通话的前身。但是，就汉语的传统和历史地理的地位而言，南京话始终有其重要地位。

六朝时期中国传入日本的语音主要是金陵雅音（又称吴音）。从江户时代到明治初年，日本官立学校和民间私塾所教的中国语都是南京话，直至明治九年（1876）日本官方才转而使用北京话。

### 6.5.2 江淮官话的分布及特点

江淮官话又称下江官话、淮语，分布在湖北、安徽、江苏三省长江以北沿江地带，内部分为洪巢片、通泰片和黄孝片三片，包括合肥、南京，泰州、如皋，黄冈、孝感等108个市县。一般将南京话和扬州话作为其代表音。

另外，江西九江市区、瑞昌、彭泽等地，河南信阳新县、商城、光山、罗山等地，陕西的柞水、镇安、平利、白河、岚皋等地，也有江淮官话的分布。

江淮官话是官话到非官话的过渡地区，与其他官话的主要区别是保留了古入声。下面我们以南京话为例，看看江淮官话有哪些显著的特点。

① 跟西南官话一样，南京话所有翘舌音读成平舌音；后鼻音变前鼻音，

/n/和/l/不区分。

② 南京话有一些颇具特色的用词，此处枚举若干。

二五：由“二百五”简化来，使用频率很高，它的意思类似于上海话的“十三点”。

嚼蛆：南京人指一个人如果信口雌黄，讲一些令人生厌的闲话，谓之“嚼蛆”。清代洪亮吉《晓读书斋初录》卷上就说：“今人所谈不经者，谓之嚼蛆，此风六朝已有之。”如果是故意在搬弄是非，便谓之“嚼大头蛆或活嚼蛆”。清人林苏门《邗江三百吟》卷十词条说：“蛆分大小。大头者，蛆之肥而大者也。见者趋而避之，谁其嚼之？一人信口而谈，甚至胡言乱语，如嚼大头蛆然。”《笑林广记》里记载这样一个故事：有善说笑话者，人嘲之曰：“我家有一狗，落在粪坑中，三年零六个月，还不曾死。”其人曰：“既然如此，他吃些甚么？”答曰：“单靠嚼蛆。”我们熟悉的文学作品里，也多有使用该词的，如元人王实甫《西厢记》五本四折：“那吃敲才，怕不口里嚼蛆。”又《金瓶梅》第72回有：“口里一似嚼蛆似的，不知说的什么。”《红楼梦》第57回“紫鹃笑道：倒不是白嚼蛆，我倒是一片真心为姑娘。”

瘪怪：也叫瘪里巴怪，有怪异、恶心、令人作呕、变态、色情的意思。比如一个人抹了黑唇上班，他的同事就会说“你怎么这么瘪怪，像吃了死小孩”。又如，你在唱歌，旁边的人总在用很奇怪的眼神盯着你，让你心里毛毛的。不阴不阳的，不痛不痒的，让你都没有心思往下唱了，你也可以说那个人很“瘪怪”。

## 【结语】

本章介绍了官话区北京官话、东北官话、冀鲁官话、胶辽官话、中原官话、西南官话、江淮官话的分布状况和历史形成，对希望了解家乡方言历史的读者是一个参考。

中国历史上，专门记录方言的文献很少，汉语方言史的研究，十分困难。我们这里只是大致勾勒出一个轮廓，帮助读者对自己家乡方言有一个初步的了解，不仅了解其音形义，也了解其历史。因为，语言的历史，也是民族的历史，更是区域文化形成的历史。

## 【思考题】

1. 说说官话方言的地理分布。
2. 简述北京官话的形成历史。
3. 近代以来中原雅音是如何逐渐向现代北京话转变的？
4. 西南官话占地广、内部复杂，请说说你的认识。
5. 说说江淮官话与吴语的关系。

## 【方言释词·粤语】

【扑街】本意为摔倒在地上，但粤语中为骂人或诅咒人的话，有两层含义：1. 相当于“去死”或“滚”，例如：～啦你。2. 王八蛋，常与量词搭配，例如：你条～。

【马仔】广州、厦门、建瓯、雷州等地指：1. 小马，马驹子。2. 萨其马的俗称。3. 恶霸的打手、爪牙。我们在港台电影中所见的“马仔”是第三个意思。

【大佬】1. 背后称自己的哥哥，特指长兄。2. 同辈男子之间互称（相当于“大哥”“哥们儿”）。

【男人婆】指粗鲁、不细致的女人。

【废柴】多用于自嘲，意为看起来很废，但实则是为梦想打拼的有才华的年轻人。因网络剧《废柴兄弟》而被人们熟知。

【炒鱿鱼】该词已进入普通话词汇，来源于粤语，解雇、辞退的意思。如本来有个蛮好的工作，没好好干，捱～了，现在没得事做。畀佢炒咗鱿鱼。老板吵佢鱿鱼。畀公司～。○炒的鱿鱼卷成筒状，如同铺盖卷儿，故能喻指卷铺盖离开此处。

【大排档】该词已进入普通话词汇。始于香港，指露天食肆，多半是聚成堆的、装修简陋、环境不太洁净的小吃摊。

【乌龙】广州、海口话中指糊涂、什么也不知道。如摆～，弄糊涂了。真～，要侬棍（被人骗）都无知（海口）。东莞话中指不负责任。如办事最紧要（重要）唔好～。进入普通话后，多指误会。如闹了个大～。

【衰人】詈词，有时不怎么含恶意，相当于倒霉鬼，坏家伙。

【一哥】1. 想当头儿的人。如呢个人好～口架。2. 有才干的人；好胜者。如呢个係～喇。东莞等地也戏称单位、部门的第一把手。如佢家下唔同喇，官大敲，做～喇。有时争强好胜、从不承认失败的人也叫～。如同佢讲冇用，佢几时都係～！

## 【粤方言标本试听】

## 【粤方言趣事】

1. 55699

一个广东婴儿不停哭泣，估计是饿了，保姆是讲英语的菲佣，孩他妈让保姆喂奶，保姆回答："奶粉有，但他不吃。"孩他妈说："可能是他听不懂英语，你讲粤语。"，菲佣一脸无辜地说："我不会讲粤语。"孩他妈淡定地说："笨呀，不会讲粤语你就用英语说 55699。"菲佣："夫人，他吃了！"

2. 帮你死得放心

某人逛超市想买一台洗衣机，遇到一个说广州话不标准的营业员，她的粤语让我哭笑不得，内容如下："我地呢款'死'衣机系触感型既，死起上黎好方便，好简单，有快死功能，只要一禁制，10 分钟就可以死完，死得又快又干净，可以自动编程定时死，你想几时死都得，死完仲有呢个自动风干功能，包你死得放心。"

3. 看看我们的下场

盛夏，某水产养殖公司干部领着一群外省来取经的同志到处参观，中间休息的时候，他盛情地对大家说："天气太热，请大家吃点西瓜解解暑，亲亲热（清清热），来，你们吃大便（大块的），我们吃小便（小块的），吃完以后去看我们的下场（虾场）。"众人拿着西瓜，不知如何是好。

4. 有一次，某公司经理以火锅设宴，招待上级公司派来的嘉宾，他举起筷子在滚烫得冒烟的火锅里一边搅拌，一边笑容可掬地说：“大家别客气，滚了（煮开）就吃，吃了再滚（煮开）。”

## 【延伸阅读】

1. 鲍明炜：《南京方言历史演变初探》，《语言研究集刊》第一集，江苏教育出版社1986年版。

2. 张启焕、陈天福，程仪《河南方言研究》，河南大学出版社1993年版。

3. 张树铮、罗福腾：《山东方言研究》，齐鲁书社2001年版。

4. 赵元任、丁声书等：《湖北方言调查报告》，商务印书馆1947年版。

5. 中国社会科学院语言研究所、中国社会科学院民族学与人类学研究所：《中国语言地图集（第2版）：汉语方言卷》，商务印书馆2012年版。

## 【论坛撷英】

1. Agness：关于“天津卫”地名的来由和天津方言

■ 看了本周的课程，我们知道了“卫”字地名源于明朝的卫所制度。

看到已经有同学分享了天津卫的来由，就是明朝时朱棣率领官兵来天津一带驻守，设立“天津卫”。

这里我想说一说现在的天津市区方言与军事移民的关系。

现在的天津市区方言与周围郊区的方言完全不同，是一个方言孤岛。原因就是明初大批的安徽官兵驻扎在天津，同时也带来了他们家乡的方言。周围的百姓要与他们交流，做买卖，贫穷人家的孩子要去军屯里的学校上学，久而久之，这种外来的方言就压倒了原来的方言，占据了这片地区。所以现在的天津话与安徽宿州一带的方言不仅听感相似，有些词汇俗语也一样。

2. 苍月之澜_杨：所有方言都能转换成文字形式吗？

跟家乡的朋友用聊天软件聊天，输入的文字基本都是方言的同音字，不知道是不是所有方言都能换成文字？

■ 与家乡朋友打字聊天时使用的方言，多数情况下用的是普通话中与方言字音相同的字。这种办法在朋友之间通常是可行的，但其实这些用字并不完全科学。在方言研究中，有一项工作叫“考本字”，即考究方言某字音所对应的原本的字。这要在古书中找到证据，证明这个字的音与义都与现代方言的读音和意思相通。这种方法毕竟难度很大，所以有一些本字无法考究，或不能确定。这种情况下，方言研究者在记录时会采取另一种方法，用一个方框（□）代表无法探究本字的字，然后在方框的右下角简单注明这个字的含义。所以说，并不是所有的方言都有转换成汉字的现实可能性。

虽然全部转换成汉字是很难做到的，但方言中所有读音都可以用国际音标标注（简单理解就是类似汉语拼音，给所有语言注音）。这样即使无法找出方音对应的汉字，也还是可以在文字交流中“写”出这个字。

3. 丁家掌柜 _ 郭：和古代汉语关系最近的为什么不是客家话呢?

从道理上来说，客家人多次从中原迁徙到各地，而现在来自不同的省份的客家人见面还能用自己的客家话互相交流，这说明客家话从古传承到现在变化是最少的了呀，为什么不是客家话和古代汉语最接近呢?

■ 客家话的源头从时间上看，只能推到中古以后。

4. 匿名发表：宗教冲突问题的根本源头是语言的不同吗?

阮老师您好。在您讲的方言的形成这一阶段内容之中，您说到了：如今人类问题最为冲突的是文化冲突所导致的宗教冲突，而宗教冲突的根源就在于相互之间语言的不通。我对这方面是有疑义的。想跟您探讨一下。

语言是文化的载体，通过语言，我们进行表情达意，因此我们的话语就代表我们的思想。从这一点我们似乎可以看到，语言（方言）的冲突确实是文化冲突的一个重要的原因。然而，宗教问题关系复杂：例如犹太教与基督教的问题；天主教，东正教，新教之间的隔阂。这些宗教之间的问题来源主要是教义的不同以及历史的遗留问题，而语言所带来的影响我认为影响不大：因为这些教会（以犹太教与基督教为例）是其中某一个教会的分支与脱离。因此它们的语言是相同的，在语言上的理解是没有障碍的。这是其一。

其二，即使是在不同语言的宗教之间，通过学习与翻译，彼此之间也能进行间接性的交流，语言所带来的障碍极低。也许言语不通会带来一定的理解问题，但说它是渊源，归根结底的因素，我私自认为还是需要商榷的。

这只是我学习这门课程后所进行的一些反思，因为十分喜欢阮老师的课，一直在听，一直在思考，所以才会有今天的提问。希望阮老师的团队能在空余闲暇时间给予解答，也衷心希望阮老师的课程越办越好！

■ 我在课程里强调语言不通会造成人们相互之间的误解，是从那个巴别塔的传说引申开去的。实际上，语言的起源既有可能是一种语言然后发展成现在的多种语言，也有可能是同时发展出多种语言。宗教冲突的原因非常多，但核心是理念的冲突，这种理念的冲突背后有着政治、经济和文化等诸多因子，而语言冲突是其中之一。有时候，挑起冲突的十分简单的借口也是语言。

## 【课堂讨论】

随着方言消亡速度的加快，很多方言词我们已经不会使用，即使会使用也不太了解具体的意思是什么。尤其是那些逐渐淡出我们视野的民间物事，现在想找都不容易找到了。这期讨论，我们采用展示的方式，请大家拍摄一到两张能够展示家乡风土人情的照片（比如食物、服饰、历史古迹、婚丧礼仪、农具、动物、植物、常用器具等），告诉大家照片上的物事用你的家乡话怎么说，然后做一个基本的介绍。

■ 十年成长 _ 张…：

山东省聊城市沙镇的名小吃叫呱嗒（见图 6-2），长条状，呈椭圆形，里面有馅儿，有的是鸡蛋馅儿，有的是肉馅儿，都是咸的，馅儿在面中，油炸制成，外酥里嫩。

图 6-2 聊城呱嗒

■ 洛云 _ 陈…：

湖北宜昌的本土锅巴，也叫夷陵酥（见图 6–3）。这个锅巴和平常超市买的那种不同。

图 6–3　夷陵酥

■ 周蘅芜 _ 周…：

“光饼”（见图 6–4）。在河南固始也有一种炭火烧烤的“火烧馍”（“烙馍”）。它是将面团和好、切块、搓圆压扁，然后刷水贴在炭炉烧烤。有甜的、有咸的、有不甜也不咸的，外观、色泽、大小都与福州光饼一模一样，只是少了饼中心用以穿线的那个孔。

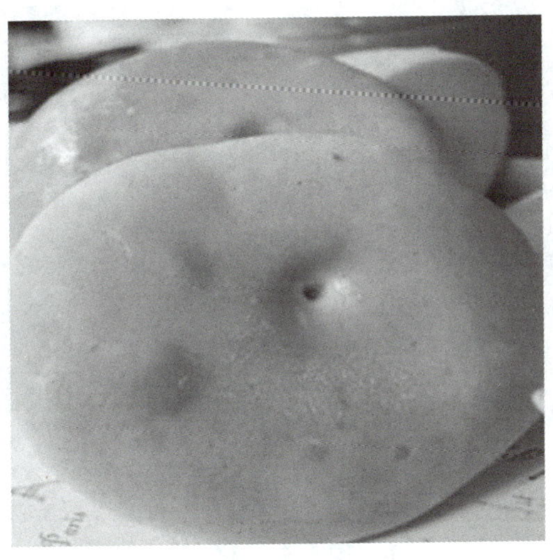

图 6–4　光饼

从历史而言，制作简易的“光饼”在前，即所谓戚继光将军下令赶制的行军杀倭的干粮。从“光”字而解，既指饼形、色泽的特征，当然也包含传自光州固始及也含有纪念戚将军的“光”，饮食文化的内涵丰富深湛，很有历史风采。

在宁德的不同县镇也有很多光饼的不同做法，有的里面没有夹心，有的里面是甜味的，有的是咸的。

其实搜资料的时候看见河南以前也有光饼类似物，我就联想到我们家的家谱就有说祖上是河南迁徙过来的，不知道有没有什么联系。

■ 废柴进化论 _…：

从小就被灌输“慈溪杨梅甲天下”的理念，长大后发现余姚也是这么说余姚杨梅的……

慈溪市位于杭州湾跨海大桥的南岸，与嘉兴海盐通过杭州湾大桥南北相望，境内“两山一水七分地”，素有“中国杨梅之乡”的称谓，已通过杨梅原产地保护认证。慈溪杨梅（见图 6–5）以名闻遐迩的“荸荠种”和“早大种”杨梅为主，果大、核小、色佳、肉质细嫩、汁多味浓、香甜可口，其品质优势极为明显，鲜食、加工均可。至今，慈溪杨梅已通过各种网络远销到新加坡、法国、日本等市场，成为海外游子的家乡珍果。

慈溪每年还有杨梅节活动和评选杨梅仙子。

图 6–5 杨梅

■ 耶律萧 _ 杨征…：

浙江仙居特色食物“泡泡鲞”（见图 6-6），把面粉、鸡蛋等按一定比例调配，加水搅成黏稠状，下油锅炸。

图 6-6　泡泡鲞

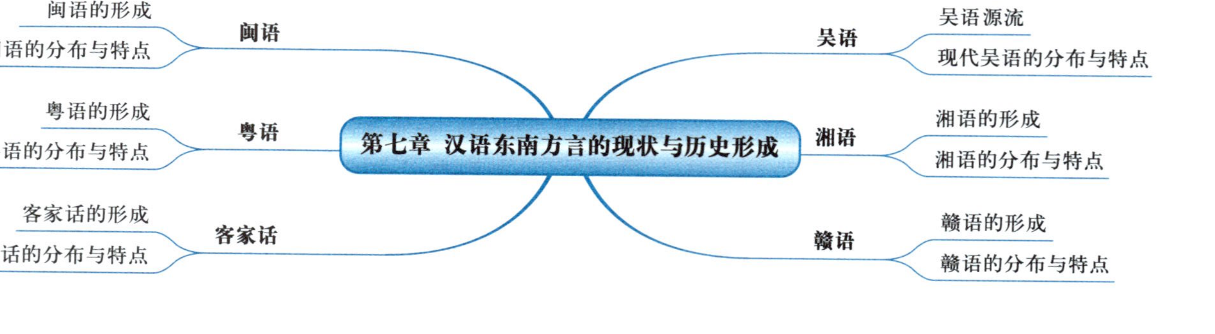
第七章 汉语东南方言的现状与历史形成
吴语
吴语源流
现代吴语的分布与特点
湘语
湘语的形成
湘语的分布与特点
赣语
赣语的形成
赣语的分布与特点
闽语
闽语的形成
闽语的分布与特点
粤语
粤语的形成
粤语的分布与特点
客家话
客家话的形成
客家话的分布与特点

# 第七章

# 汉语东南方言的现状与历史形成

汉语方言最为复杂的是东南方言。东南方言是一个地域概念，在中国大概 1/4 的东南领土上，分布着吴、赣、湘、闽、粤、客家六种方言，它们与古代汉语有着千丝万缕的联系，是古汉语的活化石。与官话不同，这些方言彼此之间基本上无法通话。

## 7.1 吴　语

吴语，又称吴方言、江南话、江浙话。吴语是以上海话为共通语、以苏州音为标准音、以江南群城方言为基础方言、以八调清浊等正统存古的自然语言为古典语法规范、以江浙民系作家（绍兴鲁迅、嘉兴茅盾、苏州叶圣陶等）开创的白话文为现代语法规范的江左江南方言。吴语通行于吴越江南，是江南文化（吴越文化）的重要组成部分，在中西部重庆、贵州和新疆地区还有 600 万吴语使用者。使用人口约八千万。在国际语言排名中，吴语在中国排第二位，在全球排第十位，是世界上最大的非官方语言。一般认为苏州话具有吴语的代表性，也有人把上海话当作代表，因其在国内外影响力较大。

和普通话相比，吴语保留了更多的古音因素。吴语语音和北方官话差别大。词汇和语法独特，吴语强迫式在句子中连读变调的发音特征是另一个与官话的显著差别。这也是吴语与其他众多中国方言（如粤语，闽南语，客家话等）的重大区别（徽语除外）。

### 7.1.1 吴语源流

吴语源自北方姬姓部族，吴国的始祖与周王室有直接的亲属关系。《史记吴太伯世家》记载，吴太伯、太伯弟仲雍为了让王位给弟弟季历，两个人跑到荆蛮去，“文身断发，示不可用”。太伯仲雍到荆蛮后，自号句吴。荆蛮人赞赏他们的忠义，纷纷归附于太伯。

春秋时吴国臣服于楚国，后来逐渐强盛，曾破楚、亡越、称霸中原，最后被越国所灭，吴越合为一体。吴越两国诸侯本来都是华夏后裔，两国的当地居民同为越族，习俗语言也没有多大差异。《吕氏春秋·贵直论》记载，齐与吴习俗不同，言语不通，但是吴与越土地相邻，习俗同，言语通。吴语和越语随着吴越合而为一而合流，成为现代吴语的前身。古吴语的范围比今天大，包括苏北、安徽和江西的部分地区。

三国时闽为东吴属地，吴人大批入闽，吴语对这一带语言的影响是显而易见的。东吴时，江东经济显著发展，当地山越居民大批降伏出山，吴语与山越语进一步接触。东吴辖地及豫章（今江西）乃至荆州（今湖北、湖南），吴语和楚语也曾连成一片。

现代吴语最晚到三国魏晋时已经完全形成，晋以后流行以婉约细腻著称的吴歌，歌中女性以“侬”自称，“吴侬”即成为吴人、吴语的别称。

### 7.1.2 现代吴语的分布与特点

现代吴语主要分布在江苏省东南部和上海市，浙江省及其毗连的赣东北、闽北地区；此外安徽南部也有 14 个市县穿插吴语。吴语内部可分为太湖、台州、瓯江、婺州、处衢、宣州六个片，包括常州、苏州、上海、杭州、天台、瓯海、温州、金华、衢州、上饶、铜陵等 128 个市县。

吴语在语音上的核心特征是“塞音三分”，也即是在整个声母系统中，双唇音、舌尖音和舌根音都有清浊对立，“稻—到”“技—寄”两组字在上海话中有区别，前者声母是浊音，后者声母是清音。除此之外，还可以从以下几个方面判断：

①“岳”“玉”声母有别，前者是 [ŋoʔ]，后者是 [ȵioʔ]。

②“味”“问”“日”“鸟”等字有文白两读。如“味”在上海话中文读为

[vi]，白读为 [mi]；"问" 在温州话中，文读为 [vaŋ]，白读为 [maŋ]；"日本人" 的 "日" 在上海话中读 [zəʔ]，在 "日头" 中的 "日" 读 [ȵiəʔ]；"鸟" 在 "千山鸟飞绝" 这个诗句中，宁波话读 [ȵio]，"一只鸟" 的 "鸟" 在宁波话中读 [tio]。

③ 韵母单音化显著。如 "甘" 上海话读 [kø]，"天" 宁波话读 [thi]，"先" 温州话读 [ɕi]，"山" 嵊县话读 [sæ]。

④ "更坑杏撑生" 跟 "亘恒称胜" 韵母不混，宁波话前者读为 [kã、khã、ɦã、tshã、sã]，后者读为 [kən、ɦən、tshən、sən]。

⑤ 吴语因为有喉塞入声，所以吴语区的人在说普通话的时候，往往会将入声字读得十分短促。我们要判断一个人是否来自吴语区，可以从 "一、七、八、十、铁、国、各、族、力、灭、急、足、敌" 等字上留意观察。

从词汇上看，吴语有一批跟普通话不同的常用词语。如白天叫 "日里"，晚上叫 "夜里"，东西叫 "物事"，宽叫 "阔"，窄叫 "狭"，稀叫 "薄"，下雨叫 "落雨"，脸叫 "面"，圆滑叫 "滑头"，呆笨叫 "骇头"，很叫 "蛮"，一些叫 "一眼"，热闹叫 "闹热"，客人叫 "人客" 等。

有些常用词保留了古音、古义。如孵蛋叫 "伏蛋"，铜钱叫 "铜钿"，麻雀叫 "麻将"，洗叫 "汏"，把东西展开来叫 "敨"，把东西藏起来叫 "园"，斜靠叫 "隑" 等。

吴语在语法上否定词常用 "勿" "弗"；表领属的助词 "的" 吴语大多数地区用 "个"；第三人称代词单数多用 "渠 / 其"；"头" 尾发达，如鼻头、日头、甜头、只头、大块头、十块头、门口头等；作状语用重叠形容词的后附成分不用 "地" 而用 "叫"，如慢慢叫，好好叫等；有 " VV 掉" 的用法，如东西去扔扔掉、钞票用用掉、汤喝喝掉；也有 " VV 看" 的用法，表示尝试，如吃吃看、试试看、穿穿看、做做看、走走看等。

## 7.2 湘　语

### 7.2.1 湘语的形成

湘语，又称湘方言或湖南话，是生活在洞庭湖流域一带湖湘之人使用的主要语言。汉代扬雄《方言》已提及湘语，但尚未独立，只能依附于荆楚，如称南楚江湘、荆汝江湘。《方言》卷十有一个条目："曾、訾，何也。湘潭之原荆之南鄙谓何为曾，或谓之訾，若中夏言何为也。"由此可见，湘语的前身是南楚语。楚源自华夏集团祝融八姓之一的芈姓部族。南楚开发较晚，东汉时期，中原汉人沿汉水经湖北南下湖南，这一带经济才得到开发，人口迅速增加。

湘语的形成晚于吴语。春秋时代，湖南属百越，战国初年，楚国南取洞庭、苍梧（今湘、资流域）以后，又西并沅、澧流域，湖南全境属楚国所有，古楚语通行全境。而楚人也来自中原，殷商时代，楚人居住地的中心在今河南濮阳一带。殷末中原大乱，楚人鬻熊率族人西南迁徙至丹阳，成为南方楚国的始祖，南迁楚人所用语言当然也属华夏语言，后来才演化成楚语，时间约在西周时期。

战国以后，楚国活动中心迁至淮河流域，今湖南境内的古楚语又慢慢演化成湘语。由于古吴语与古楚语形成时代差不多，所以二者比较接近，今天吴语和湘语也还有不少相同之处，如浊声保留完整。

### 7.2.2 湘语的分布与特点

湘语主要分布在湖南的湘水、资水、沅水流域以及广西的全州、兴安、灌阳和资源等地，内部可分为长益、娄邵、吉溆三个片，包括长沙、益阳、衡阳，娄底、邵阳、全州，吉首、溆浦等61个市县。

对湘语的判断，语音上可以从以下几条入手：

① 古全浊声母今读塞音、塞擦音时，读为不送气清音。如以下这些字，每一组前字和后字在湘语中，声母是相同的，如"排—败""头—豆""葵—柜""慈—字""除—住""床—状"。

② /h/、/f/大多不分。如"飞—灰""访—慌""符—胡"声母相同。

③ /n/、/l/一般也不分。如"脑—老""奴—炉"声母相同。不过跟/i/相拼的时候又是分开的，如"泥—梨"声母是有别的。

④"爱、安、藕、眼、岩、鸭"这些字的声母在日常口语中，念[ŋ]。

⑤"东"读如"登"，如长沙"董、农、忠"等于"等、能、蒸"。

从词汇上看，有一些特殊的词语可以作为判断湘语的一个参考。如"子"称"崽"，女孩叫"妹子"，男孩叫"伢子"，母牛、母猪、母鸡分别叫"牛婆子""猪婆子""鸡婆子"，青蛙叫"麻拐"，苍蝇叫"饭蚊子"，虱子叫"虱婆子”，找叫“寻”，没有叫“冇得”，排行最末的叫“满”，不顾客观规律或实际情况蛮干硬干叫“霸蛮”。

湘语中还存在一批富有特色的类后缀，如“婆”“它”“哥”“佬”“码子”“脑壳”等，多含贬义。如“地蛇婆”指身材矮小的人，“棉花它”指性格软弱如棉花的人，“鸟哥”指举止轻浮、油嘴滑舌的人，“歪码子”指业务、技术不熟的人，“冲菜脑壳”指脾气大的人，“贼老倌”指偷东西的人。

另外，湘语的“子”尾很发达，不仅普通名词可以加“子”，如“老鼠子、蚂蚁子、蜘蛛子、指甲子、零头子”等，有些时间词和形容词、副词、数量词也可以带“子”，如“今年子、去年子、一般子、大套子、慢慢子、细细子”等。

## 7.3 赣　语

### 7.3.1 赣语的形成

赣语也叫江西话、江右话，发端于秦、汉，形成于唐。秦始皇二十六年（前 221），使尉屠睢发卒 50 万南下，其中有两支军队入驻江西境内，形成江西地区最初的华夏族人口。汉高帝初年（前 206），在江西设置豫章郡，郡治南昌，下辖十八县。随着中原人口大量涌入，促使了中原语言文化的传播，促进了中原汉语与土著语言的融合。这一融合过程大约到东汉末期大致完成。

魏晋南北朝时期，早期赣语的汉化程度大大提高，因“五胡乱华”而形成的百万中原人口大规模南迁，处于“吴头楚尾”的江西，接受了大量并、司、豫诸州的流民。这些流民到江西境内后，与当地的语言——“傒语”[①] 频繁接触，逐渐融合。

到了唐代，江西成为全国十道之一的“江南道”，经济社会得到快速发展，人口剧增，赣语也自此正式定型，其特点与现代已是相差无几。随着人口压

① 魏晋南北朝时期，江西境内的赣语尚未正式形成，当地居民使用的“傒语”，与当时的“正音”——金陵话仍有区别。这一点从《南史・胡谐之传》中的有关记载可以看出：胡谐之有功，皇帝打算奖赏给他贵族婚姻，因为胡谐之家里的人都讲方言，语音不纯正，皇帝便派了宫中的四五个人去他家教通语。两年后，皇帝问道：“卿家中的人语音已经纯正了吗？”胡谐之回答说：“宫人少，臣家里的人多，不但不能正音，反而使宫人的话也变成了方言。”

力的增大，江西第一次大规模向外移民也由此间拉开序幕，南昌、吉安一带的人口不断向湖南东北的湘阴、宝庆、新化等地移民。在后续的几百年间，又由赣北、赣中继续向湖南东北、湖北东南的江汉平原及鄂东山区、安徽南部的安庆、池州及巢湖平原、福建西北移民。这些移民也将赣语带到了上述地区，形成赣语今日的分布格局。

### 7.3.2 赣语的分布与特点

现代赣语主要分布在赣江中下游和抚河流域以及鄱阳湖地区，湘东、鄂东南、皖西南和湘西南等也有分布。另外在浙江、陕西还有少数赣语方言岛存在，内部分为昌靖、宜浏、吉茶、抚广、鹰弋、大通、耒资、洞绥、怀岳九个片，包括南昌、靖安、平江，宜春、浏阳，吉安、茶陵，抚州、广昌、建宁，鹰潭、弋阳，大冶、通城、岳阳，耒阳、资兴，洞口、绥宁，怀宁、岳西等101个市县。赣语以南昌话为代表，内部各方言之间的互通程度相对较高。

江西介于南楚和吴之间，是“吴头楚尾”的过渡地带，明清以来又有江西填湖广的移民运动，所以其方言特点上与湘语和吴语有较多相似之处。

判断赣语最重要的一条语音标准是古全浊声母今读塞音、塞擦音时，读为送气清音。如“茶—坐”“头—豆”“牌—败”中的前字和后字声母都读送气。北京音读零声母的字，如“哑、矮、安、袄、恶”等，在日常口语中声母念[ŋ]，这一点与湘语接近。

从词汇上看，太阳叫“日头”，下雨叫“落雨”，站立叫“徛”，第三人称叫“渠”，“坐着说话”叫“坐倒话事”，“打不赢他”叫“打不赢渠”，也可以说“打渠不赢”。与吴方言、湘方言较为接近。

## 7.4 客　家　话

### 7.4.1 客家话的形成

客家话也称“倕话、麻介话、新民话、客籍话、怀远话、河源话”等，是客家人所说的方言。客家话是随着客家人的迁徙而逐渐形成的。历史上客家人主要有五次较大规模的迁徙：第一次是两晋之际，河南、山西移民进入江西北部和江浙西部地区；第二次是唐末黄巢起义后，两晋以后迁居江西北部和浙江西部的中原移民再次南下迁徙到江西南部、福建西部和广东韶关地区，移民语言仍然没有融入当地方言，日后独立形成了客家方言；第三次是宋元之际客家人由赣南、闽西徙居粤东以及广西钦州、廉州地区；第四次是清初客家人由闽粤进入江西北部、广东西部、四川和广西中部地区；第五次是清代咸丰同治年间，广东发生土客大械斗后，粤西客家大量迁徙海南岛、广西中部以及海外地区。[①]

### 7.4.2 客家话的分布与特点

客家话主要分布于我国广东、广西、福建、台湾、江西、湖南、四川、重庆八省区市，以广东东部、中部，福建西部和江西南部地区最为集中。内部可以分为粤台、粤中、粤北、惠州、汀州、宁龙、于桂、铜鼓八个片，包括梅县、新竹、高雄、兴宁、惠阳、韶关、和平、惠州、英德、长汀、宁都、龙南、于都、桂东、铜鼓、浏阳等200多个县市。此外还有小股移民形成的客家方言岛，如浙江松阳、遂昌、衢州、龙游、江山、龙泉、云和的一些乡镇，福建浦城忠信乡、水北乡一些村庄，安徽宁国仙霞乡一些村庄均有来自闽西说客家话的移民。

在海外，也有不少华侨、华裔使用客家话，主要分布在马来西亚、新加坡、印度尼西亚、菲律宾、泰国、婆罗洲、毛里求斯、法属留尼汪、大溪地以及欧洲、美洲、非洲等地。

客家方言具有两个重要的特点。其一是客家方言内部的一致性。客家方言分布于全国八省区及海外许多国家，尽管分布的地域相当辽阔，但各地的客家话有许多共性，互通性很高。这一点与其他方言有很大不同，有些方言虽然同属于一个省份或地区，却几乎不能相互通话。其二是客家方言因与临近的方言相互影响与渗透，从而产生一些变异。除了一些纯客县外，许多地区的客家人都与其他方言区的人共同相处，彼此的经济文化交流使不同地区的客家话在保持自身主要特点的同时，很自然地又吸收了其他方言的特点。

客家话的判断可以从以下几个方面入手：

从语音上看，客家话古全浊声母字今读塞音、塞擦音时，读送气清音，如梅县方言中，“穷、球、件、舅”声母读为 /k/，“倍、鼻、白、病”声母读

① 有关客家人五次大迁徙的详细内容请参看罗香林《客家源流考》，中国华侨出版公司1989年版。

成 / p /，“直”声母读成 / c /。客家话“渠、辫、笨、队、赠、铡”等字多数读不送气清音，与赣语不同。

从词汇上看，客家话口语中颇有些特色词。尤其在性别的称呼上，阴性多用“嫲”字，如母鸡叫“鸡嫲”，母牛叫“牛嫲”，母羊叫“羊嫲”，母猫叫“猫嫲”，母鼹叫“老鼠嫲”，母鲤鱼叫“鲤鱼嫲”，甚至女贼叫“贼嫲”，女子长得个头很矮叫“矮嫲”。对女子的称呼上，也有“阿 + 名字 + 嫲”的用法，如“阿英嫲”等。另外，“侪”“唇”“脚”“冇”“掌”等，也有其特点，这里以“侪、唇、脚”为例，稍作展开。

“侪”，客家话用于形容词、动词、数词后，表示某一类人，相当于普通话的类后缀“者”。如“大侪”是指个头大或年龄大的人，“衰侪”指的是运气不好的人，“肥侪”是指胖的人，“两侪”是指两个人，“食侪”指吃东西的人，“耕田侪”是指农民等。

“唇”，客家话除了表示嘴唇外，还作“边缘”讲。如海边叫“海唇”，河边叫“河唇”，田埂叫“田唇”，水渠边叫“圳唇”，马路边叫“马路唇”，锅沿叫“镬唇”，碗口叫“碗唇”，瓶口叫“罂儿唇”，杯口叫“杯儿唇”等。

“脚”，客家话除了指一般意义上的“身体器官”外，也指腿，跟吴语相同。如“桌脚、床脚、凳脚、犁脚”中的“脚”指的是器物下部类似人腿起支撑作用的部分；“山脚、天脚（地平线）、牙脚（牙根）、衫脚（衣服的下摆）、门脚（门的底部）”中的“脚”指的是东西的最下部；“缸脚、库脚、油脚、菜脚”中的“脚”指的是东西剩下的部分，容器中剩下的部分；“精脚（聪明的人）、蠢脚（愚蠢的人）、烟脚（烟鬼）、赌脚（赌徒）、戏脚（戏迷）”中的“脚”则是指从事、迷恋特定事物的人等。

## 7.5　粤　　语

### 7.5.1　粤语的形成

粤语传统上称为“广府话”，本地人也叫“白话”，外地人习惯叫“广东话”。粤语在海内外的影响是诸多方言中较大的一种。

粤语通行的区域，在春秋战国时期还是“百越”之地，居住着现今壮族、黎族人的祖先。粤语是随着中原及其他地区汉人南下进入岭南后逐渐形成发展起来的。虽然古籍记载尧舜两帝都曾到过岭南，但中原汉人大举南下则是在秦汉以后。

春秋战国时期，楚人的统治疆域已至岭南，楚人对广东地区的开发，促使楚语与岭南地区当地越语相互融合形成一种独特的方言，是为粤语的雏形。这种方言表现出汉语的系统，但在语音、词汇和语法上，带有诸多百越语的特点。至今，粤语长短音的对立，声调数量的繁多以及“殭”(最后)、“踣”(蹲)、“叻”(能干)等方言词与今天的壮语、苗语、瑶语等有颇多相近之处。

秦时，始皇帝派王翦平定南越开始，前后向岭南迁徙戍众兵丁五十余万人。这些人将中原汉语带到南方，散居在今天的广西、广东各地。此后，南越王赵佗以及他的子孙五代共统治了粤地近百年，使得原先以古楚语为基础形成的粤语雏形进一步与新来的中原汉语融合，极大地增强了中原汉语的特点，尤其是书面汉语的表达。

三国时期，北方战乱使江北民众大量逃难避祸进入粤北，再进入番禺一带，加速了当地粤语向汉语靠拢的趋势。由于古越语在粤语中保留下来的一些特点仍然存在，这就使粤语逐渐形成既体现中原汉语的强烈影响，又保存原有古楚语和古越语某些因素的一种汉语方言，从此走上独立发展的道路，最终发展成为我们今天看到的粤语的面貌。

魏晋到唐，北民继续南迁，粤语进一步接受北方汉语的特点，开始逐步呈现与中原汉语“同中有异”“异中有同”的态势。唐宋两代，入粤者与日俱增，再加上贬谪文人的影响，粤语在语音系统上与隋唐时期以切韵为代表、具体反映宋代《广韵》一书中的音系存在着相当完整的对应规律，同时，又独自沿着自身发展规律——融合中原汉语与早期楚语及当时“百越”民族语言某些特点于一体的一种汉语方言，在岭南地区作为重要的交际工具为广大民众所习用，并代代相传，最终成为汉语在南方的一大“强势语言”。

### 7.5.2 粤语的分布与特点

粤语主要分布在广东、广西以及香港、澳门地区，东南亚、北美洲、澳大利亚、新西兰等地的华人社区也有粤语分布。粤语内部可分为广府、四邑、高阳、香山、莞宝、桂南六个片，包括广州、深圳、珠海、韶关、梧州，鹤山，高州、阳江，四会、玉林，吴川、化州，南宁、柳州、邕宁，钦州、北海等88个县市。

粤语的特点，从语音上看，粤方言除了有最复杂的声调外，“微、文、亡、物”的声母发为双唇鼻音 / m / ；“昏、分、夫”的声母都读成 / f / ；“我、外、牙、岳”等字的声母读成 / ŋ / ；元音 / ɑ / 存在长短音区别语义的现象，如“街”“鸡”，“三、心”，“达、突”存在长短音对立。

从词汇上看，粤语有众多自行创新的方言词。如什么说成“嘢”，骗用“呃”，对、合适说成“啱”，危险叫“牙烟”，糊里糊涂叫“乌龙”，舌头叫“脷”，菜肴叫“餸”等。另外，粤语中也保留了相当一部分的古汉语词。如“畀（给）、睇（看）、悭（节俭）、衫（衣服）、翼（翅膀）、禾（稻谷）、斟（倒）、抑或（表选择）、无他（没别的）、皆因（都是因为）”等。

语法上，粤语有表示动物性别的“公、牯、项、乸”等专门用字，一律后置。如“鸡公（公鸡）、牛牯（公牛）、鸭乸（母鸭）、鸡项（没有下过蛋的小母鸡）”等。

粤语有发达的“仔”尾，类似于普通话的“子”，但使用范围要广得多。可以用来指小，如“亭仔（小亭子）、猫仔（小猫）、碗仔（小碗）”；可以用来表示爱称，如“强仔（小强）、雄仔（小雄）、明仔（小明）”等；也可用来表示某一属性的人，如“肥仔、打工仔、广西仔”等。

粤语在句子表达上，有少数几个副词，常常置于述语中心语之后，是粤语句法表达的一大特点。如你行先，我慢慢来。（你先走，我慢慢来。）今个学期我上多一门课。（这个学期我多上一门课。）

比较句式上，粤语常常使用“形容词＋过”的格式。如广州大过南宁。（广州比南宁大。）老鼠大过猫。（老鼠比猫大。）

## 7.6 闽　语

### 7.6.1 闽语的形成

闽语因形成于福建并以福建为主要分布地域，因此按传统习惯称为闽语。

闽语的形成是多源流的，其中有原居民古百越语的底层，也有上古吴楚方言的留存，更有六朝之后多次中原移民带来的北方共同语。

闽语的形成比粤语晚，但早于客赣方言。秦代虽在浙南、福建地区设立了闽中郡，但是没有任何资料可以证明秦代曾经设县或者移民于闽。直到西汉后期，今福建境内才出现一个东冶县（今福州），说明已有少量移民由北而南进入了福建，但当时境内仍然以越人、越语占主导地位。

古闽语的形成应在汉末三国晋初的百年间。这一时期由于中原多故，孙吴立国江东，大量移民进入江南，使江东、浙北地区人口迅速增加，一部分人分别从海路和陆路移民福建，沿海地区和闽西北相继建立了罗江、汉兴、建安等 11 县，特别是孙吴时期将越人外徙江淮之间，北方移民大量进入福建，从而形成了古闽语的基础。

初唐和唐末又有两批中州移民迁入闽中。前者开辟漳州，充实泉州，后者经营福州。由于福建地形闭塞，加上唐宋以后福建人口已呈饱和态势，接受移民有限，受北方方言的影响相对较小，所以保留了较多的古汉语特色，比先其形成的吴语、粤语在形态上更显得古老，本字无考的读音很多。由于移民进入福建的路线不同，而沿海和内地之间长期相互隔绝，所以古闽语的内部差异越来越大，经过唐五代三百年的发展，闽语进一步定型，且在闽北、闽东和闽南发展出具有显著差异的三种方言样态。两宋后，闽南方言陆续向广东扩展，散播到潮汕平原和雷州半岛以及海南岛。

### 7.6.2 闽语的分布与特点

闽语主要分布在福建、台湾、海南大部地区、广东东部雷州半岛；此外，广西、浙江南部、安徽南部、江苏南部、江西东北部也有闽语，包括厦门、台北、潮州、莆田、仙游、福州、福安、建瓯、三明、海口、文昌、万宁、崖县、东方、邵武、将乐等 111 个县市。

闽语是内部分区最为复杂的汉语方言，如果分成两片，首先应该是沿海闽语和沿山闽语。沿海闽语是较为典型的闽语，包括福建、广东、海南和台湾四省沿海的四个小区：闽东、莆仙、闽南、琼雷区。沿山闽语是福建中北部的山区，包括闽北和闽中两区，这一带的闽语与客赣方言的关系密切。另外，在闽语、赣语和客家方言之间，顺昌、将乐、明溪三个县的方言既有闽语的特征，也有客赣方言的烙印，属于闽客赣三地方言的过渡区域。在闽东、闽南和闽中三区之间，尤溪和大田两县也是带有明显过渡特色的区域。

观察闽语分区图，可以发现，其分布上有三大特点：

① 沿海岸线分布。中国东南大陆的闽、粤、浙三省的海岸线闽语占近三分之二，加上海南和台湾，闽语占全国海岸线近三分之一。

② 在国内，闽语是东南诸方言中分布最广的方言之一，在福建、台湾和海南三省是首要方言，在广东是第二方言，此外还散布于其他六省区。虽然客家方言也分布于中国十省区，但没有一个省区是作为第一方言的。

③ 闽语是汉语向海外流播的两大方言之一。跟粤语相比，闽语没有粤语走得远，但是总人数却超过粤语，在东南亚一些国家更为集中。

闽语的主要特点从语音上看：

① 古全浊音声母今读塞音、塞擦音时，今多数读不送气清音。少数读送气清音，如“条、钱、皮、头”都是不送气的。

② 存在大面积古轻唇音仍然读重唇音的，如“分、飞、房”声母是 / b /，“蜂、浮”声母是 / p /。

③ 在其他方言极为少见的是不少古匣母字在闽语中发喉塞音，如“猴、厚、滑”的声母都是 / g /。

闽语也有颇具地方色彩的词语，保留了不少唐代以前的古旧用法。如筷子叫“箸”；“卵”指的是蛋；糯米称“秫”；米糕、米饼称“粿”；以“八”表示认识、懂，也表示别离；口的统称为“喙”，不区分动物和人；跌倒叫“跋”。有些古词语义上受到方言的改造发生了变化，如锅叫“鼎”，“柴”泛指木柴，“饮”专指米汤，夜晚叫“冥昏、暗冥”，泛指一切叶子为“箬”等。

闽地还有一些常用的词，虽然本字尚未得到确证，但别的方言区又不太多见。这些词有“厝（家，房子）、墘（边缘）、遘（到达）、焦（干燥）、瀾（口水）、硋（陶瓷）”等。

## 【结语】

本章重点介绍了东南方言吴语、湘语、赣语、客家话、粤语、闽语的分布状况和历史形成。一种方言的形成，受到地理环境、文化习俗以及移民运动等因素的综合影响。东南方言保存了大量六朝以来的古汉语元素，其语言的底层又与南方各部族语言有着千丝万缕的关系，了解这些方言的历史，有助于我们更好地理解中华文明的发展历史。

## 【思考题】

1. 你觉得南宋时期的吴语和现代吴语有什么差别？
2. 客家话是如何形成的？
3. 为什么几乎所有的文字作品都可以用粤语读出来，而闽语却比较困难？
4. 说说湘语和吴语的关系。
5. 假如时间可以倒流，您最希望到中国历史上哪个朝代去听听他们说的话。为什么？

## 【方言释词·闽语】

【天公生】闽南方言指玉皇大帝的生日。天公即玉皇大帝。玉皇大帝是天上诸神的总管。农历正月初九的“天公生”就是玉皇大帝的生日，因此祭祀特别隆重。在闽南地区，农历正月初八午夜一过，庆祝天公生日的祭祀活动就开始了。这时全家要齐整衣冠，按辈分顺序上香，行三跪九叩的大礼，随后是“烧金”、放鞭炮。过年之前便要在大门口或阳台挂上“天公灯”，奉祀除原供桌外，还要摆小供桌，顶桌放有五果六斋，扎红绳的先面、清茶美酒等，下面供桌要有三牲五礼和“红龟粿”等，烧的金箔还要是特制的，叫“天公金”。但随着时代的发展演变，有些地方的“天公生”祭拜仪式有所简化。例如：“我等初九～过了，再出去工作。”“初九～，家家户户都要拜天公，真热闹。”

【尾牙】闽南方言指农历十二月十六日的牙祭。因为这也是一年中最后一个牙祭，故称“尾牙”。在这一天，闽南地区许多家庭都要祭拜“土地公”。尤其是商家，更要备办丰盛的酒席祭拜，报答神明一年来的保佑，并以之酬谢伙计们一年来的辛劳。有趣的是，在酬谢伙计们的酒席桌上，要有一盘全鸡，如果该盘全鸡的鸡头对着某一伙计，则暗示来年老板不再雇佣该伙计了。所以伙计们上席之前，总是胆战心惊，担心被鸡头对上。《噶玛兰厅志》[①] 记载着这个节日的情况：腊月十六日，街衢各铺祀土地神，醴备极丰盛，谓之尾牙。以前二月二日为头牙，盖此为宴饮户及来春伙计而设。好事者作诗有：“一年

① 噶玛兰厅，地名，清嘉庆十六年（1811 年）设立，治所在五围（今台湾宜兰地区）。

伙计酬杯酒，万户香烟谢土神。”现在很多闽南地区的公司会将“尾牙”与年会结合起来，给职工发红包，也有酬谢之意。例如：“～恁头家有给你分红包无？”“走，今日～我请恁吃一顿。”

【围炉】闽南方言指除夕的年夜饭。在台湾和闽南一带的民间，大年夜全家大小，围坐在放有火锅的圆桌上一起聚餐，叫作“围炉”。参加“围炉”的人，不论大小，桌上的每样菜都得下筷子。平常滴酒不沾的妇女，也要象征性地喝一口酒，以讨吉利。“围炉”时桌上的每样菜都是很有意思的：鱼圆（丸）、肉圆取意“三元”，象征团圆。萝卜，台湾和闽南一样叫“菜头”意为“好彩头”有吉兆之意。“围炉”进的蔬菜，也不用刀切碎，洗净连根煮熟后，吃时也不咬断，而是从头到尾，慢慢地吃进肚里，以祝父母长寿。例如：“暗暝要～，大家都在着，较早回来。”“若是三十晚不～，还有算过年无？”

【博饼】闽南方言指中秋节时掷骰子赢月饼的传统民俗活动。起源于福建泉州府同安县（今福建厦门地区），相传是郑成功屯兵鼓浪屿时为解士兵的中秋相思之情、激励鼓舞士气而发明的，是一种独特的月饼文化，也是闽南人对历史的一种传承。用六粒骰子投掷结果组合来决定参与者的奖品。传统的博饼奖品为大小不同的月饼，共计一会，设状元 1 个，对堂 2 个，三红 4 个，四进 8 个，二举 16 个，一秀 32 个。随着时代的发展，中秋博饼已成为一种商业活动和大众游戏，奖品并不拘泥于月饼，而由举办方决定，大多为实用物品或食物。《福建风物志》记载：在闽南一带，中秋节有“夺状元饼”的习俗。台湾中部和东部地区的一些城乡等地至今还流行中秋博状元饼的习俗。例如：“咱老乡会中秋有～的活动，你要去不？”“我今天～博到状元，运气不歹。”

【丈夫】闽南方言中男子的通称。《说文》：“男，丈夫也。”《国语・越语》：“生丈夫，二壶酒，一犬；生女子，二壶酒，一豚。”例句：“伊昨日生了吗？生～还是生查某？”“大大～，连一杯酒都不敢啉，还算～吗？”

【吃虫做人，吃蚁爬徛】指吃虫子比较会做人，吃蚂蚁比较会爬坡。闽南地区常用的一句俗语，通常用来劝慰误食虫蚁之人，意思是就算吃了虫蚁也不会有事，甚至还有意想不到的功效，与普通话的“不干不净，吃了没病”类似。例如：“吃虫做人，吃蚁爬徛，一只虫而已，不要紧。”“吃虫做人，吃蚁爬徛，死囝仔，一只虫而已，有什么好惊的。”

【细汉偷揲针，大汉偷扛杉；细汉偷挽匏，大汉偷牵牛】闽南方言指人小的时候如果偷一些不值钱的东西，而家长不及时纠正，一味宠溺称赞，长大了就会偷更值钱的东西，养成偷盗的习惯，走上歧路。这句俗语的背后有一个故事，说的是一个泉州妇人，丈夫出海捕鱼，意外身亡，成了一个寡妇，独自养育儿子。有一天孩子偷了别人家的一根针，她不仅没有制止孩子，反而称赞孩子“能干”，于是这个小孩就养成了偷东西的坏习惯。长大后和别人成群结党，偷杉、偷牵牛等，结果后来被乡里人抓去见官，被判了死刑。临刑前，这个母亲去看儿子，儿子借口想吃母亲的一口奶，却将母亲的乳头咬掉，以此责怪母亲纵容他走上犯罪的道路。这个故事告诫人们不能纵容孩子，要明辨是非，及时纠错，否则孩子长大后养成不良习惯，后悔也来不及了。例如：“细汉偷揲针，大汉偷扛杉，汝现在还细，不能偷揲物件，大汉养成歹习惯。”“细汉偷揲针，大汉偷扛杉；细汉偷挽匏，大汉偷牵牛。囝仔从细就教，不能互伊养成歹习惯。”

【天公疼憨人】闽南方言指上天眷顾忠厚朴实的人，有“傻人有傻福”之意。天公即天公伯，指老天爷，憨有“傻”的意思。这句话的意思是老天会比较照顾善良无心机的好人。台湾女歌手曾心梅在1995年曾发表一首名为《天公疼憨人》的闽南语歌曲。例如：“天公疼憨人，汝放心，不免惊。”“天公疼憨人，伊真心对待别人，别人肯定也会对伊好的。”

【顾烧较好食补】闽南方言指保暖比吃补品更重要。这句俗语告诫人们，注意保暖不使身体受寒挨冻，或三餐饭食要吃热的，这比吃多少滋补营养品还管用。例如：“顾烧较好食补，衫要穿伊烧，不通感冒。”“顾烧较好食补，叫伊多穿一些，伊就不，若是感冒，看伊要安怎。”

【大鼎未滚，小鼎冲冲滚】早期闽南地区的农村，厨房里的炉灶都是用砖土砌成的，大灶和小灶连在一起，柴火从灶口送入，大锅（闽南话中铁锅叫“鼎”）在前小锅在后，但是大锅盛的水较多，比小锅内的水沸腾得慢。因此等到大锅内的水沸腾时，小锅内的水早已沸腾翻滚不停。这句话譬喻真正有学问、有才能的人，通常都非常谦虚而不自满，不会随意表现自己的才学，只有半吊子才会到处炫耀自己，以此奉劝年轻孩子，为人处世要保持谦虚的态度。另外还有一个意思，是说大人还未开口，小孩子就说个不停，责备别人抢先发言。例如：“大鼎未滚，小鼎冲冲滚，汝先不通多话。”“大鼎未滚，小鼎冲冲滚，汝一个囝仔婴，会晓说什么？”

## 【闽方言标本试听】

## 【闽方言趣事】

1. 我给你前，你嫁给我

甘蔗在莆仙方言里发音和“嫁”一样。有一天，有个小伙子去一个大妈那里买甘蔗，说了一句“我钱给你，你 jia 给我。”大妈当场尴尬得落荒而逃。

2. 咸鱼饭

普通话听写测验中……全班最用功的，是来自福建的阿丁！他坐在老师面前第一排的位置。

老师读：“嫌犯。”

阿丁立刻在笔记本写上“咸饭”。

老师无意中瞄到了阿丁的卷子，但又不忍让他难堪，就提高音量：“嫌疑犯！”

阿丁迟疑了一秒，似有所悟，提笔将“咸饭”改成“咸鱼饭”。

老师再瞄后差点晕倒。于是提高音量说：“是‘犯人的嫌疑犯’。”

阿丁听了觉得很有道理，于是再加上三个字“放冷的咸鱼饭”。因为阿丁听妈妈说用隔夜冷饭炒出来的比较好吃。

老师再也忍不住了，用翻白的眼神对着阿丁：“我说的是‘有一位嫌疑犯’。”

阿丁用颤抖的笔迹慢慢写下“鱿鱼味咸鱼饭”。

老师崩溃！只好走到阿丁身边，按着阿丁的肩膀说：“是那种‘罪大恶极要死的嫌疑犯’。”

满脑子想着吃的阿丁怯怯地涂掉先前所写，然后改成“嘴大饿极要食的咸鱼饭”。老师喷血晕倒……

3. 你林什么？

一位喝得醉醺醺的大叔，赶到医院挂急诊，护士小姐拿资料让他填写，他只写了一个“林”，就停止了。

护士就问：“你林什么？”(闽南方言意思是“你喝什么”)

大叔回答：“我喝高粱酒。”

护士说：“不是啦！我是问你叫什么？”

大叔又回答：“我叫海带和牛肉……”

4. 吃饱三粒

阿伯去看病，护士小姐给阿伯一瓶药后顺口说：“吃饱3粒”。回到家，阿伯把所有药倒在桌上数，媳妇看到了，便问阿伯这是在做什么。阿伯回答道：“妖寿[①]哦，护士刚才跟我说吃130粒，我数来数去也就100粒，你来帮我数看看。”

## 【延伸阅读】

1. 陈章太、李如龙：《闽语研究》，语文出版社1991年版。
2. 甘于恩、邹珣：《粤语与文化研究参考书目》，广东科技出版社2007年版。
3. 侯精一：《现代晋语的研究》，商务印书馆1999年版。
4. 孟庆惠：《徽州方言》，安徽人民出版社2007年版。
5. 颜逸明：《吴语概说》，华东师范大学出版社1994年版。

## 【论坛撷英】

1. Jiessia贝贝：

■ 方言对普通话的影响

还是那样一个问题，就是方言对普通话的影响太大了。在我家乡湖北枝江那边，住在农村的还好，至少都说的是方言，但是住在县城里面的人他们给自己说的话定义为枝江普通话，就是在普通话的语音腔调的结构里强制性的融入方言词汇，既不是方言，又不是普通话，不伦不类，但是他们自己竟然觉得这样的话说出来与乡下人撇开了，显身份。后来就导致一大群人在学校里面也这样怪腔调说话。所以对于这种情况，并不是个人不会说普通话，而是上升到了一种心理扭曲歧视的地步。最终邯郸学步，纠正不了了。对于这样的情况，

① 短命的意思，多用于长辈对小辈比较亲昵的责备。

大家都有什么样的看法，不知道是不是我们那一个地方有这种情况。

2. 下里巴人 huan：

■ 请问怎样准确理解“地方化”？

听阮老师讲，方言就是地方话，是语言的“地方化”。地方化是否意味着先有一种语言，传播影响到地方，形成这个地方的方言，这个过程就叫地方化？那么，我们是不是可以延伸理解为：原来各地方是没有某种语言影响的，因为出现了某种强势的语言，影响了各个地方，形成了各地方言？

可是，我理解的语言之间的影响难道不是相互的吗？语言可以从“中央”到“地方”，可是“地方”也可以渗透到“中央”的不是吗？我们说汉语方言是汉语影响了地方，难道没有地方语言影响汉语吗？地方影响汉语似乎就不能叫“地方化”了吧？

“地方化”我总觉得有点不对劲，似乎有不准确的地方，请问老师到底该怎么准确理解“地方化”的含义。谢谢！

■ 老师：你的问题提得很好！“方言”的概念是相对于“雅言”而提出来的。雅言就是共同语（姑且这样表述），方言是地方话。早期这个概念，对方言是带有歧视味道的，中国人有四夷之说，认为“中国”（中央之国）才是礼仪之邦，其他东南西北都是化外之地，讲的是地方之言。这是首先要了解的一个背景。

从语言的发展角度看，方言是第一位的。也就是说，一开始各个地区，都先有各自的具有地方特色的方言，然后在部落发展的过程中，强大的部落不断吞并弱小，同时也将自己的方言扩散到更大的地域，于是共同语开始出现，这种在强大方言基础上发展出来的“共同语”一方面来自方言，另一方面也不断受到各种接触方言的影响。所以说，方言与共同语的关系，是你中有我，我中有你的共存状态。

最后，“汉语”这个概念要弄清楚，什么是“汉语”？汉语是汉民族讲的语言，它包括汉民族的共同语和方言。粤语是汉语，闽语也是汉语，古汉语是汉语，现代汉语也是汉语，方言是汉语，普通话也是汉语。这个一定要明确。

希望我的回答对你有帮助。祝你学习愉快！

3. 望月 0332_：

■ 为什么人家讲四川话、粤语都很受欢迎，我们一讲吴语就被认为对外地人歧视？

■ MOOC_无心插柳：有道是，稼轩的词“醉里吴音相媚好”，《红楼梦》

里林黛玉是苏州人，所以《葬花吟》中有："侬今葬花人笑痴，他年葬侬知是谁?"，还有苏轼的《书林逋诗后》起句就是："吴侬生长湖山曲，呼吸湖光饮山渌"，明代的管道升写给丈夫赵孟頫的《我侬词》，也有"你侬我侬，忒煞情多"，这样的例子还有好多！！那么多文人学士都把吴语写到诗里，可见"吴语"是很美的！而且苏州评弹也是用吴语演唱的，推荐一出《杜十娘》，取材《三言二拍》中《杜十娘怒沉百宝箱》，词曲都很好！所以，我一个外省人都很看重，你更应该敝帚自珍，一定要坚持说哟！

4. 薛利忠 _ 薛利 .:

■ 望老师答疑解惑

老师好！

可能是这么多年上学的缘故吧，有时候自己在大学里想不出自己家乡话里的某个字词，但是一放假就有机会听到父母的话了，然后又对自己的方言特别的熟悉，了然于心，尤其是听到爷爷奶奶说的话特别的地道、特别的亲切，里面的一些字词表达出来的效果要比普通话表达出来的效果好得多，一旦远离家乡到学校的话，我自己就不能说出那些亲切地道的字词了，有时候我为此还很伤怀，老师能为我指点迷津吗?

■ 老师：方言表达是需要环境的。对于我们这一代人来说，双语甚至多语是常态。到什么场合用什么话，是我们必须掌握的能力。方言代表着浓浓的乡愁和各种儿时的记忆。只要心中有家乡父老以及一草一木的记忆，你的方言就不会枯竭，不用过于担心。

5. ynndh_ 俞宁宁：

■ 堡、奈的读音

关于地名保留古音的读法，比如六（LU）安等，希望老师能介绍一下堡、奈（奈良）等读音。

■ 杨 Albert 助教

奈良位于日本的近畿地方。读音为（なら）nara（罗马音）。

"堡"有三个音，分别是：/ bǎo、bǔ、pù /。"堡"从土，保声，本义是土筑的小城。

堡读 bǎo，多指军事上防守用的建筑物：堡垒、城堡、桥头堡；古代指土筑的小城："徐嵩、胡空各聚众五千，据险筑堡以自固"。有时还比喻难于攻破的事物或不容易接受进步思想影响的人，如封建堡垒、科学堡垒、顽固堡垒等。

堡读 bǔ，有城墙的村镇，泛指村庄（多用于地名）：堡子、阳明堡。例如我们说的革命圣地“瓦窑堡”，吴堡县（在陕西省），柴沟堡（在河北省）等。

堡读 pù，古同“铺”，驿站（今用于地名）：十里堡、八里堡，有的写作“铺”，也有写作“堡”。北京地区多读“ pù”，而山西和陕北多读“ bǔ”，不过 bu 和 pu 在古音中相同，只是因为官话的浊音清化才产生了差异。bao 对于官话而言是舶来品，据说来自 burg 的英译，指军事要塞。

## 【课堂讨论】

说出 5 条（或大于 5 条）你会的或听到过的俗语（可以是童谣、儿歌、顺口溜、歇后语、谜语、谚语）

■ 锐意进取 1994（安徽省—合肥市—郭河镇—北圩村）

你的头，像皮球；你的腰，像弯刀；你的鼻子，像橡胶。（顺口溜）

小扁头，翻墙头，一块瓦，打破头，爹爹摸，奶奶揉，哎吆哎吆我家的小扁头。（童谣）

从肥东到肥西，买了一只老母鸡，拿到河里洗一洗，除了骨头就是皮。（顺口溜）

麻个早上五点往钟村里头集合，男的带锹，女的带筐，家侠们带绳子，爬拖拉机，骑摩托车，拉板车，到白水坝去挖芋头，哈不去的，扒光衣服弄棍索弄锹郭，真不中我就写扎把头去砸死他。（方言歌）

没有生活累死人，只有大病害死人。（俗语）

■ 446388154qqc（湖南省—长沙市—雨花区）

乡下人吃豆腐——莫放醋。（俗语）

六月伏天给猪打扇——朝钱看。（歇后语）

黑角弯里打手电——捻燃的（俨然的）。（俗语）

茅屎屋里看报——假积极（歇后语）。

脚板底下抹油——开溜（歇后语）

■ Hi 丹 _ 魏海丹（广东省—揭阳市—榕城区）

一螺一飞飞，二螺走卡皮，三螺无米煮，四螺无米炊，五螺五田庄，六螺百心肠，七螺七掠丫，八螺做乞丐，九螺九轰轰，十螺做太公。（童谣，

“螺”也作“腡”）

岁月无声，转眼成老爹，出门踏破脚车，落雨骑破雨遮，遇着资娘子看到目斜斜，资娘子楚烈着惊，惊归惊，也爱大声担你听，你者痴哥兄，硬虎无亩定。（童谣）

走仔饲大十八变。（俗语）

今年番薯唔比旧年芋。（俗语）

偷食无七嘴。（俗语）

■ 阿喵雨辰 _ 朱 ...（云南省—曲靖市—东山镇）

二月清明多种豆，三月清明多种麦。（农谚）

正月十六雪打灯。三月下大雨，四月晒河底。三月下黑雾，河底作大路。白露逢单，地下不干。有雨无雨望重阳，重阳无雨一冬干。夏至至短，冬至至长。（自然）

天黄有雨，人黄有病。病从口入，祸从口出。熟能生巧，巧能生精。不上高山，不知平地；不吃荞麦，不知粗细。磨刀不误砍柴工。闲时不烧香，临时抱佛脚。梨子能充饥，桃李伤肠胃。（生活经验）

地上看石林，地下游九乡，石林之美在于峰，九乡之美在于谷。（风景）

“小二”管“大王”。（俗语）

■ Wormwoodmooc...（陕西省—汉中市—勉县）：

雁儿哥、兔儿哥、驴蹄子、马耳朵、你家发兵伐哪个？我家发兵伐这个。他打你，你打我，今年打到明年个。（民谣）

月亮走，我也走，我给月亮提花斗。一下提到大门口，大门开开摘石榴。石榴树上一对鹅，飞到飞到叫公婆。公婆不吃油炸饭，要吃河里水鸭蛋。蛋呀蛋、蛋勉县！勉县姑娘会擀面，擀的面一张纸，切的面一根线，下到锅里渤辘辘转，舀到碗里像牡丹，公一碗，婆一碗，案板底下藏一碗。隔壁大嫂借案板，切刀落下打破碗。（民谣）

红豆豆，剥米米，我给爷爷端椅椅，爷爷说我好乖娃，我说爷你老汉家。房后西瓜不扯蔓，我给爷爷做午饭。（民谣）

头九、二九，关门闭守；三九、四九，冻破茶口；五九、六九，河里洗手；七九、八九，隔河看柳；九九八十一，老汉顺墙立（晒太阳）。（民谣）

（旧时）有女不嫁珍宝坝，红苕北（南）瓜吃死她；（如今）有女要嫁珍宝坝，白糖蒸馍下西瓜。（民谣）

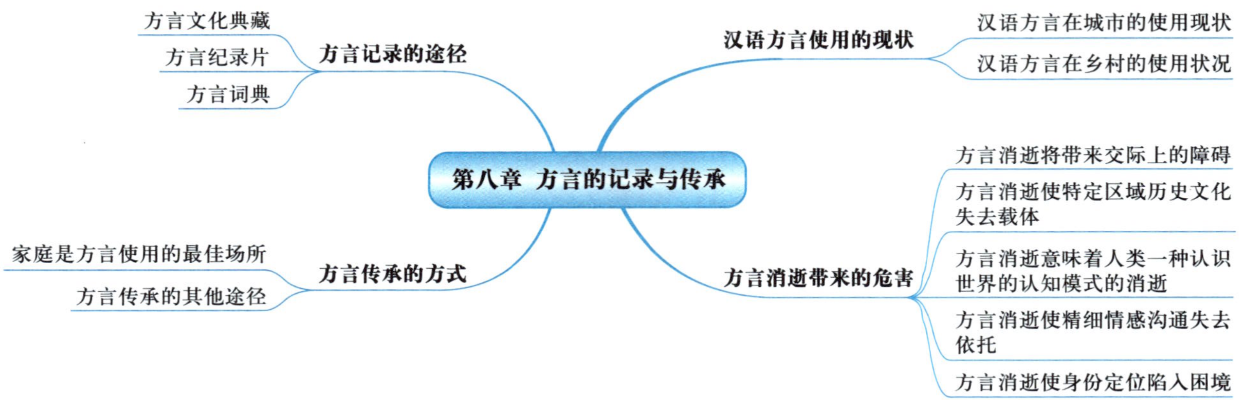

# 第八章 方言的记录与传承

- **汉语方言使用的现状**
  - 汉语方言在城市的使用现状
  - 汉语方言在乡村的使用状况
- **方言消逝带来的危害**
  - 方言消逝将带来交际上的障碍
  - 方言消逝使特定区域历史文化失去载体
  - 方言消逝意味着人类一种认识世界的认知模式的消逝
  - 方言消逝使精细情感沟通失去依托
  - 方言消逝使身份定位陷入困境
- **方言记录的途径**
  - 方言文化典藏
  - 方言纪录片
  - 方言词典
- **方言传承的方式**
  - 家庭是方言使用的最佳场所
  - 方言传承的其他途径

# 第八章

# 方言的记录与传承

前几章我们跟大家介绍了汉语、现代汉语的概念以及由来，介绍了汉语方言的历史形成，从方言与地名、方言与民俗、方言与移民、语言接触与文化交流等角度介绍了方言与文化的关系。

其实方言与文化的话题，除了以上这些，还可以从语言化石与植物栽培发展史、方言与戏曲、方言地理与人文地理等角度来展开讨论，由于课程时间的关系，不能在这里一一展开，大家可以通过我给大家列出的参考文献，进一步去了解。

接下来，我想跟大家谈谈如何传承方言与记录方言这个问题。传承方言和记录方言目前来说，非常紧迫，汉语的很多方言正逐步走向消亡，需要我们全社会的人共同努力，正视这个问题。

## 8.1　汉语方言使用的现状

我国方言数量多，而且很复杂。虽然现代方言得到一定程度的重视，但是方言还是在逐渐萎缩。我们从三代人的方言萎缩数据就可以看出这种趋势。比如说，爷爷辈掌握方言的程度是100%，那么父亲辈就是70%，到了我们自己这一代就只有60%了。方言面临着危机。

方言使用的场合越来越少。城镇化的发展，带来乡村的消失，乡村的消失必然带来乡村方言的逐渐被人所抛弃。再就是城镇化也带来人口流动性增加，两个不同地方的人在一起一般用普通话交流。比如，夫妻一方如果是广东人，一方是上海人，那就会用普通话交流，因此家庭语言就是普通话。有时候即使交际双方都会说方言，但是在办公室、学校等相当多的公众场合也并不使用方言。只有私下场合才是方言的主要领域。现在即便在家庭内部，夫妻双方都会说方言，但是他们和子女之间却大有方言与普通话并用甚至以普通话为主的趋势。

方言危机还表现于经济不发达地区人们的怕丑心理。在经济不发达地区，人们觉得自己的家乡话土，面对陌生人时羞于使用，这不利于方言的发展与保护。由于普通话的学习和使用同接受教育，对外交往密切相关，年轻人也爱说普通话借以标榜自己的文化档次。

语言产生、存在和发展都与一个特定的自然环境、意识形态环境、文化环境和一个特定民族的社会密不可分。语言多样性是人类最重要的遗产。每一种语言都代表着一个民族独有的文化智慧。因此，任何一种语言的消失都是全人类的损失。①

中国人的文化基因中，“故乡”“故里”的分量是很重的，而我们内心里流露出来的文化自信，也是始于对故乡、故里的热爱和深情。从汉语方言的使用现状看，方言濒危已是不争的事实，随着方言的消失，人们对乡土的情感也随着削弱，对故老相传的记忆也逐渐消亡。由乡村迁入城市的居民，其新的语言身份尚未确立，旧的语言标记已经失去，一大批只会普通话且没有明确身份定位的人群正在形成。这些人的乡土观念、身份认同情况，值得我们关注。

本节考察了城市和乡村方言使用的现状以及人们对方言的态度，从方言的交际功能、思维认知功能、文化承载功能和情感纽带功能四个方面阐述了方言消亡带来的危害以及由此带来的文化自信与语言自信的问题。

汉语方言以其复杂性著称于世。2012 年出版的《中国语言地图集》将汉语方言分为十大区：官话、吴语、湘语、赣语、客家话、粤语、闽越和晋语、平话、徽语。这些方言分区内部又可以分为片、小片和点，即使同一个方言小片，内部的口音差别仍然很大。这些方言的源头都可以上溯到中古甚至上古，历史发展的层层底蕴，藏于这些纷繁复杂的方言之中，我们可以从南北方言中，了解古人的表述方式、文化礼仪习惯以及观察世界的视角。

近代以来，随着交通的发展，地域之间的隔离越来越小，语言接触越来越频繁，而近 20 年来，城镇化进程的加速，也使得汉语方言在交融接触中发

① 联合国教科文组织濒危语言保护规划文件《语言活力与语言濒危》，2003 年，巴黎。

生着巨大的震荡。普通话的推广又在另一个角度令方言使用的场合逐渐被压缩到狭窄的空间，方言濒危、方言消失的现状已成为不争的事实。

### 8.1.1 汉语方言在城市的使用现状

如果从口音的细微处看，中国的城市，不管大小，都有其代表的方言。在传统时代，城市方言是周边区域的中心语，起着特定范围共同语的作用，对周边方言具有权威性与尊崇性。例如吴语的苏州话，粤语的广州话，官话中的成都话、西安话，都是其中的代表。

随着普通话的推广和城市人口的膨胀，原初的语言格局被逐渐打破，城市人口中越来越多的人开始转而使用普通话，对代表这个城市的方言，出现背离的现象，值得我们关注。

综合起来，目前中国城市方言使用的情况大致可以分为以下四种类型：

① 方言地位稳固，方言意识强烈，在语言使用序列上，方言使用排在首位。粤语是其代表。

② 方言地位稳固，方言意识较浓，习惯（传统）用方言交流，对方言感情较深。对待普通话的态度，并不排斥，在方言通行区域，不主动选择使用普通话。成都、重庆方言是其代表。

③ 方言地位逐渐下降，青年人使用方言的人口也在减少，而且使用方言的熟练度和地道性均有所削减，但是在方言意识上，因为经济发展的原因，有较为强烈的方言保护意识，也有全民性的方言传承相关的宣传和活动。

以上海为例，属于北部吴语地区的人口迁入上海，能够较快地掌握上海话，并能在日常生活中使用，但是其子女则主要以普通话和家乡方言为主。非北部吴语区的人，迁入上海在语言上有很大障碍，无法听懂上海话，所以这类人群大多自然地选择使用普通话，在上海居住多年后，可能会尝试着说几句上海话，第二代基本上放弃自己迁出地的方言，也很少选择迁入地的方言，基本使用普通话了。

不过，从方言保护和传承方面，上海做了很多工作，整理有上海方言词典、语法研究著作、上海话学习手册等材料，在幼儿园、小学阶段，推动方言进课堂，做了不少的积极推动，对民众树立良好的方言观有着积极的作用。

④方言地位逐渐下降，青年人使用方言的人口锐减，方言熟练度和地

道性均削减，方言意识模糊，方言主要在中年以上的人群中使用，儿童与青年人，基本上使用普通话，且对方言的消失，在意识上并没有引起足够的重视。

以武汉为例，武汉方言属于西南官话，因为与普通话相通的地方很多，所以当地人，即使是土生土长的当地人，使用本地方言武汉话的也越来越少。尤其是第二代，在幼儿时期，与父母交流，基本用普通话，到初中以后，才慢慢捡起武汉话，但大多已经不太标准。

迁入武汉的人群大多保持家乡方言，日常生活中使用普通话，主动学习和掌握武汉话的人所占比例较低，土生土长的武汉人，在年轻一代中，也大多使用普通话为主进行日常的交流。

以上海和武汉为代表的两种类型的方言使用模式代表了中国绝大部分的大中小城市的语言使用现状，即方言使用的人口减少、使用的熟练度下降、使用场合收缩、代际传承失败、方言意识薄弱。

### 8.1.2 汉语方言在乡村的使用状况

中国的乡村，区域广，情况复杂。我们分为三种情况来讨论，讨论的指标皆以一家三代（祖辈、父辈、自己）方言使用情况为考察对象。我们对沿海经济发达地区的乡村（属于劳务输入地区）、中西部经济尚未完全发展起来的区域和民族杂居区域（这两个区域属于劳务输出地区）分别加以讨论。

一、劳务输入地区的使用情况

中国的经济发达地区基本上分布在沿海，分布在渤海湾一直到南海的海岸线上。这些地区，外出务工的大多数集中在周边的城市，迁徙方式也是短距离从村迁到镇，或者从乡镇迁到县城。在语言的使用上，如果乡村的方言与县城一致，那就保持，如果乡村与县城不同，那么就会改用县城的方言。

爷爷辈（50 岁以上）不管住在乡村还是县城，很牢固地使用原始的方言，不改变口音，即乡村口音。年龄在 30—50 岁的这一辈进入城市居住生活的，基本上掌握两种口音，到县城，用县城话，回到乡村，切换成乡村方言，能够切换自如。

乡村方言的问题主要在儿童身上。由于幼儿和小学采用的是普通话教学，孩子在学校要求讲普通话，而且非常严格。儿童在上幼儿园之前，与老人一起生活自然习得的是方言，到幼儿园后，孩子开始学习普通话，并且迅速掌握，回家与父母用方言交流，与小伙伴用普通话交流。到了小学，甚至不少家庭，孩子用普通话跟父母说话，父母用方言跟孩子说话。

这一批孩子长大以后，会出现两种分化：一种是保持普通话的使用状态，在特定场合（比如家里）使用方言；一种是回归方言，重新选择使用方言。但是不管哪一种，方言变异在这种情况下，会十分剧烈。很多带有浓厚文化内涵的方言因素，会在这种传承模式下消失殆尽。

二、劳务输出地区和民族杂居地区的使用情况

中国中西部地区和边区，多为劳务输出区，这些区域的情况跟沿海不同，儿童在早期，在上小学之前，其方言的标准程度要比他们的父母亲高。为什么会出现这样的情况？因为在中西部乡村，父母亲这一辈（25—45 岁）基本上外出打工，每年回家 1—2 次，有些好几年才回一次家，家里的孩子由老人照看。儿童在老人的照看下，只会方言，不会普通话。他们的普通话都在幼儿园和小学学会。幼儿园还好一些，语言意识并不强烈，老师怎么教就怎么学，而且大部分乡村幼儿园的老师也基本上以当地人为主，说当地话。有些好一点的乡镇中心幼儿园，则有讲普通话的老师。

幼儿的这种语言经历，原本是一个非常好的方言传承的样式，但是一到小学，孩子的心理会发生剧烈的冲突。因为没有正确的语言观的教导，儿童成长到小学（目前的小学基本上都是中心小学，大家来自各个乡村镇，也有镇上的孩子），会有诸多矛盾冲突凸显，而口音困惑则是最直接、最外在的表现。那些条件好的家庭，在中心区域的家庭，小孩很早就会普通话了，而小学全部使用的是普通话教学。我们的乡村教育体系中，一直是重普通话而轻视甚至完全摒弃方言教育的，对方言基本持否定态度，对讲不好普通话的人，会有异样的眼光看待。而且孩子的父母从外地打工回来，一口与爷爷奶奶外公外婆差异很大的口音，让孩子觉得老人们的话极其土气，从而在心理上产生一种自卑，由自卑而产生对家乡方言排斥。这些孩子，小学以后基本上改用普通话，不再使用方言。有时候为了表示某种心理上的抗争，回家与老人重聚的时候，与老人讲话，也用普通话。

所以，劳务输出地区，方言濒危更加严重。老人口中的方言即将消失，父辈因为外出打工的原因，自己的原始方言已经生疏甚至忘却，孩子这一辈主动放弃方言，那么可以推测，若干年后，乡村方言则会彻底退出历史舞台。

民族杂居地区语言使用情况更加复杂，这一区域的人们一般都会两种以上的语言或方言，在家庭环境里使用民族语或方言，在与外人交流的时候使用普通话或当地通行的方言。由于方言和民族语在使用范围上的局限以及经济等因素的考虑，大部分年轻人开始放弃民族语和从小学会的方言，改用普通话。

从以上城市和乡村方言使用的情况，我们至少可以得出以下结论：① 城市方言未能形成中心语的优势，新迁入城市的民众在语言上对所在城市的方言缺乏认同；② 城市本身在方言教育和方言援助方面缺失，无法为迁入城市的居民提供跟语言相关的服务；③ 乡村方言代际传承模式基本上以隔辈传承为主，儿童在成长的过程中，因方言问题带来困惑；④ 不管是城市还是乡村，中国方言濒危已是不争的事实。

## 8.2 方言消逝带来的危害

方言是一定区域人们身份的标记，与特定区域的地理、人文环境紧密结合，具有独特性与传承性，是方言区集体历史文化记忆的载体，也是区域认知模式、思维特征的集中体现。方言的消失，意味着一种集体记忆的缺失，危害巨大。综合起来看，主要集中在以下五个方面：

### 8.2.1 方言消逝将带来交际上的障碍

毋庸置疑，方言在特定的区域依然作为核心的交际工具而存在。中国县级市以下地区，日常交流主要还是使用方言。在广东内陆、湘西、浙南山区等地，依然还有着较多只能听懂当地方言的老人，他们的交际工具就是地方方言。在这些地区，方言不可或缺。

### 8.2.2 方言消逝使特定区域历史文化失去载体

方言作为历史文化的载体，承载着中国历史各个时期的文化片段，大量的古词古语蕴含于方言口语之中，展现着地理和历史人文景观。

比如方言语音中保留了大量的中古以来的语音面貌，我们通过粤语可以了解中古时期完整的入声系统；通过吴语，我们可以感受到系统的全浊声母；通过闽语的发音，还能窥视上古汉语语音的一鳞半爪。

我们也可以通过方言的词汇，了解到普通话所无法展现的各种文化景观。如宁波方言有“艾青饼”这个词语，指的是一种用艾蒿叶子及其烧出来的水和面制作成的饼状糕点，颜色是青色的，多在清明节那天用来上坟祭祀做祭品用，祭祀结束后，人们再享用该糕点。用宁波方言的读音，“艾青饼”同“念亲饼”，跟清明扫墓相契合。这种方言用词随着清明祭祀扫墓风俗的简化，目前已经很少有人做这种饼来作为祭祀品了。宁波当地已经有越来越多的人不会讲宁波话，那么这种带有浓厚地方特色的方言表述，也会随着时间的流逝而消失不见。

### 8.2.3 方言消逝意味着人类一种认识世界的认知模式的消逝

著名的文化语言学家萨丕尔曾提出，语言就是文化，语言决定人的思维。我们说，一种方言代表的是一种地域文化，而千千万万的不同区域的文化构成了华夏的文明和文化。斯洛宾曾指出：“任何特定的母语训练其使用者在讲述事件和经验时都以特定的注意方式去观察事件。”[①] 例如，中国各地方言对动作的不同表达法，体现出不同地区、不同族群对同一现象的不同认识模式，也只有丰富多彩的各种方言的表达，才能够立体地展现中华文化的全貌。

任何一种语言都是世界上人类经历的特有的表达。因此，任何一种语言的知识可能是打开未来基本问题之钥匙。每当一种语言的死亡，就意味着我们缺少了理解人类语言结构模式和功能、人类史前史以及世界多样性生态系统的一种证据。我们要认识到，一种方言是一个认知世界。

普通话说“一条鱼”，也说“一尾鱼”，用“条”和“尾”，观察角度不同，“条”强调的是外形，凡流线型的物体，多用“条”，比如一条围巾，一条大路等，“尾”则强调的是鱼身上最特殊的一个部位，鸟有翼，兽有足，鱼有尾，各有其长。

---

① Dan I. Slobin，*Language and Thought Online: Cognitive Consequences of Linguistic Relativity*，Published in D. Gentner & S. Goldin-Meadow（Eds.），（2003）. *Language in Mind: Advances in the Study of Language and Thought*（pp. 157-192）. Cambridge，MA: MIT Press.

但是我们千万不要以为对鱼的认识，都是如此，南方方言中，湘语是用“一只鱼”的，而“只”原写作“隻”，动物的泛称，所以湘语是把鱼混归入动物大类里头，并不单独分出来。

吴语宁波话说一根鱼，在认知的特点上，宁波人是不分“根”和“条”的，都说成根（宁波话实际上是“梗”），比如一根鱼、一根被头（被子）、一根舌头、一根蛇等，北方话多是用“条”的。

另外，西南部分地区，还有一个很有意思的现象，蚊子和苍蝇不分，都用蚊子：吸人血的蚊子叫夜蚊子，通常说的苍蝇叫饭蚊子。蚊子、苍蝇是很常见的虫，大部分地区，包括世界各国的语言，都是区分的，比如，法语蚊子叫Les moustiques，英语叫Mosquito，俄语叫комар，德语叫Mücken，南非祖鲁语叫Imiyane；法语苍蝇叫Les mouches，英语叫fly，俄语叫летать，德语叫Fliegt，南非祖鲁语叫Izimpukane。西南部分地区蚊子、苍蝇混同是否受当地少数民族语言使用的影响，尚需我们进一步的考察。

当然，很多常见的食物，比如玉米、土豆之类的，南北方言都有自己的理解。上海人称玉米为珍珠米，或许是觉得玉米的颗粒饱满圆润，如一颗颗的珍珠。广东人则称玉米为粟米，带有中古汉语的味道。厦门人则叫番大麦，认为玉米是洋人的大麦。宁波叫六谷，认为玉米是可以与传统五谷并列的又一种重要的粮食作物。西南地区，玉米大多叫苞谷，那是从玉米生长在植株上的形状特征命名的。东北、内蒙古不少地区，将玉米称为棒子，则是从玉米采摘下来后的形状来命名了。

各地对同一事物的不同命名或称呼，体现着不同区域的人们对周围世界的独特认识，这些认识是世代生于斯长于斯的人们“近取诸身，远取诸物”的智慧积累，每一个方言中蕴含的这种对周围世界独特的认识，都是中华民族文化宝库不可缺少的组成部分，它构成了中华文化基因的一个片段。随着全球化、信息化的影响，我们的方言正面临着前所未有的危机，大量独具特色的方言，正在加速消亡。

每消失一种方言，我们就会失去一个认知世界，且不可逆转。

### 8.2.4 方言消逝使精细情感沟通失去依托

方言是情感的纽带，在我们生活中时时体现，在异国他乡，听到乡音，哪一个人不是情绪起伏、心情澎湃！这种情感，渗透在生活的各个方面，有时候我们甚至并没有意识到方言在身份认同方面带来的强大功能。“老乡”一词，总蕴含着特殊的情感价值，在各种交往和交流中，能够先人一步地建立良好的互动关系，甚至带来超出理智的一种信任。这种植根于中华乡土文化的情感体验，不是外人所能理解，更不是其他样态文化的人所能感受得到的。

### 8.2.5 方言消逝使身份定位陷入困境

那种深入灵魂的乡音，在你没有离开家乡的时候，显得稀松平常，但是一旦离开故乡，越是离开得久远，越会像久酿的醇酒，变得梦魂牵绕。中国人都有一种叶落归根的文化思维，凡是离开家乡到外打拼的，到了生命弥留之际，不管是腰缠万贯的富翁，还是身无分文的乞丐，都有一种魂归故里的要求，希望能够最后再看一眼家乡的山山水水，看一眼家乡的鸡狗牛羊，听一句乡音，吃一口乡菜。而方言则在其中起着极为重要的作用。弥留之际的人，神智都不清晰了，但是口里念念有词的，则是儿时习得的方言！

总之，任何一种语言的消失必将导致独特文化、历史以及生态知识的不可挽回的损失。任何一种语言都是世界上人类经历的特有的表达。因此，任何一种语言的知识可能是打开未来基本问题之钥匙。每当一种语言的死亡，就意味着我们又更缺少了理解人类语言结构模式和功能、人类史前史以及世界多样性生态系统的证据。①

文化来源于一个群体成员们的生活方式，亦即文化具有群体性的特点。一旦一个群体形成，其相应的文化便应运而生。一种文化由其所属群体成员创造、继承并发展。从这个意义上来讲，人们都属于不同的文化群体，具有不同的文化身份，如东方文化（人），西方文化（人），中国文化（人），美国文化（人）等。

英国文化学研究者斯图亚特·霍尔曾指出，文化是那些深层的、普遍的、未曾道出的经验和行为准则。同一文化群体的成员有意识和无意识地用文化来

---

① 联合国教科文组织濒危语言保护规划文件《语言活力与语言濒危》，2003年，巴黎。

约束自己的行为并衡量他人的行为。文化身份是一个文化群体成员对其自身文化归属的认同，其特征可以通过该文化群体成员的言语、行为和情感等表现出来，同一文化群体的成员也因此具有同一种文化身份。从整体来讲，文化身份是某种文化或某个民族所特有的、与生俱来的一系列特征的总和。由于同一文化群体的成员长期生活在某一特定的历史传统与地理环境下，形成了自己独特的文化，因而也造就了其独特的文化身份。

一、方言消失对传统文化认同的危害

乡音的消失，方言的消逝，对乡村文化有什么影响呢？最直接的影响，当然是乡村本土的文化也随之消逝，尤其是具有当地特色的文化词，将一去不返。比如舟山群岛，那里方言里有着大量反映海洋相关的语词，随着方言的消逝，这些表达都会消逝，取而代之的普通话是无法弥补这一部分语词的缺失的。

本质上来说，方言是植根于地方文化的，与当地的山川、河流、历史、文化紧密相连，她是深层次的；共同语是与其他区域的人们交流的工具，是浅层次的。同一区域的人们相互之间的交往，只有用与当地血肉相连的乡音才能表达得淋漓尽致，哪怕一个笑话，一个顺口溜，都是共同语无法转说的。任何特定的母语训练其使用者在讲述事件和经验时都以特定的注意方式观察事件。

方言的消逝，也意味着特定区域的乡村文化的消逝，而这种生于斯长于斯的文化基因的消逝，也伴随着人们某种文化认同的消逝，也意味着某种身份的消逝，当我们再无回忆，也无眷恋的时候，我们的精神港湾就会是一片荒芜。这种从根子上被掘断的危险远远超过其他枝枝叶叶的伤害！

二、城市新居民身份的重新认同

随着中国城镇化的加快，大量农村人口或主动、或被动迁入城市，带来一系列的社会问题。而语言问题又是这些问题的一个焦点，城市新居民如何融入城市，如何对自己的身份重新定位，已成为一个城市是否能保持恒久活力的指标，城市身份融入越成功，个体的创造性也就越凸显，个人对城市发展的参与感也就越强，反之则没有认同也没有参与。乡村进城人员与所居住城市的关系，粗略可分为全部融入、部分融入、不能融入三种情况。

1. 全部融入

九岁以前移居城市或在城市出生的孩子，对城市可以做到全部融入。但是由于语言选择上的单一性，这些新进入城市的孩子一般只会家庭方言和普通话，不会这个城市的方言，而且城市在方言服务方面也几乎空白，导致这些孩子成长之后，因为语言的问题，对城市的归属感和认同感会大打折扣。

在西方国家，以英国为例，有非常完备的语言服务体系，甚至有专门为特殊语言家庭服务的机构和志愿者，他们为这些因为语言问题而苦恼的人们提供援助，而得到语言服务的民众则在这个过程中，极大地接受了所在的城市，迅速获得认同，并以主人翁的心态面对周围的事物。更何况，儿童的语言接受能力本身就非常强，他们在有援助的情况下，能够在最短的时间内融入城市。

2. 部分融入

成年后居留城市的外地人，只能部分融入，童年记忆依然在乡村，这批人是联系城市与乡村的桥梁，也是兼具城市、乡村两种人格的群体，他们在情感上或倾向城市，或倾向农村，因人而异。这部分人大多是双语者，对家乡方言能够熟练使用，又能使用普通话，对所在城市的方言也比较熟悉。

对于这类人群，如果有较为完善的方言服务体系，帮助他们迅速地学会所在城市的方言，他们会更好地适应城市生活，并发挥更大的创造力。

3. 无法融入

从乡村迁至城市的老年人，大部分是因为需要帮助照看孙辈，他们大多数属于无法融入城市的人群。老年人在语言使用上已经固化，他们很难重新学会一种方言，对新的环境也持保守态度，很少有农村的老人能够轻松适应城市生活。尤其是语言，很难跟周围的人顺畅地交流，这种有口难开的困境，往往使老人们选择居住一段时间后，逃离城市，重新回到乡村居住。

对于城市老年人的语言援助问题，值得我们关注。尤其是中国目前老龄化时代来临之际，我们需要更好地关注老年人的精神健康，更好地关注他们的语言使用状况，通过政府层面、民间志愿者层面，组织语言援助，通过方言这剂精神良药，帮助老年人克服精神的孤寂和种种不适。

总之，方言是缓减身份不同带来的阵痛的一剂良药，可以让人快速融入城市，平稳地实现身份的转变，从而迸发出活力，最终推动城市的和谐和发展。

## 8.3 方言记录的途径

方言传承的第一步工作是记录。将即将消逝的方言用各种方式记录下来，其本身即是文化保护的一种形式。方言记录有专业的，也有业余的。从业余的角度来说，有两个方面的事情，我们每个人都是可以做到的：一是录音，一是文字记录。

有意识地将周围老人的语言通过录音保存下来，是我们每个人可以做到的。上了年纪的老人，谁也不清楚什么时候就不在了，有意识地把他们日常的一些语言记录下来，请他们把自己从小到大的成长经历做一个叙述，挖掘民间流传的神话故事、传说、民间歌谣、顺口溜等都十分需要。这些音频资料，可以保存在硬盘里，也可以刻录保存，还可以上传到网络永久保存起来，一方面可以为研究方言的人提供材料，另一方面，如果这个音频资料是自己的爷爷奶奶外公外婆的声音的话，也是一种非常好的回忆和纪念。这种录音的工作不需要高深的理论，仅仅只要一个意识就行了，从小学生到耄耋老者都可以做，而且非常简单，有一个录音设备就可以完成。

除了录音之外，当然也可以用汉字来记录方言的词汇。把我们日常生活中使用的有特色的方言词汇用汉字记录下来。这种方式是从古到今一直被使用的方法。不过用汉字记录方言，会遇到书写上的困难，很多方言字是写不出来的，有些方言字是需要有一定的古汉语音韵训诂知识的人才写得对的。对一般人来说，只要能够写下来，用同音字替代即可，关键的是要把词语的意思描写清楚，而且要用方言举几个例子，并且解释例句的内涵。

比如宁波话“葛瘟人狗筋会懒断辣”这句话，需要解释它的意思，是“这个人非常懒”。

如果能对里面“瘟人”“狗筋”“懒断”的意思做进一步解释那就更好了。实际上我们会发现，要对方言做非常精细准确的普通话翻译是非常难的。对常人来说，能够多举几个例子已经足够了。

从专业的角度来说，目前在方言保存方面的工作，主要包括方言文化典藏专题调查、方言影视作品创作、方言词典的编写等。

### 8.3.1　方言文化典藏

方言文化典藏是指通过影像和照片的方式，将用特殊方言形式表达的具有地方特色的文化现象记录下来，包括地方名物、民俗活动、口彩禁忌、俗语谚语、民间文艺等。

具体的调查内容，列下表供参考（见表 8-1①）。

**表 8-1　方言文化典藏调查内容分类表**

| 大类 | 中类 | 小类 |
| --- | --- | --- |
| 壹　房屋建筑 | 一　住宅 | 房子、堂屋、厨房、屋脊、屋顶、瓦、墙、马头墙、骑楼、门、门墩、窗户、天井、院子、篱笆、胡同、村庄 |
|  | 二　其他建筑 | 厕所、畜圈、家禽的窝棚、粮仓、窖、水井、亭子、牌楼、牌坊、碓坊、磨坊、油坊、窑、桥、笕 |
|  | 三　建筑活动 | 奠基、垒墙、上梁、封顶 |
| 贰　日常用具 | 一　炊具 | 灶、锅、甑子、烧火的用具、水桶、勺子、笊篱、炊帚、做食品的模子、臼、碗、碗柜、筷筒 |
|  | 二　卧具 | 床、炕、摇篮、席子、枕头 |
|  | 三　桌椅板凳 | 桌子、案子、茶几、椅子、凳子、踏床、蒲团、小孩的座椅、小孩的站桶 |
|  | 四　其他用具 | 脸盆、脸盆架、澡盆、马桶、扫帚、晾衣架、灯、烤火的用具、扇子、坛子、缸、箱子、衣柜、粮柜、篮子、背小孩的用具、轿子、畜圈里的槽、狗气杀、猫叹气 |
| 叁　服饰 | 一　衣裤 | 上衣、裤子、内衣、袍子、裙子、围裙、围嘴、蓑衣 |
|  | 二　鞋帽 | 帽子、斗笠、头巾、布鞋、木屐、鞋垫、草鞋、小脚鞋 |
|  | 三　首饰等 | 头饰、发饰、耳饰、项饰、胸饰、腰饰、手饰、脚饰、汗巾、手绢、包、荷包 |
| 肆　饮食 | 一　主食 | 馒头、米饭、稀饭、面条、米粉、饼、包子、饺子 |
|  | 二　副食 | 糕点、面制品、米制品、杂粮制品、豆制品、奶制品、糖果、酒、茶、烟 |
|  | 三　菜肴 | 家常菜、干菜、肉干、腌菜、腊味 |

① 更详细的内容请参考曹志耘主编:《中国方言文化典藏调查手册》，商务印书馆 2015 年版。

续表

| 大类 | 中类 | 小类 |
|---|---|---|
| 伍 农工百艺 | 一 农事 | 田地、耕田、耙田、插秧、施肥、赶麻雀、收获、脱粒、使净、草垛 |
| | 二 农具 | 锄、扁担、簸箕、有梁的簸箕、箩筐、背篓、农用车、刀、耙子、犁、耙、水车、脱粒用具、筛子、风车、晒簟 |
| | 三 手工艺 | 泥瓦工、石工、窑工、木工、篾工、编织、雕花、绘画、漆工、理发、裁缝、鞋工、锢露、锔、磨刀、做棕绷、弹棉花、纺织、染布、刺绣、剪纸、泥塑、吹糖人儿、爆米花 |
| | 四 商业 | 商店、货摊、货郎、招牌、杆秤、量筒 |
| | 五 其他行业 | 烧炭、打猎、割漆、种菇、放牧、放家禽、呼唤畜禽声、驱赶畜禽声、捕鱼、酿酒、制茶 |
| 陆 日常活动 | 一 起居 | 吃饭、喝酒、划拳、座次、喝茶、抽烟、梳头、聚会、赶集 |
| | 二 娱乐 | 下棋、打牌、赌博、捉拿游戏、格斗游戏、手法游戏、脚法游戏、其他游戏、动物相斗、动物赛跑、竹木玩具、纸制玩具、其他玩具、当地有特色的乐器、当地说唱表演里有特色的道具、当地有特色的舞蹈、戏台 |
| | 三 信奉 | 当地寺院里的神像、当地民间的神像、宗教建筑、神龛、供具、拜神、祭祖、算命、看相、测字、占卜、看风水、通灵、用方术治病、辟邪 |
| 柒 婚育丧葬 | 一 婚事 | 说媒、订婚、聘礼、嫁妆、出嫁前的仪式、迎亲、人物、婚服、婚礼、喜宴、新房、闹洞房、回门 |
| | 二 生育 | 祈子、催生、报喜、三朝、坐月子、满月、满百日、满周岁、祝寿 |
| | 三 丧葬 | 报丧、棺材、寿衣、灵堂、孝服、祭品、丧礼、出殡、下葬、坟墓、做七 |

续表

| 大类 | 中类 | 小类 |
|---|---|---|
| 捌 节日 | 一 春节 | 小年、春联、窗花、字画、糕点食品、除夕、年夜饭、迎新年、正月初一、拜年、回娘家、送年、被五、人日 |
| | 二 元宵节 | 灯会、元宵节活动、元宵节饮食 |
| | 三 清明节 | 上坟、清明节活动、清明节饮食 |
| | 四 端午节 | 端午节活动、端午节饮食 |
| | 五 中秋节 | 中秋节活动、中秋节饮食 |
| | 六 其他节日 | 立春、二月二、三月三、立夏、六月六、七夕、七月十五、立秋、重阳节、立冬、冬至、腊八 |
| 玖 说唱表演 | 一 口彩禁忌 | 吉祥口彩、财富口彩、长寿口彩、子嗣口彩、避凶求吉、避俗求雅、 |
| | 二 骂人话 | 口头禅式的骂人话、有一定实义的骂人话 |
| | 三 俗语谚语 | 顺口溜、农业谚语、气象谚语、生活谚语、其他谚语、歇后语、谜语 |
| | 四 歌谣 | 童谣、摇篮曲、民歌 |
| | 五 曲艺戏剧 | 用当地方言说唱的曲艺、用当地方言演唱的戏剧 |
| | 六 故事吟诵 | 牛郎织女的故事、自由讲述故事、用方言吟诵古诗词 |

需要注意的是，一般来说方言合作人需要满足以下条件：

① 男性，调查时年龄在 55—65 岁之间。

② 在当地出生和长大，家庭语言环境单纯（父母、配偶均是当地人），未在外地长住，能说地道的当地方言。

③ 具有小学或中学文化程度（一般不宜选择大专及其以上文化程度的）。

④ 具有较强的思维能力、反应能力和语言表达能力，发音洪亮清晰。

### 8.3.2 方言纪录片

英国 BBC 专门拍有一部关于语言的纪录片，总共四集，分别是天籁之声、听音识身份、文字传播和最高境界是文学。一般没有任何有关语言学知识的人，看了这部纪录片后，就大致可以弄清楚，语言到底是什么，它在我们的日常生活中起着如何重要的作用。我们就会明白，人们无时无刻不在使用语言，那些习焉不察的语言现象背后，实际上都蕴含着深理。纪录片就是这样，通过并不太长的篇幅，传播知识，宣扬特定的理念。

方言纪录片就是其中一个两全其美的途径。我们通过纪录片，既能记录珍贵的方言原始素材，又能得到迅速的传播，引起社会对家乡母语的正视。

方言纪录片拍什么，怎么拍，大致可以从以下几个方面入手：

一、方言作为解说工具

目前很常见的，把一个反映地方风貌的影视作品，用方言解说出来，配上普通话的字幕。这种方式简单易行，缺点是不能很好地展示方言的特点。

二、方言本身作为拍摄内容

以方言为对象，以方言词、语为纲要，把方言（的表现）作为纪录片“纯粹的主题”拍摄下来——从方言区内人们日常的吃穿住行入手，一项一项地拍摄，一项一项地展示这种方言的魅力。整个纪录片的配音都采用展现地区特色的方言，字幕则使用普通话。

这类拍摄入门简单，在大致了解某方言后，进入该方言区正式拍摄就行了，拍到什么算什么。当然了，如果时间充裕，最好在拍摄前先列出拍摄大纲。这种纪录片的困难在于后期的剪辑处理——应该按照什么样的逻辑将碎片化的素材合理衔接起来，这一工作并不容易。此外，全片以方言配音的确对传播有一定限制，不过它的优点在于保存的方言资料更加集中、丰富。

三、以说方言的人物为拍摄内容

以人物为线索，以故事为内容，通过特定人物的特定故事来展开人们对方言的思考。使用的语言为方言和普通话都有，且以普通话为纪录片的解说语言。

这种拍摄方法最大的难度是需要有一个非常出色的导演，能够把各种镜头安排好，最后演绎一个故事。这样的故事其实很多，比如海外游子的方言情结，比如方言研究者的田野调查过程，又比如少数民族语言保护的践行者等，都是很好的素材。

四、特定方言表达为拍摄内容

只表现一到两个非常有特色的方言表达为目的的纪录片。某种密语，特定的方言记号，特殊的咒语颂语等，通过一定的民俗风情用语，来探索一种方言背后的独特性和文化内蕴。

五、以方言分区为拍摄对象

概括性地介绍汉语方言的纪录片，比如对七大方言分别作介绍的纪录片，对特定的方言作介绍的纪录片，比如军话、站话、客家方言岛等。

我想，以语言为拍摄对象的方言纪录片，想要拍好，一方面需要有专门对方言理解很深的学者参与，另一方面则需要专门懂拍摄的人加盟。其实，大学生群体是非常适合做这个工作的，3—5 个人结成一个团体，各司其职，利用寒暑假回家的机会，就可以拍摄到很多镜头。这些镜头经过后期处理，有可能转化成很好地记录语言的视频短片。

### 8.3.3 方言词典

一个方言的文化信息，绝大部分保留在该方言的词汇中。编写一本方言词典，将人们口头使用的方言词语、惯用语、歌谣、谚语等记录下来，并用母语使用者的敏锐语感做出解释，也是非常好的保存方言的途径。

要编写一本方言词典，需要几个基本的条件：

首先，我们需要有方言语感，也就是对自己使用的方言要比较敏感，能够对方言语词的细微差别，有所察觉。能够很好地解释一个词的用法，不仅能把字里行间的意思说清楚，还能够把词语的文化含义说出来。

其次，要了解一些有关方言用字和国际音标的基础知识。一般来说，要编一个词典，最基本的内容是词条、注音和解释。那么放在我们面前的第一个拦路虎，就是怎么写字、怎么注音的问题了。方言中有很多词，很难写出字来，或者说，一个没有专门的语言文字训练的人，要写出方言字、标注上国际音标，难度很大。怎么办？其实最简单的方法，是把音录下来。这个在以前计算机还没有发展起来的时候，根本不可能，但是现在一点问题都没有。我们把自己编写的词条用个序列号，用 0001，0002 之类的来命名音频，对应你的记录，这样我们不管记什么字，有音在，也能明白个七八分。当然，能够把字写出来，尽量写，如果实在写不出来，就写个白字，但是一定要同音字，这里说的同音字，是在你的方言中的同音字。如果你写一个跟普通话同音的字，那就糟糕了。

比如，武汉话有个说法，指敞开地吃，毫无顾忌地吃，叫“岔倒吃”，这个“岔”显然不是正确的字，因为“岔”是山路分叉的意思，跟“岔倒吃”的意思不符，但是音一样，姑且写着，也问题不大，但是要做个记号，提醒自己，这个字自己并不知道怎么写，将来有机会去请教专门做语言研究的人。而记号怎么标，是打个横线还是打个框框，这就需要根据自己个人的习惯来处理了。方言研究的人，一般会在这个字下面打一个小圆圈。但是这个小圆圈在输入法里头很难打出来，除非是手写的，否则的话，还是打个框框或加个下划线，波浪线什么的，更方便一些。

第三，尽可能精确地解释词语

解释是很难的事情。要把一个方言词准确地解释出来，真的需要对自己家乡方言的风土人情，文化地理了解很深才行。所以对方言词做解释的过程（见图 8-1），是我们进一步了解自己的方言，了解自己家乡的过程，会有很多意想不到的收获。

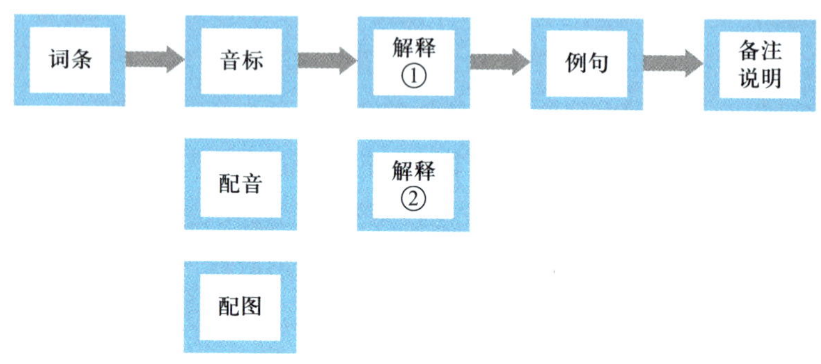


图 8-1 方言释词示意

比如，宁波方言有一个词，叫“吃相”，我们一看到这个词，就明白，这应该是“吃东西的样子，表现”，有些小孩甚至大人，出去吃饭，十个人一桌，“吃相”就很差，一上桌，就把自己喜欢吃的菜全部端到自己面前，然后开始大吃大喝，不管周围，有些还发出很大的声音。这叫“吃相”。但是另外一个意思，很多人并不太了解，宁波话“吃相”也指人的表情，尤其是人生气恼怒的时候，“吃相”可以表示人的面部表情。例如我们形容一个人表情很骇人，就像要过来把你吃掉一样，也用“吃相”。人生百相，吃相也是其中一相。类似的还有“卖相”（相貌美丑）、“面相”（脸上的神情）。

如果我们觉得解释某个词很困难，不知道该如何去解释，那么直接多列一些例子是很好的方法。我们可以从例句中猜出意思来。当然，你得把例句用普通话做解释，否则的话，像南方方言大部分人就是看例句也是看不太懂的。哪怕是官话区，要是不解释，很多时候“蚊子”“苍蝇”“杨树”“柳树”是会搞反的。

这里提醒一句，在电子化时代的今天，我建议大家把词典直接转存在电脑的excel表格里，非常方便检索，也易于将来转化成各种形式的文本。最好是跟手机同步的，在手机上也可以编辑。手机还可以用来拍照和录音，随手拍，然后对图进行解释，这样出来的词条，有的是文字编辑＋图片形式了，会更加方便理解。而且随着社会的发展，很多东西都不见了，我们拍下来的照片，很有可能为将来留下了宝贵的资料。

我们会在编写方言词典这个过程中提高自己对语言文字的敏锐触觉，我们会在认识方言的过程中看到中国文化的深厚底蕴，我们还会在进一步与家人讨论方言词语用法的过程中增进与亲人的感情，重新发现父母长辈不为人知的秘密等。

## 8.4 方言传承的方式

有了对方言既不夸大，也不歧视的态度后，对个人来说，做到传承方言，最现实的行动就是主动多说说方言。这里说的多说方言，不是要大家不分场合，到处去说方言，而是当我们在方言环境里头，能够保证自己说方言，而且还要有意识地去提高自己用方言表情达意的能力。比如，我们在自己的家乡，和亲朋好友、邻里乡亲、父母兄弟等在一起的时候，就要自觉地用方言来进行交流。

### 8.4.1 家庭是方言使用的最佳场所

在家里，如果有可能，尽量跟自己的孩子用方言交流。对孩子来说，从幼儿园开始，就能够接触普通话，学习普通话的机会是非常多的，不用担心孩子学不会普通话，反过来，方言的学习机会反而不多，所以利用家庭用语来让孩子潜移默化地学会一种方言，是非常必要的。

儿童学习语言的关键期一般在0—12岁，过了这个年龄，再要学方言，难度就非常大了。[①] 平时如果能够给孩子用方言讲一些老家的民间故事、神话传说，那就更好了。家庭是传承方言的第一块土壤。

如果说方言不适宜于学校课堂教育，那么方言的教育和传承当如何进行呢？父母是孩子的老师，孩子的语言、生活、情感都带有父母的影子，方言学习最适宜的环境就是家庭教育。我们应鼓励家庭成员说方言，形成“儿童在家说方言，在校说普通话”的语言培养模式。这首先需要家长具有一定的文化自觉意识，需要家长认识到传承方言与保护文化多样性之间的关系。

方言是联系家庭与故乡情感的纽带，家庭成员学习故乡的方言土语也自然在情理之中，父母亲朋之间所说的乡音是真真切切、原汁原味的情感，只有饱含着情感的乡音才有可能真正地传递给下一代，才有可能真正地激起孩子对故乡的感情。家庭中的方言学习是立体的、多层次的学习，超越了语言的传承，更多是一种文化的延续，这种文化和方言的互动也容易激发儿童学习的兴趣。从语言学习本身来说，语言可以是正规课堂教育的语言学习，也可以是在自然语言环境中的语言习得，儿童在自然语言环境中的学习效果，要远远优于课堂。儿童语言学习期主要在 0—12 周岁，这一时期正是儿童幼儿园和小学时期，是与家长接触时间最长的时间段，家庭教育如果能够把握好这一阶段的语言训练，就能使方言教育取得最好的效果，潜移默化之中将家乡方言以及方言背后的地方文化传授给孩子。

每种方言都是一种故乡情怀，都是一种文化。语言的发展、变化、消失有其自身规律，方言传承的核心重在家庭，我们应发挥家庭和学校各自的功能，一点点形成方言、普通话并存的语言环境。

### 8.4.2 方言传承的其他途径

方言传承的核心在于使用。除了家庭外，我们还可以通过以下几个方面为方言的传承做点工作。

一、借助地方戏曲和说唱艺术传播、传承方言

方言是地方戏曲和说唱艺术的灵魂，任何一种地方戏曲，都是跟特定的

---

① 语言习得关键期理论（critical period）也称“临界期”假说：在青春期（12 岁左右）以前，由于大脑语言功能侧化尚未完成，左脑和右脑都能参与语言习得，此时大脑灵活，可塑性大，因而比较容易习得语言。这是习得母语的最佳时期。

方言紧密连接在一起的。推动地方戏曲的发展，不仅丰富人们的艺术生活，也在无形中传承方言。

二、借助影视作品传承方言

汉语普通话是随着电视的普及而进入千家万户的，反过来，要让方言得到良好的传承，适当增加方言影视作品，至关重要。在方言区，地方台开发、创作一些优秀的方言作品搬上银幕，不仅有助于方言经济的繁荣，对扩大方言的影响，提高人们的意识以及方言的使用领域，有着积极的价值。

三、利用互联网传播平台传承方言

随着移动技术的发展，人们日常交流已经从面对面的真实世界，逐渐扩展到虚拟空间世界，尤其是青年一代，在互联网上的时间越来越多。利用互联网平台，一方面人们可以展示自己的方言，让更多人了解家乡的语言与文化；另一方面，也可以通过各种社区、虚拟讨论群等方式，直接用方言语音交流，克服天南地北空间上的阻隔，让方言在互联网平台得到新的拓展。

当然，方言传承的希望在青年，只有青年人愿意用方言，方言传承才真正落到实处。所以在方式上，把方言和年轻、新鲜的事物结合起来，才有可能让更多的人对方言感兴趣，喜欢方言。

## 【结语】

本章从方言的传承与记录的角度，介绍了汉语方言使用的基本情况，方言在文化认同和民族认同上的作用以及方言消失带来的危害。介绍了若干种方言记录的方法，并对如何传承方言提出了建议。

## 【思考题】

1. 说说汉语方言在乡村的使用情况。
2. 方言消逝会带来哪些消极的影响？
3. 说说方言认同与文化认同的关系。
4. 业余方言爱好者如何记录自己的方言？
5. 说说方言传承的途径。

## 【方言释词·方言网络语】

【我勒个去】我国东北地区被广泛使用，只是一般简略为“我去”，发音短促，表惊讶，说“我勒个去”时一般都是拖长音，重读“我”表示非常惊讶。这个词东北的孩子小的时候就总说的。只是通过了网络才被其他地方的人知道。

【四不四撒】四川话里面是不分 si 和 shi 的，“是”在四川话里面念作“四”。所以这里的“四不四”就是“是不是”的意思，而“撒”在四川话里面就是一个语气词，就是“啊”或者“呀”。所以这就是“是不是啊”“是不是呀”的意思了。

【杀马特】“杀马特强子”“留几手”等微博红人，塑造了自己的“杀马特”形象。他们的微博用语中，东北土话等方言成为佐料，河南驻马店、北京二拨子村等是这些微博用户的一个假想来源地。

【滚犊子】东北方言，意思是滚开。有时也只是开开玩笑，也有地区叫作滚犊杂。

【老炮儿】老炮儿，原为老泡儿，北京俚语，意指在监狱中不停进出、当成日常生活的一类社会阶层。过去老百姓口中的老泡儿，常指性格暴烈、行为混蛋的混混，微含贬义！今天引申的老炮儿，更多的指向是在某一行业曾经辉煌过的中老年人，至今仍然保持着自尊和技艺，受人尊重，为褒义词！

【筒子们】来自湖南话，指“同志们”，是由于湖南话中平翘舌不分造成的。因平翘舌不分而形成的流行语还有“涨姿势（长知识）”“肿么了（怎么了）”等。

【雷人】来自江浙话，指出人意料且令人很无语。一则新闻《男子发誓欠钱被雷劈，话音刚落被雷电击伤》让“雷人”意外走红。

【赶脚】来自江苏溧阳话，指“感觉”，该词从溧阳贴吧中流传开来，并逐渐流行于网络。

【介个】来自天津话、信阳话、安徽话等方言，指“这个”，该词从豆瓣社区中流传开来，并逐渐流行于网络。

【捉急】来自安徽话、山东话等方言，指“着急”。最为流行的用法是“智商捉急（替你的智商感到着急）”。

【有木有】来自山西话、山东话、河南话等方言，指“有没有”。帖文《×××你伤不起啊!》系列于2011年在网络上风靡，文中的“有木有”句式广受网友喜爱。

【菇凉】来自兰州话，指“姑娘”。多地方言中“n”“l”不分，其他类似的词语还有“蓝盆友（男朋友）”“脑公（老公）”等。

【醉了】来自江苏连云港话和武汉话，表示对人或事无法理解、无法交流和无力吐槽，因歌曲《我也是醉了》而流传于网络。

【什么鬼】来自南方话，指“怎么回事”，因脱口秀节目《暴走大事件》的使用而流传于网络。

【作死】来自北京话、东北话、江苏话等方言，表示自寻死路、不知轻重、不顾危险的含义。最为流行的用法是“不作死就不会死”。

【辣眼睛】来自武汉话，原意指被辣椒辣了眼睛，很刺激很难受。现今指看到不该看、不好看的东西，或被某事某行为惊到了。现今在微博、豆瓣、贴吧、各大论坛中被广泛使用。

## 【延伸阅读】

1. 曹志耘等:《汉语方言文化典藏调查手册》，商务印书馆2015年版。

2. 李荣:《汉语方言调查手册》，科学出版社1957年版。

3. 邢公畹:《汉语方言调查基础知识》，华中工学院出版社1982年版。

4. 中国社会科学院语言研究所:《方言调查字表》，商务印书馆1981年版。

5. 中国语言文字信息管理司、中国语言资源保护研究中心:《中国语言资源调查手册：汉语方言》，商务印书馆2015年版。

## 【论坛撷英】

1. 乡音的消失，方言的消逝，对乡村文化有什么影响呢?

■ 最直接的影响，当然是乡村本土的文化也随之消逝，尤其是具有当地特色的文化词，将一去不返。比如舟山群岛，那里方言里有着大量反映海洋相关的语词，随着方言的消逝，这些表达都会消逝，取而代之的普通话是无法弥补这一部分语词的缺失的。本质上来说，方言是植根于地方文化的，与当地的山川、河流、历史、文化紧密相连，她是深层次；共同语是与其他区域的人们交流的工具，是浅层次的。同一区域的人们相互之间的交往，只有用与当地血肉相连的乡音才能表达得淋漓尽致，哪怕一个笑话，一个顺口溜，都是共同语无法转说的。方言的消逝，也意味着特定区域的乡村文化的消逝，而这种生于斯长于斯的文化基因的消逝，也伴随着人们某种文化认同的消逝，也意味着某种身份的消逝，当我们再无回忆，也无眷恋的时候，我们的精神港湾就会是一片荒芜。这种从根子上被掘断的危险远远超过其他枝枝叶叶的伤害！中国人的文化基因中，“故乡”“故里”的分量是很重的，而我们内心里流露出来的文化自信，也是始于对故乡、故里的热爱和神情。当一个民族，可以轻易地抛弃植根于乡土的方音方语，对自己的乡音都充满怀疑贬斥，那么我们何来文化的自信？

2. 不知讨论区里有多少地道的北方人呀，官话地区面积如此之大，而我又是生活在河北一带的人，就我生活的地区而言感觉方言的差异并不是很大，也不会影响交流，尤其是受普通话的影响非常深刻。但对于南方的方言我们听起来就很费劲了，所以就方言的学习而论是不是这种小差异性和城市化不利于我们北方人学习方言呢？又该如何解决这种困境呀。希望老师还有同学们说说自己的看法和学法，不胜感激呀。

■ 官话区是目前方言流失最严重的区域，因为方言与普通话接近，所以无形中往普通话靠。反而那些与普通话差异很大的方言，在保存其独立性方面，要好一些。对于官话区的朋友，一定要坚持在家与父母亲朋讲当地方言，只有把方言拉回生活，方言才会重现生机。

3. 月下收橘子：关于第一单元最后三课程的一些提问

老师您好！看了课件有些地方有点疑惑

① 炎帝即神农氏，是黄河流域的先祖，可百度词条“黎民”上说，神农的神话都从九黎出。九黎不是长江流域的部落联盟吗？

② 老师在课件里说到，周和羌的关系密切，经常通婚。我在一个古汉语选修课上听老师通过分析古文字形象说，周和羌的关系不好，因为表示羌的文字带有不好的寓意，原始野蛮。

③ 老师说六大方言形成都是受北方方言影响，那南方的语言呢？课件114页那张图我没看太明白。是说六大方言同时受北方古汉语和南方古越语影响但受古汉语影响更大？

■ 首先，请注意百度只是一个知识汇集的地方，有很多错误，需要甄别，不能全信。

九黎的其中的一支，其活动范围是到达黄河中下游地区的，所以才会跟那里的炎帝部落发生冲突。炎帝部落不敌，跟黄帝部落联盟，最后大败九黎部落。

表示少数周边非炎黄体系的民族，在称呼上都带有贬义，比如东夷、西羌、南蛮、北狄（后来被叫作胡人）。周与羌的关系密切，并不妨害“羌”带有贬义。

六大方言是在北方炎黄语言的南下，与南方各部族语言接触融合过程中发展起来的。其核心是北方炎黄语言。

4. ponpontimong：聋哑人思维

老师刚讲了语言在人类思维中的重要作用，接着提出了聋哑人的问题，但是没有做出论述，那么聋哑人的思维模式是如何的呢?

■ 聋哑人由于失去听力，而习惯性的手势语，缺乏比较完整的内在逻辑结构，所以在聋哑人思维模式及语言表达中都与普通人有着明显的差异。如用手势语说：“没有吃饭。”实际是先比“吃饭”的手势，再比“没有”的手势，也即“吃饭没有。”

这种看似颠倒的用法实质上在聋哑人中相当通行，没有哪一个聋哑人会看错的。

聋哑人用手势语为工具进行思维，下面这段话是聋哑学生的作业“吃晚饭后，我突然看见二年级的同学不小心摔倒地上，一个少先队员连忙跑去，扶起他，脸满是血，扶前上来，没有吃力，他是少先队员抱起他，送二年级同学到医务室。医生说：‘你保护身体。’他点点头，用织布给他扎好了，谢谢你们”，这段话以一般人的思维衡量是不通顺的，但是，它却是符合聋哑学生思维模式的。

但是，这种思维模式，它影响着聋哑人理解和表达比较抽象的思想，比较复杂的情感，严重局限着他们的发展。

5. 2412584347qq：青海话是属于哪一体系的啊?

■ 根据《中国语言地图集》，青海地区大致的方言（民族语）划分为：

青海湖以东地区（或称汉区）大致为中原官话，以西宁为代表。

柴达木盆地地区为蒙古语族蒙古语。

南部靠近西藏地区为藏语。

通常所说的青海话，狭义上指的主要是以西宁话为代表的中原官话秦陇片。

## 【课堂讨论】

请大家从各自学习、工作、生活等角度出发，说说上课后的真实感受，比如，您的收获，您对课程的意见和建议等。

■ Jiessia 贝贝 _

其实我之前确实存在方言太丑了，太难听，太土的想法，但是学了这门课程之后让我对方言有了一种全新的认识。方言不存在低人一等的说法，同样是语言，就该与普通话有一样的地位，虽然普通话确实是国家通行语，但是方言代表着一种文化符号，是一种历史积淀，所以现在的我在思想上已经认可了方言的第一母语地位。在我看来，现在国家正在大力提倡文化软实力的培养，所以方言的传承也应该不会出现断层。个人觉得这门课程让我获益匪浅，且不论老师的幽默风趣，单是课程涉及的庞大知识点，和各个方面环环相扣的联系，让我对于中国古典文化的兴趣更加浓郁了。

■ 瞎猫的猫语 _...

学了这门课让我懂得了原来语言之间还存在着这么大文化以及历史的差异，让我知道了各种方言以及他们的历史。并且懂得了方言的重要性，并且了解到，方言也是需要保护的，而这种保护是我们每个人不经意间可以做到的。让我们共同行动起来保护我们的方言吧！不能让几百年后每个地区都没有了自己的特色。方言来说其实也算各地的地方特色吧，但是就目前来说，除了和同乡能用自己的方言聊天，在工作和学习上基本上是用不到的，但它又的确是一种文化的传承，虽然我们目前能标准地说出的方言已经比较少了，很大一部分已经被普通话所同化，但是，能留存多少是多少，也算为家乡做贡献了。这门课还是挺有意思的，能见识到更多的不同地方的方言，有些完全听不懂，有些能听懂一部分，还是很欢乐的。

■ 有你就幸福了...

通过学习方言与中国文化，我知道了我国方言种类是非常繁多的，每种方言的产生、发展以及方言之间的融合都经过了漫长的时间。知道一个词语可能在不同的地区，不同的方言之中表现出的意思是不同的。也让我知道我国语言文化的博大精深，更加方便了以后在工作中遇到讲不同方言的朋友、同事可以更好地交流，合作。通过学习方言与中国文化，我懂得了要继续传承我所讲的方言，这不仅是一种简单的语言表达形式，更是千百年来文化的积淀，我们必须传承下去。

■ wuliyang1993...

学习这门课，让我对各种方言的形成、历史和特点等都有了很多的了解，方言的形成是与移民浪潮息息相关的，而现在，随着我们的经济飞速发展，信息时代的快速到来势必会对方言产生很大的影响和冲击，如何传承方言弘扬传统文化就成了我们必须加以重视的一件事。

对我而言，这门课最大的影响是，让我对我家乡的方言产生了兴趣，它背后一定蕴含了丰富的历史和文化，我会继续去探究其中的奥妙。

最后，谢谢老师，这门课很精彩。

# 参考书目


Claude Hagege，Translated by Jody Gladding，*On the Death and Life of Languages*，Yale University Press，New Haven and Londonm，Editions Odile Jacob，Paris，2009.

Eugene A，Nida，*Language and culture contexts in translating*（语言与文化——翻译中的语境），上海外语教育出版社，2001.

J. K. Chambers and Peter Trudgill，*Dialectology*，*Second Edition*，Cambridge University Press，1998.

百越民族史研究会编，《百越民族史论集》，中国社会科学出版社 1982 年版。

鲍明炜：《南京方言历史演变初探》，《语言研究集刊》第一集，江苏教育出版社 1986 年版

苍铭：《云南边地移民史》，民族出版社 2004 年版。

曹志耘等：《汉语方言文化典藏调查手册》，商务印书馆 2015 年版。

曹志耘等主编：《中国方言民俗图典系列丛书》（第 1 辑），语文出版社 2014 年版。

曹志耘主编：《中国语言文化典藏》（20 卷），商务印书馆 2017 年版。

曾祥委：《田野视角：客家的文化与民性》，黑龙江人民出版社 2005 年版。

陈保亚：《论语言接触与语言联盟——汉越（侗台）语源关系的解释》，语文出版社 1996 年版。

陈原：《语言和人》，商务印书馆 2003 年版。

陈章太、李如龙：《闽语研究》，语文出版社 1991 年版。

崔灿、刘合生：《客家与中原文化国际学术研讨会论文集》，中州古籍出版社 2003 年版。

崔荣昌：《四川方言与巴蜀文化》，四川大学出版社 1996 年版。

邓晓华：《人类文化语言学》，厦门大学出版社 1993 年版。

张春菊等:《地名通名与地理要素类型的关系映射》,《武汉大学学报(信息科学版)》2011 年第 7 期。

段亚广:《河南话与中原文化》,中国国际广播出版社 2014 年版。

范玉春:《移民与中国文化》,广西师范大学出版社 2005 年版。

冯汉骥著,徐志诚译:《中国亲属称谓指南》,上海文艺出版社 1989 年版。

甘于恩、邹珣:《粤语与文化研究参考书目》,广东科技出版社 2007 年版。

葛剑雄主编:《中国移民史》(1-6 卷),福建人民出版 1997 年版。

郭大烈:《纳西族风情录》,云南人民出版社 1998 年版。

郭锦桴:《汉语地名与多彩文化》,上海辞书出版社 2004 年版。

郭锦桴:《汉语与中国传统文化》,中国人民大学出版社 1993 年版。

何光岳:《南蛮源流史》,江西教育出版社 1988 年版。

贺登崧著,石汝杰、岩田礼译:《汉语方言地理学》,上海教育出版社 2003 年版。

侯精一:《现代晋语的研究》,商务印书馆 1999 年版。

侯精一主编:《现代汉语方言概论》,上海教育出版社 2002 年版。

华林甫:《商品经济与地名》,《中国地名》2001 年第 2 期。

黄尚军:《四川方言与民俗》,四川人民出版社 1996 年版。

黄涛:《语言民俗与中国文化》,人民出版社 2002 年版。

贾文毓、秦作栋编著:《中国地名雅称手册》,陕西旅游出版社 1991 年版。

李葆嘉:《汉语起源与演化模式研究》,黑龙江教育出版社 2002 年版。

李红香:《贵州历史植物地名与山地经济发展研究》,《贵州大学学报(社会科学版)》2018 年第 3 期。

李荣:《汉语方言调查手册》,科学出版社 1957 年版。

李如龙:《汉语地名论稿》,上海教育出版社 1998 年版。

李如龙主编:《汉语方言特征词研究》,厦门大学出版社 2002 年版。

梁晓虹:《论佛教词语对汉语词汇宝库的扩充》,《杭州大学学报(哲学社会科学版)》1994 年第 4 期。

林宝卿:《汉语与中国文化》,科学出版社 2000 年版。

刘纶鑫主编:《客赣方言比较研究》,中国社会科学出版社 1999 年版。

刘元满:《汉字在日本的文化意义研究》,北京大学出版社 2003 年版。

罗常培:《语言与文化》,北京出版社 2004 年版。

罗二虎:《秦汉时代的中国西南》,天地出版社 2000 年版。

吕园园:《明清以来青浦地区渔业聚落地名研究》,上海师范大学硕士论文,2016 年。

孟庆惠:《徽州方言》,安徽人民出版社 2007 年版。

牛汝辰:《中国地名由来词典》,中央民大学出版社 1999 年版。

钱乃荣:《阿拉讲闲话乒乒响　上海方言俚语》,上海社会科学院出版社 1989 年版。

钱乃荣:《上海方言与文化》,中国国际广播出版社 2015 年版。

桥本万太郎:《语言地理类型学》,余志鸿译,北京大学出版社 1985 年版。

且志宇:《四川方言与文化》,中国国际广播出版社 2015 年版。

邱桓兴:《客家人与客家文化》,商务印书馆 1998 年版。

邵慧君、甘于恩:《广东方言与文化探论》,中山大学出版社 2007 年版。

司徒尚纪:《岭南历史人文地理:广府、客家、福佬民系比较研究》,中山大学出版社 2001 年版。

司徒尚纪:《岭南地名文化的区域特色》,《岭南文史》1997 年第 3 期。

苏小莎:《说与唱的共同魅力:论民歌与方言》,贵州民族出版社 2007 年版。

覃凤余、林亦:《壮语地名的语言与文化》,广西人民出版社 2007 年版。

谭汝为:《天津方言与文化》,中国国际广播出版社 2015 年版。

汪大昌:《北京方言与文化》,中国国际广播出版社 2015 年版。

王东:《那方山水那方人:客家源流新说》,华东师范大学出版社 2007 年版。

王国安、王小曼:《汉语词语的文化透视》,汉语大词典出版社 2003 年版。

王毓铨:《明代的军屯》,中华书局 1965 年版。

魏嵩山主编:《中国历史地名大辞典》,广东教育出版社 1993 年版。

邢公畹:《汉语方言调查基础知识》,华中工学院出版社 1982 年版。

徐嘉瑞:《金元戏曲方言考》,商务印书馆 1956 年版。

颜逸明:《吴语概说》,华东师范大学出版社 1994 年版。

杨琳:《汉语词汇与华夏文化》,语文出版社 1996 年版。

易中天:《方言与文化》,上海文化出版社 2002 年版。

游汝杰:《汉语方言学导论》,上海教育出版社 1992 年版。

游汝杰:《中国文化语言学引论》,高等教育出版社 1993 年版。

袁家骅等:《汉语方言概要》,语文出版社 2001 年版。

张启焕、陈天福、程仪:《河南方言研究》，河南大学出版社 1993 年版。

张清常:《胡同及其他》，北京语言学院出版社 1990 年版。

张树铮、罗福腾:《山东方言研究》，齐鲁书社 2001 年版。

张廷兴等编著:《中华民俗一本全》，广西人民出版社出版 2013 年版。

赵元任、丁声树等:《湖北方言调查报告》，商务印书馆 1947 年版。

中国佛教文化研究所:《俗语佛源》，上海人民出版社 1993 年版。

中国社会科学院语言研究所:《方言调查字表》，商务印书馆 1981 年版。

中国社会科学院语言研究所、中国社会科学院民族学与人类学研究所:《中国语言地图集（第 2 版）：汉语方言卷》，商务印书馆 2012 年版。

中国语言文字信息管理司、中国语言资源保护研究中心:《中国语言资源调查手册：汉语方言》，商务印书馆 2015 年版。

周庆生:《语言与人类：中华民族社会语言透视》，中央民族大学出版社 2000 年版。

周鑫:《陕西省行政地名的地理环境要素与景观特征分析》，山西师范大学硕士论文，2016 年。

周长楫:《闽南方言与文化》，中国国际广播出版社 2014 年版。

周振鹤、游汝杰:《方言与中国文化》，上海人民出版社 1986 年版。

朱建颂:《方言与文化》，华中师范大学出版社 2008 年版。

王世凯、杨立英:《东北方言与文化》，中国国际广播出版社 2014 年版。

# 后　　记

我是武汉大学专门从事方言研究工作的，我们有一个传统，每年寒暑假都会带学生到全国各地的乡村进行当地方言与文化的相关调查。我们每次下乡都会获得非常多意想不到的惊喜，从飞禽走兽到吃穿住行，各种说法，各种表达，令人神往。不过这些说法都在逐渐地退出我们的视野，正逐渐走向濒危。我们常常遇到这样的情况，第一次去调查，找的几个老人，第二次去的时候，其中几位可能已经去世了，而那个时候，我们经常会质问自己，为什么上一次不多录点音，多记录一些材料？老人的辞世带给我们的冲击是实实在在的，随着老人的离去，方言也随之而去，很多尚未挖掘的材料也从此消逝，常常使我们痛心疾首。

这几年，方言的话题常常被人提到，其实我们每个人都可以切实地感受到，方言正在流失。很多方言词我们已经不会表达。祖孙三辈，假如祖辈的方言是100%的话，到了父辈，已经只能表达70%左右了，到了我们这一辈，基本上只能表达50%—60%左右了。可以想象，到了我们的孩子那一辈方言萎缩的趋势。

方言萎缩的原因有很多，有外部的，比如城镇化的进展，人们从四面八方集中到一个城市里，原有的方言说得越来越少，导致方言的萎缩；广播、电视进入千家万户，普通话的影响力越来越大，方言的生存空间受到挤压，导致方言的萎缩。但是这些外在的影响并非致命的，致命的是说方言的人本身不想说方言了，认为方言太土、太俗，自动放弃使用方言，不愿再说方言，这才是最后导致方言消失的致命原因。

方言是不是真的没文化呢？记得有个关于知青的小故事。20世纪五六十年代，有个北京的知青到陕西下乡，他觉得自己的普通话很有范儿，很得意。到了陕西农村后，听到两个老农的对话，一个对另外一个说：你口里噙着啥呢？没啥，我牙疼呢！你出门记得把门闭上啊！这个知青瞬间傻了，陕北的老乡真有学问啊，都用文言呢！口里含着一口水，用“噙”，关门用“闭”，真厉害啊！

汉语方言是从古汉语发展变化而来的，保留了大量的古代文化方面的信息。比如福建人把锅叫“鼎”，那是先秦时期的文化存留，宁波人把锅叫“镬”，那是汉代以来的称法，北方话的锅，那是很后起的用法了。我是浙江宁波人，宁波方言里头有很多存古的用法。印象很深的“秋娘”的用法，宁波人把总喜欢缠着大人吵闹的小孩形容成“秋娘一样”的。而秋娘这个词我们在唐代白居易的《琵琶行》里就可以看到，说是“妆成每被秋娘妒”，秋娘有两个意思，一个是美女，另一个是妓女，而且是有点色衰的妓女，色衰的妓女会缠人，所以这个缠人的语义就保留下来，被宁波方言继承下来，而妓女的意思却不用了。

方言中还保留着各种俗语、谚语、警句名言，被几千年来中国儒道思想的浸润，在默默地起着作用。这也就是为什么我们常常在乡野田间，能够听到没有读过多少年书的老乡们能够说出类似于“挑雪填井”“东闪日头西闪雨，南闪乌云北闪风”“天上鱼鳞斑，晒谷不用翻”之类的充满智慧的话语来。

我把方言的功能归纳为四大类。除了以上说的，方言承载着丰富的文化基因外，方言还是交际的工具，情感的纽带，灵魂的归宿。

方言是交际的工具。这一点容易理解。在特定的区域，特定的场合，方言依然是普通话不可替代的。在乡村，依然还有很多老人只会讲方言，跟这些老人交流的时候，方言是不可或缺的。或者作为一种习惯，方言在家庭成员之间、乡邻之间，依然被广泛地应用着。我奶奶还在的时候，我们跟奶奶一定得用方言来交流的。即使家庭成员之间，都会说普通话，彼此之间还是会觉得用方言交流十分习惯，用普通话会十分不自然，比如我跟我弟弟，两个人在各自的工作环境里，都是说普通话的，但是两个人见面或打电话，只用方言，不会选择普通话的，那是一种习惯，用方言十分自然。作为特定人群的交际工具，方言不可替代。

方言是情感的纽带。这一点我想大家也都会有相关的实践经验。方言的情感性源于家庭，家庭成员说同一种方言，代表着家庭的和谐兴旺。尤其是常年在外的人，听到乡音，会有一种独特的感受。古人讲人生四大乐事，其中之一就是他乡遇故知，这种故知，更多的时候可能还在于乡音的联系，说着同一种话，讨论共同熟悉的话题，正如那童年趣事，可以娓娓道来。如果用普通话来交谈，就会乏味很多，也无法获得应有的共鸣。这种情感的纽带，在我们生活中到处可见，而中国人对老乡的独特情感，也体现得淋漓尽致。以前很多到广东做生意的人，如果会讲几句粤语，生意的成功率会大大上升。其实何止广州如此，全国乃至全世界都如此。人们通过乡音来判断彼此之间的距离。

那么，为什么说方言是灵魂的归宿呢？中国人讲求叶落归根，长期在外的游子，最后在临死前，都会有一个愿望，希望自己能够再回家乡看看，死后能够埋葬在家乡的故土里头。台湾的老兵，在临死前最大的愿望，就是死后自己能够被安葬到故乡去。我们现在常常提家国情怀，国是抽象的，家是具体的，只有从家的那种责任、义务等点点滴滴入手，才有对国的情怀。当我们直面自己的方言，直面自己的乡音，对此充满感情，那么，我们对故乡的那种自豪感也会油然而生，而归宿就在其中。

了解了方言的重要性，可能很多人会产生一种要把方言保护传承下来的想法，要做到保护和传承，需要国家、社会和个人一起努力。而对我们个人来说，我想可以做以下这些力所能及的事情。

首先，在观念上要转变过来，要正确对待普通话和方言的关系，释放方言应有的发展空间。世界上所有的语言都是平等的，所有的方言也是平等，没有高低贵贱之分。当我们每个人都珍视自己的乡音的时候，我们也会自然而然地尊重他人的乡音，不觉得自己的方言土，也会不觉得别人的方言土。

方言与普通话是不矛盾的，人们在学习语言的时候，尤其是儿童习得语言的时候，接受能力是非常强的，可以同时学习好几种话语体系。我们自认为控制孩子学习方言的环境，让孩子应该学会方言的时候错过了机会，将来想要再学习的时候，就已经晚了。我们为什么要强调孩子小时候应该学习方言，因为多学习一种表达手段，就多一个世界。著名的文化语言学家萨丕尔就说，语言就是文化，语言决定一个人的思维方式和行为处事的模式。当我们会方言、会普通话，还会一种外语的时候，我们的世界是丰富的，而未来的世界也将是多语的世界，每个人应该掌握尽可能多的话语表达体系。至于认为说方言会影响普通话的观点，那更是无稽之谈。在全社会基本上以普通话为话语表述体系的今天，普通话是不需要家庭再操心教孩子的，更何况家长的普通话往往不标准，学校的老师要比我们标准得多。有的时候，家里的孩子是老人带的，老人为了迎合小孩的语言表达，也用蹩脚的普通话来跟孩子交流，最后孩子学会的既不是方言，也不是普通话，反而适得其反。如果老人跟孩子讲方言，老人是权威，教给孩子的是最地道的方言，那么孩子无形当中会积累一笔不可多得的文化财富。这些财富跟我们小时候学的古文、古诗一样，长大了可能就忘得差不多了，但是它会变成我们文化血脉的一部分，在关键的时候，在“乡音无改鬓毛衰”的时候，帮我们克服文化孤独带来的焦灼感。普通话与方言的关系，应该看作正装与便装的关系，正式场合需要普通话，而非正式场合则更适合穿便装。

观念转变过来了，那就要在应该说方言的时候积极地说方言。什么时候应该说方言？我们回到老家，与祖辈、父辈在一起的时候，要说方言；与同乡、同村的朋友在一起，要积极地使用方言。这是一种回归，也是一种重新融入，当我们到大城市或者陌生的环境，使用普通话达成交流沟通的目的，我们处身家中之时应依然讲方言。

有些时候，因为跨地域婚姻的关系，夫妻双方彼此听不懂对方的方言，那就只能以普通话作为家庭的用语，但是对孩子，还是要尽量用方言跟他交流，要主动地教孩子家乡的方言，这是一种态度，也是一种精神，提醒孩子我们来自哪里。

有的时候，我们已经没有环境可以说方言了，那么有意识地翻翻自己方言的词典和相关的资料，有意识地记录方言，回家乡的时候，有意识地打开录音笔，录制有关家乡方言的各种声音，也是一个了不起的方言传承的行动。

最后，我要表达一种心愿，方言，历来处于边缘化的、弱势的地位，当我们有勇气正视她、尊重她的时候，我们实际上也学会了尊重说这种方言的人。而当我们不再因为口音而歧视对方的时候，人性之光，已在彰显。

近些年来，汉语方言越来越受到大众关注，关于如何更好地保护和传承方言，也有很多人献计献策，提出了很多有价值的方案。2015 年教育部推出的中国语言资源保护工程，就是从国家的层面，对汉语方言及民族语进行抢救性记录和保存的一项工作。但是正如著名方言学者曹志耘教授所说的那样，保护语言，从保存文字，记录语音，拍摄视频等方面来讲，我们是“跟时间赛跑”！方言的保护传承，最终需要走的是社会化的道路，需要“全民语保”。

我个人非常赞同“全民语保”这个提法。一种方言，需要传承下去，最终的落脚点，不是记录，而是使用。

中国地域辽阔，方言纷繁复杂，每个人都有责任和义务将自己的方言记录下来，为中华文化的传承做出一份贡献。一种文明的进步，也体现在该文明下的人群，能够自觉地对本民族文化的珍视并自觉学习记录，有更多的人自觉地加入记录传承中华优秀文化的队列中来，为中华的崛起而奉献自身的一分力量。

留下乡音，记住乡愁，让我们一起加油！

阮桂君

2023.6.1 于武昌珞珈山

If you don’t breathe,
there is no air.
If you don’t walk,
there is no earth.
If you don’t speak,
There is no world.

（引自托霍诺 O’odham 族老人，美国印第安语言发展研究所，2002）

## 郑重声明